Renate Zillessen • Dieter Rahmel
Umweltsponsoring

RENATE ZILLESSEN
DIETER RAHMEL
(Hrsg.)

UMWELT SPONSORING

ERFAHRUNGSBERICHTE VON UNTERNEHMEN UND VERBÄNDEN

CIP-Titelaufnahme der Deutschen Bibliothek

Umweltsponsoring : Erfahrungsberichte von Unternehmen und Verbänden / Renate Zillessen ; Dieter Rahmel (Hrsg.). – Frankfurt am Main : FAZ ; Wiesbaden : Gabler, 1991
ISBN 978-3-322-90934-3   ISBN 978-3-322-90933-6 (eBook)
DOI 10.1007/978-3-322-90933-6
NE: Zillessen, Renate [Hrsg.]

© Frankfurter Allgemeine Zeitung GmbH, Frankfurt am Main 1991
© Betriebswirtschaftlicher Verlag Dr. Th. Gabler GmbH, Wiesbaden 1991
Softcover reprint of the hardcover 1st edition 1991
Satz: Satzstudio RESchulz, Dreieich-Buchschlag

Das Werk einschließlich aller seiner Teile ist urheberrechtlich geschützt. Jede Verwertung außerhalb der engen Grenzen des Urheberrechtsgesetzes ist ohne Zustimmung des Verlages unzulässig und strafbar. Das gilt insbesondere für Vervielfältigungen, Übersetzungen, Mikroverfilmungen und die Einspeisung und Verarbeitung in elektronischen Systemen.

ISBN 978-3-322-90934-3

Vorwort

Motiv für Planung und Umsetzung des vorliegenden Buches war, daß es ein praxisorientiertes Werk zum Thema Umweltsponsoring bisher nicht gab. Auf diese Lücke stießen wir beim Aufbau unserer Agentur für die Vermittlung von Sponsorships und die Konzeption umweltorientierter Kommunikationsstrategien. Wir hoffen, mit diesem Buch zum Schließen dieser Lücke beizutragen.

Selbstverständlich kann bei der schnellen und situationsabhängigen Entwicklung der Umweltdiskussion und -praxis hier nur der Versuch einer Momentaufnahme unternommen werden. Dennoch bieten die hier versammelten Beiträge einen repräsentativen Querschnitt durch die bundesdeutsche Umweltsponsoring-Praxis.

Wir wandten uns an die Vertreter von Unternehmen und Umweltverbänden, die mit Sponsor-Partnerschaften schon Erfahrungen gesammelt haben. Dabei zeigte sich, daß nahezu alle großen Umwelt- und Naturschutzorganisationen Sponsoring als Form der Mittelbeschaffung akzeptieren und praktizieren – allerdings mit erheblichen Unterschieden bei den Kriterien, die an die Partner aus der Wirtschaft angelegt werden. Den Beitrag von „Robin Wood", ein Verband, der als einziger Sponsoring grundsätzlich ablehnt, haben wir zur Abrundung der hier vertretenen Meinungspalette dennoch aufgenommen.

Bei den Umweltverbänden hielten wir neben der grundsätzlichen Einstellung zum Sponsoring und der Beschreibung von Praxisbeispielen auch Geschichte, Aufbau und Struktur der Verbände für wichtig. Die Darstellung der Strukturmerkmale gibt nicht nur einen Überblick über die pluralistische Landschaft der bundesdeutschen Umwelt- und Naturschutzorganisationen, sie zeigt auch die vielfältigen Formen und Möglichkeiten von Sponsorships auf lokaler, regionaler oder bundesweiter Ebene.

Bei den Unternehmen lag – neben Sponsoring-Fallbeispielen – ein Schwerpunkt auf der Implementierung des Sponsorings in den

Kommunikations- und Marketingmix sowie auf der Frage nach dem bislang feststellbaren Benefit des Umweltsponsorings für Image, Mitarbeitermotivation und Bekanntheitsgrad.

Aus den eingesandten Beiträgen haben wir acht Texte von Umweltverbänden und zehn Texte von Unternehmen ausgewählt – eine Darstellung sämtlicher Sponsor-Partnerschaften wäre zu umfangreich geworden.

Eingeleitet werden beide Textteile von einer Einführung: „Umweltsponsoring – Versuch einer Bestandsaufnahme". Hierin werden Chancen und Risiken des Umweltsponsorings für Umweltverbände und Unternehmen resümiert und Hinweise für kreative Sponsoring-Konzepte gegeben. Außerdem haben wir den dem Phänomen des Umweltsponsorings zugrundeliegenden Wertewandel knapp skizziert – es ist schließlich erstaunlich, wie nicht nur „Umwelt" zum zentralen Thema unserer Zeit werden konnte, sondern sich im Rahmen dieser Neudefinition unserer Lebenswelt auch ehemalige erbitterte Gegner zu Dialog- und Kooperationspartnern entwickelt haben.

Trotz der nach wie vor bedrohten Situation unserer Umwelt ermutigt dieses Umdenken zur Hoffnung.

Das Motto unserer Agentur faßt die Forderung zur Kooperation zusammen:

„Economy can not be apart from Ecology – Economy has to be a part of Ecology."

Danken möchten wir allen Autorinnen und Autoren der Umweltverbände und Unternehmen, die uns nicht nur durch ihre Beiträge, sondern auch durch Hinweise und Hilfestellungen bei dieser Veröffentlichung unterstützt haben. Besonders danken wir auch Graf von der Schulenburg (WWF) und Herrn Ramm (Commerzbank AG) für ihre freundlichen Geleitworte.

Köln, im September 1991　　　　　　　　　　*Renate Zillessen*
　　　　　　　　　　　　　　　　　　　　　　Dieter Rahmel

Geleitwort

*von Hubertus Graf von der Schulenburg,
World Wide Fund for Nature (WWF)*

Kein Thema beschäftigt die Öffentlichkeit nachhaltiger als die immer bedrohlicher wirkende Umweltbelastung. Stand noch Mitte der achtziger Jahre die Arbeitslosenfrage vor allen anderen, so wurde sie 1990 erst an fünfter Stelle genannt; die noch vordringlicheren Probleme schienen den Bundesbürgern die Lösung von Umweltproblemen wie „Luft-, Boden- und Gewässerreinhaltung" oder „Verschwendung von Rohstoffen" zu sein. Parallel zu dieser Bedeutungssteigerung im Bewußtsein einer breiten Bevölkerungsmehrheit wuchs die Zahl derer, die sich Rat und Tat von Umweltfachleuten und ihrem Einfluß auf die gesellschaftliche Willensbildung versprachen.

Der World Wide Fund for Nature als größte private Naturschutzorganisation zählt seit Jahrzehnten dank seiner Projektkompetenz weltweit zu den ersten Adressen des Umwelt- und Naturschutzes. Doch eines unterscheidet ihn seit seiner Gründung 1961 als World Wildlife Fund von vielen anderen: Statt die Kluft zwischen wirtschaftlichen Interessen und ökologischen Notwendigkeiten immer stärker aufzureißen, hat der WWF stets Brücken zu bauen versucht. In dem Bemühen, starke ökonomische Partner für das Anliegen umweltverträglicher Produktionsweisen und Entsorgungsverfahren zu finden, ging es nicht darum, kurzfristige Unterschiede zu verwischen, sondern langfristige Gemeinsamkeiten sichtbar zu machen. Ziel ist, die Sortimentspolitik der Unternehmen zugunsten der Natur zu beeinflussen und deren Unterstützung für bedeutende Projekte des Natur- und Umweltschutzes zu gewinnen.

In diesem Sinne versteht sich der WWF von jeher als ein Vorreiter des Ökosponsoring. Mit einer aus zahlreichen, meist erfolgreichen Kooperationsprojekten erwachsenen Kompetenz können wir heute feststellen: Ökosponsoring lohnt sich für beide Partner. Der Sponsor profitiert beispielsweise durch Imagetransfer, Produktakzeptanz und Mitarbeitermotivation. Der Gesponserte jedoch kann in zweierlei Hinsicht Erfolge verbuchen: Zum einen wirkt sich das Umweltengagement durch die Entwicklung gemeinsamer Projekte zwangsläufig im Unternehmen selbst aus. Zum anderen tragen die Sponsorenmittel, zumal wenn ihr Einsatz legitimerweise optimal kommuniziert wird, zum Wohle des gesponserten Projektes und seines Aufmerksamkeitswertes bei, was wiederum weitergehende Unterstützung anzieht.

So weit, so positiv. Doch vor aller Kooperation muß die Frage stehen: Passen Sponsor, Organisation und Projekt überhaupt zueinander? Es wäre für zukünftige Sponsoren fatal und auf Dauer für den Gesponserten tödlich, ließe einer von beiden durch unglaubwürdige Kooperationen auch nur den geringsten Zweifel an seiner Integrität aufkommen.

Glaubwürdigkeit ist für alle Beteiligten das A und O des Ökosponsoring. Ist sie gegeben, eröffnet diese aktuelle Variante des Kommunikationsinstruments Sponsoring eine Vielzahl an Möglichkeiten. Andernfalls jedoch fehlt die Grundlage zu jedweder langfristigen Zusammenarbeit. Denn auch dies sei hier angemerkt: Ökosponsoring zahlt sich am ehesten langfristig aus, dann allerdings mit garantiertem Erfolg.

Wir wünschen diesem Buch daher aufmerksame Leser und Leserinnen sowie die rege Verbreitung umweltfreundlicher Kooperationsmöglichkeiten.

Geleitwort

von Ulrich Ramm, Commerzbank AG

Die unter dem Titel „Umweltsponsoring" im vorliegenden Band zusammengestellten Beiträge sollen auf die Einsatzmöglichkeiten und Entwicklungspotentiale aufmerksam machen, die diese Form des Sponsorings bietet. Dem ökologisch orientierten Unternehmen eröffnet sich eine breite Palette verschiedener Möglichkeiten, einen maßgeblichen Beitrag zum Umwelt- und Naturschutz zu leisten.

Umweltschutzorganisationen mit langjähriger praktischer Erfahrung im Bereich der Ökologie stehen in Kontakt mit Unternehmen, wecken deren Verantwortungsbewußtsein und damit die Bereitschaft zum Handeln. So eröffnen sich neue Wege, zum Schutz der Umwelt beizutragen und zugleich öffentliche Diskussionen anzuregen.

Durch intensiven Erfahrungs- und Wissensaustausch können Probleme erkannt und sinnvolle Konzepte erarbeitet werden. Gerade das partnerschaftliche Gespräch zwischen den Umweltverbänden und -vereinen einerseits und der Wirtschaft andererseits ermöglicht es, umweltfreundliche und effiziente Maßnahmen durch Sponsoring zu verwirklichen.

So verschieden die Ansätze der Partner sich auch darstellen mögen, wesentliches Anliegen der vorgestellten Konzepte und Aktivitäten ist der unbedingte Wille, die Umwelt und die natürlichen Lebensgrundlagen des Menschen zu bewahren. Mit der gemeinsamen Anstrengung von aktiven Umweltschützern und der Wirtschaft kann dieser Wille die Wirklichkeit verändern.

Inhalt

Vorwort
von Dieter Rahmel und Renate Zillessen 5

Geleitwort
von Hubertus Graf von Schulenburg (WWF) 7

Geleitwort
von Ulrich Ramm (Commerzbank) 9

Einführung
Umweltsponsoring – Versuch einer Bestandsaufnahme 19
    Der Wertewandel in Daten und Stichworten 22
    Probleme und Vorbehalte 28
    Sponsoring und Kommunikationsstrategie 30
    Kein Erfolg ohne Konzept 32

Teil 1
Umweltsponsoring aus Sicht der Umweltverbände 37

Oro Verde – Stiftung zur Rettung der Tropenwälder
Umweltsponsoring als Grundsatzentscheidung 39
    Öko-Sponsoring in aller Munde 40
    Ökologie oder Ökonomie? 40
    Der Stellenwert des Öko-Sponsorings 41
    Der kleine Unterschied … 42
    Wer hat Angst vor Sponsoring? 43
    Unternehmerische Verantwortung 44
    Unternehmerische Abhängigkeit 45
    Öko-Sponsoring muß glaubwürdig sein 46
    Wer kann wen und was sponsern? 47

Die Auswahl von Partner und Projekt 49
Projekttypen 51
Formen des Sponsorings 52
Nutzungsmöglichkeiten des Sponsorings 55
Der Nutzen des Öko-Sponsorship 57
„Nebenwirkungen" auf das Unternehmen 58
Geringer Preis – großer Effekt 59
Transfer ökologischen Know-hows 60
Umweltschutz: langfristige Substanzerhaltung 60
Bedenken und Risiken 61
Kriterien zur Partnerwahl 63
Fazit 65

World Wide Fund For Nature (WWF)
Professionelles Fundraising für den Umweltschutz 67

Internationales Wattenmeer 68
Schatzkammer Tropenwald 68
Zusammenarbeit mit Unternehmen 69
Leistungen des WWF 71
Voraussetzung: Umweltorientierung des Unternehmens .. 72

Naturschutzbund Deutschland e.V.
Partnerschaft zwischen Industrie und Umwelt
ist notwendig! 75

Ein Verband mit Tradition 75
Größter Naturschutzverband Deutschlands 76
Naturschutz – Vielfältige Aufgaben in Theorie und Praxis .. 76
Naturschutz und Politik 78
Umweltsponsoring – notwendige Hilfe für die Umwelt ... 78
Der Balanceakt zwischen Umwelt und Unternehmen 79
Beispiele von Sponsorship-Kooperationen 80
Ökosponsoring – Ein Geschäft auf Gegenseitigkeit 83
Ausreichender Benefit für die Unternehmen? 84
Naturschutzbund Nordrhein-Westfalen 85

Inhalt 13

Deutsche Umwelthilfe e.V.
Sponsorkooperation am Beispiel „Bodensee-Projekt" 89
Lever und das Bodensee-Projekt 90

**Bund für Umwelt und Naturschutz
Deutschland e.V. (BUND)**
Kooperation mit Hertie 92
  Die Chance 93
  ... und die Risiken 94
  Grundsätze für mögliche Sponsor-Kooperationen 94
  Entscheidungen fallen im Einzelfall 96

Greenpeace e.V.
Andere Wege im Umweltsponsoring 99
  Wie alles begann 99
  Spenden und Sponsoring 100
  CleanTech überholt High-Tech 102
  Das „Greenpeace CleanTech-Fahrrad" 102

**Robin Wood – gewaltfreie Aktionsgemeinschaft
für Natur und Umwelt e.V.**
Spenden ja, Sponsoring nein! 105

**Bundesdeutscher Arbeitskreis für umweltbewußtes
Management – B.A.U.M. e.V.
Aktionsgemeinschaft Umwelt, Gesundheit, Ernährung –
A.U.G.E.**
Sponsoring als Bestandteil der Gründungsidee 108
  Ziele des Umweltsponsorings 110
  Formen der Zusammenarbeit im Öko-Sponsoring 111
  „Die umweltfreundlichen Haushalte 1989" 113
  Kinder-Umwelt-Klub-International (K.U.K.I.) 121
  K.U.K.I. – Geburtsstunde und Arbeitsprogramm 123

Teil 2
Umweltsponsoring aus Sicht der Unternehmen 127

Commerzbank AG
Praktikum für die Umwelt 129
    Voraussetzungen des Öko-Sponsorings 130
    Öko-Sponsoring bei der Commerzbank 133
    Zusammenarbeit mit den Nationalparks 135
    Praktikum für die Umwelt 136

Deutsche Lufthansa AG
Finanz- und Sachmittel für den Vogelschutz 139
    Motive für ein Engagement im Ökosponsoring 142
    Inhaltliche Schwerpunkte 144
    Formale Bedingungen für eine Unterstützung 146
    Leistungen der Lufthansa 148
    Projektbeispiele 149

Hertie Waren- und Kaufhaus GmbH
Kooperation mit dem BUND 152
    Ziel: Bewußtseinsänderung 153
    Kooperation mit dem BUND 156
    Deutsch-deutscher Förderkreis 158

Adam Opel AG
Sponsorprojekt „Galapagos-Pinguine"
in Kooperation mit dem WWF 159
    Öko-Sponsoring – ein Teil der
    Unternehmenskommunikation 161
    Markenprofil – neue Akzente
    durch gezieltes Sponsoring 161
    Patenschaft für die Galapagos-Pinguine 162
    Eine halbe Million für den Naturschutz 162
    Das Engagement für die Pinguine wird fortgesetzt 163

AEG Hausgeräte AG
Kunstpreis Ökologie 165
Ökologie und Kunst: Tradition bei AEG 165
Kunstpreis Ökologie – ein voller Erfolg 167
Der Preis wird international 169

Privatbrauerei Diebels GmbH
Neue Kommunikationsstrategie mit RTL plus 171
„Handeln statt reden" 172
Naturschutz in der Region 174
Information an erster Stelle 174
„Diebels-Umwelttips" 175

Licher Privatbrauerei Ihring-Melchior KG
Sponsoring mit regionalem Schwerpunkt 178
Licher: ein „grünes" Unternehmen 179
Umweltsponsoring im Herzen Hessens 180
„Auenverband Wetterau" 181

Alpirsbacher Klosterbräu Glauner GmbH
Umweltstiftung „Alpirsbacher Naturhilfe" 184
Die „Alpirsbacher Naturhilfe" 186
Für einen umweltverträglicheren Tourismus 188
Umweltschutz in der direkten Umgebung 188
Ein Zwischenergebnis 189

Otto Versand Hamburg GmbH & Co.
Sponsoring als flankierende Maßnahme einer
umweltorientierten Unternehmensstrategie 191
Unternehmensziel 191
Gründe für das Umweltengagement des Otto Versand 192
Grundlagen effektiver Umweltarbeit 194

Die Möglichkeiten eines Handelshauses 196
Sortiment 196
Bewußtseinswandel 198
Hausinterne Maßnahmen 199
Verpackung 201
Sponsoringtradition und Umweltsponsoring 202
Kriterien für Sponsor-Partner und Projekte 204

Lotus Development GmbH
Sportlich aktiv für den Umweltschutz 206
Soziales Engagement als Bestandteil
der Unternehmensphilosophie 206
Sportveranstaltungen als Forum für den Umweltschutz 207
Auswahl des Sponsoring-Partners 208
Das Projekt: Schutz der Geisterwälder Ghanas 209

Teil 3:
Aspekte einer ökologisch orientierten
Unternehmensstrategie 211

Umweltorientierte Unternehmensführung
von Peter M. Horst
Öko-Check für die Unternehmensstrategie 213
Auswirkungen im unternehmerischen Umfeld 213
Konsumenten-Wünsche: umweltverträgliche Produkte 216
Öko-Marketing: Glaubwürdigkeit 217
Umweltbewußtsein produziert Handlungserwartungen 218
Ökosensible Banken und Versicherungen 219
Chancen einer integrierten umweltorientierten Führung 220
Umweltschutz in der Personalplanung 221
Entwicklung ganzheitlich umweltverträglicher Produkte 221
Das umweltfreundliche Büro 226
Rechnungswesen und Controlling:
Ökologisches Frühwarnsystem 227
Neue Märkte mit umweltverträglichen Produkten 227
Mit Öko-PR mehr Akzeptanz 229

Inhalt

Kriterien einer Umweltethik
von Herbert Strunz
Öko-Verantwortung in Handeln umsetzen 230
  Öko-Grundkonsens 231
  Möglichkeiten für umweltethisches Handeln 231
  Mikro-Ebene (Individuum) 235
  Meso-Ebene (Organisation) 236
  Makro-Ebene (Gesellschaft) 238

Musterverträge 241

Adressen 255

Verzeichnis der Abbildungen 257

Literaturhinweise 259

Einführung

Umweltsponsoring – Versuch einer Bestandsaufnahme

Obwohl Umweltsponsoring die jüngste und bislang finanziell noch bescheidenste Form des Sponsorings ist, hat dieses neue Kooperationsmodell zwischen Unternehmen und Umweltverbänden in den letzten zwei Jahren schon viele Schlagzeilen gemacht. Unter Titeln wie „Der grüne Schein" oder „Gekaufte Naturschützer?" wurde das Umweltsponsoring überwiegend skeptisch und kritisch kommentiert.

Eine ausgewogenere Bestandsaufnahme der Chancen und Risiken fehlte ebenso wie die Beschreibung dieses Sponsoringmodells aus Sicht der Umweltverbände – obwohl diese von der Sponsoring-Resonanz in Presse und Öffentlichkeit noch stärker betroffen sind als die sponsernde Wirtschaft.

Unternehmen können es sich ohne weiteres leisten, bei negativen Schlagzeilen auf Umweltsponsoring zu verzichten. Ihnen bieten sich für die Publizierung ihrer umweltorientierten Unternehmenspolitik auch eine Reihe anderer Kommunikationsformen. Für die ohnehin permanent unter Mittelknappheit leidenden Umwelt- und Naturschutzverbände ist Sponsoring jedoch eine Chance, neue relevante Finanzquellen zu erschließen. „Schlechte Publicity" des Umweltsponsorings erschwert den Umweltverbänden nicht nur die Akquisition von Sponsoren, sondern führt auch zur Verschärfung der oft schon vorhandenen Kritik seitens der Verbandsmitglieder und -förderer, die „Käuflichkeit" und „Abhängigkeit" vermuten.

Daher ist der „Versuch einer Bestandsaufnahme" zum einen die Zusammenfassung der bisherigen Entwicklung der Umweltdiskussion von der Konfrontation zwischen Wirtschaft und Umweltschützern bis zur Kooperation im Rahmen von Sponsorships. Zum anderen wird versucht, die Chancen und Risiken des Umweltsponsorings in Form von Standpunkten und Perspektiven beider Kooperationspartner zusammenzufassen – und damit neue Ansatzpunkte für einen konstruktiven Dialog zu bieten.

Dabei lag der Schwerpunkt weniger auf einer quantitativen empirischen Bestandsaufnahme. Hierzu möchten wir auf das 1990 erschienene Werk des Sponsoring-Spezialisten Manfred Bruhn zum Thema Sozio- und Umweltsponsoring verweisen, das diesen Untersuchungsansatz umfassend behandelt.

Wir sehen Umweltsponsoring hier – neben seiner betriebswirtschaftlichen Dimension – vor allem als neue Dimension der Kommunikation und Kommunikationspolitik für Unternehmen und Umweltverbände. Denn im Unterschied zu einem mäzenatisch orientierten Umweltengagement in Form von Spenden oder Stiftungen ist Sponsoring per definitionem nicht nur auf Gegenleistung, sondern auch auf Publizierung angelegt. Neben den „verfahrenstechnischen" und vertraglichen Fragen des Sponsorships liegen hier die größten Risiken – und Chancen – einer erfolgreichen Sponsorkooperation. Ist die Öffentlichkeitsarbeit inadäquat, bleibt Umwelt-Sponsoring nicht nur ohne die Resonanz, die es verdient, – es kann auch als „Alibimaßnahme" des Unternehmens oder als „Käuflichkeit" des Umweltverbandes mißdeutet werden.

Die Öffentlichkeit ist jedoch gerade in Umweltfragen äußerst sensibel. Aktuelle Ereignisse wie Umweltskandale können hier zu einer starken Zunahme des kritischen Interesses führen, ebenso wie ein politischer Vorgang wie die Wiedervereinigung Deutschlands das Thema Umwelt vorübergehend in den Hintergrund rücken ließ. Hinzu kommt, daß hier auch längerfristige Konjunkturentwicklungen eine Rolle spielen: Die „Umweltsensibilität" wächst proportional mit nationalem und individuellem Reichtum. Nicht zufällig waren es zuerst die überdurchschnittlich gebildeten, überdurchschnittlich verdienenden Bürger der wohlhabenden Industrienationen, die Umweltprobleme erkannten und gegen sie angingen – und nicht die Schichten der (Welt-)Bevölkerung, die in ihren Wohn- und Arbeitssituationen am unmittelbarsten unter Umweltproblemen zu leiden haben.

Trotz dieser Einschränkungen zeigen alle Erhebungen und Untersuchungen zum Themenkomplex „Umweltbewußtsein", daß hier kein kurzlebiger Trend, sondern ein tiefgehender Wertewandel vorliegt.

Umweltsponsoring ist eines der deutlichsten Zeichen dieses Wertewandels: Unternehmer als diejenigen, die mit der Umwelt wirtschaften, und Umweltschützer, die diese Umwelt bewahren wollen, beginnen ihr gemeinsames Interesse zu erkennen.

Wie jeder Wandel hat auch dieser eine Geschichte, in der sich die Voraussetzungen zu diesem Kooperationsmodell sukzessive entwickelt haben:

Seit den achtziger Jahren ist die Umweltorientierung zu einem festen Bestandteil unternehmerischer Entscheidungen geworden. Nicht nur, weil der Druck durch Öffentlichkeit und Politik kontinuierlich zugenommen hat, sondern auch, weil unternehmerische Verantwortung und Eigeninitiative gerade im Umweltbereich eine große Rolle spielen. Auch die hier vorgestellten Beiträge von Unternehmen zeigen, daß zahlreiche Firmen die gesetzlichen Umweltstandards freiwillig weit übererfüllen.

Aus den Bewegungen des „klassischen" Naturschutzes und denen des politisch orientierten Umweltschutzes entwickelten sich ebenfalls seit den achtziger Jahren die modernen, fachlich versierten, wirtschaftlich kompetenten und mit allen Kommunikationstechniken vertrauten Umweltverbände.

Hier dürfte der Wertewandel am deutlichsten sein. Denn der „klassische" Naturschützer und der „systemkritische" Umweltschützer hatten zunächst nur wenig Berührungspunkte. Liegt für den „Naturschützer" zum Beispiel das Problem einer Gewässerverschmutzung darin, wie man den bedrohten Tier- und Pflanzenarten konkret helfen kann, so ergibt sich für den „Umweltschützer" eine überwiegend politische Fragestellung.

Daß sich beide Standpunkte nicht ausschließen, sondern fruchtbar ergänzen, zeigt die Praxis der ein breites und pluralistisches Mitgliederspektrum vereinigenden großen Umweltverbände.

Damit einher geht eine Perspektiverweiterung, die anstelle der unmittelbaren, maximalen Realisierung von Umwelt- und Naturschutzbelangen alle Beteiligten berücksichtigt: Die Umweltverbände sind kompromiß- und konsensfähig geworden, ohne dabei ihre Ziele aus den Augen zu verlieren. Denn mit der Wirtschaft läßt sich Umweltschutz wirkungsvoller realisieren als gegen sie.

Abschied genommen hat der „neue Umweltschützer" auch von der asketisch-puritanischen Haltung, wie sie für den vielzitierten „Müsli" typisch war. Die Alternative zu „Plastik" muß nicht immer Jute sein – ein umweltgerechter Kunststoff mit allen Qualitäten herkömmlicher Kunststoffe ist eine praktikablere Lösung. Die „reale Alternative" einer modernen Industriegesellschaft, in der sowohl Lebensqualität als auch Umweltschutz realisiert werden, löst die „Alternativbewegung" ab, die das Heil im Zurück zur autarken Agrargesellschaft sah. Parallel dazu änderte sich die Haltung zahlreicher Unternehmensvertreter: Kritik wurde nicht mehr mit Angriff gleichgesetzt und andere Wertvorstellungen nicht mehr mit Umsturzgedanken.

Gerade weil die Gefährdung der allen gemeinsamen Umwelt jetzt die Chance zu Dialog und Kooperation bietet, scheint ein kleiner Rückblick auf die Stationen dieses Wertewandels interessant.

Der Wertewandel in Daten und Stichworten

Obwohl die Geschichte des modernen Umweltbewußtseins kurz ist, hat sie dennoch das Denken und Handeln von Politik, Wirtschaft und Öffentlichkeit geprägt. Die Ursachen und Auslöser sind ebenso komplex wie die Wirkungen und Folgen. Neben handfesten Skandalen und handgreiflichen Auseinandersetzungen um Umweltthemen spielen auch neue Denkansätze in Wissenschaft, Wirtschaft und Politik, neue Organisationsformen auf Seiten der Umweltschützer und eine insgesamt veränderte Auffassung von Lebensqualität eine Rolle.

Ein wesentlicher Katalysator des wachsenden Umweltbewußtseins ist sicher der Umstand, daß es heute – im Unterschied zum klassischen Naturschutz – nicht „nur" um das Aussterben von Tier- und Pflanzenarten geht, sondern auch um die Gesundheit und das Leben jedes einzelnen. „Umweltprobleme" rücken den Bürgern buchstäblich auf den Leib: in Form belasteter Lebens- und Gebrauchsgüter und als Belastung unseres gemeinsamen Grundkapitals von Boden, Wasser und Luft. Hinzu kommt die häufige „Unsichtbarkeit" der Bedrohung. Atomare Strahlung ist ebenso wenig sichtbar wie Dioxin im Salat oder Formaldehyd im Holz. Außerdem: Welche Stoffe wann und in welcher Konzentration gefährlich sind, ist wissenschaftlich oft noch umstritten.

Wie sich die Umweltdiskussion und -bewegung entwickelte, soll hier anhand einiger Daten und Stichworte skizziert werden – ohne Anspruch auf Vollständigkeit. Deutlich wird dabei, wie kurz der zeitliche – und wie lang der gedankliche – Weg von umweltpolitischer Konfrontation zu den Kooperationsformen von heute ist. Vor allem den engagierten Umweltverbänden und einer verantwortungsbewußten Wirtschaft ist es zu verdanken, daß jetzt anstelle von gegenseitiger Kritik das Gespräch und die gemeinsame Suche nach Lösungen stehen.

1866 Der Biologe Ernst Haeckel prägt den Begriff „Ökologie" für „die gesamte Wissenschaft von den Beziehungen des Organismus zur umgebenden Außenwelt".

In den folgenden Jahrzehnten bis heute verwandelte sich der Ökologie-Begriff von einem biologischen Terminus über eine wissenschaftstheoretische Kategorie – unter anderem im Zusammenhang mit der Kybernetik – zu einem populärwissenschaftlichen, gesellschaftspolitisch gefärbten Begriff. An der Gültigkeit der Definition Haeckels hat sich dabei nichts geändert. Allerdings werden bei der modernen, erweiterten Ökologie-Definition auch Unternehmen sowie die gesamten Produktions-, Konsumtions- und Entsorgungsaspekte der Wirtschaft unter „Ökologie" verstanden.

Als Diskussions- und Erkenntnisansatz steht Ökologie für die „Vernetzung" komplexer Systeme, die nicht mehr isoliert analysiert, sondern in ihren Wechselwirkungen studiert werden müssen.

So wird auch bei der Beurteilung von Produktions- und Produktalternativen nicht mehr der Einzelvorgang, sondern die „ökologische Gesamtbilanz" zum Kriterium werden.

1899 Gründung des „Bundes für Vogelschutz", des ältesten Naturschutzverbandes Deutschlands. 1990 umbenannt in „Naturschutzbund Deutschland".

1904 Gründung des „Deutschen Bundes für Heimatschutz" als einer der ersten „Umweltverbände" im heutigen Sinn. Denn Heimat umfaßt sowohl Natur- und Kulturlandschaft als auch den Gesamtbereich menschlichen Wohnens, Lebens und Arbeitens. Nach 1945 sollte es allerdings eine Weile dauern, bis der Heimatbegriff wieder als positive Kategorie verstanden wurde. Zu diesem Umdenken trugen auch die Bürgerinitiativen bei, deren Motiv unter anderem der Wunsch nach einer lebenswerten, gesunden „Heimat" ist.

1961 Gründung des „World Wide Fund for Nature" als professionellen Fundraiser für den Naturschutz: Der WWF war der erste Umweltverband, der nicht nur gezielt Marketing- und Kommunikationsstrategien für die Publizierung und Finanzierung seiner Ziele einsetzte, sondern auch Sponsoring-Fachleute für die Akquisition von Unternehmensgeldern beschäftigte. Dank dieser Strategie wurde der WWF einer der bekanntesten und aktivsten Umweltverbände.

1970 Erstes „Europäisches Umweltjahr" – Einrichtung zahlreicher Umwelt- und Naturschutzbehörden.

1971 Kanadische Umweltschützer rufen „Greenpeace" ins Leben. Ausgehend von direkten Aktionen gegen Atomversuche entwickelte sich Greenpeace durch ein offensives und mutiges Engagement gegen Umweltzerstörung und -zerstörer zum populärsten Umweltschutzverband Deutschlands (laut „Natur"-Umweltbarometer vom Dezember 1990).

1972 15 lokale Bürgerinitiativen gründen den „Bundesverband Bürgerinitiativen Umweltschutz" (BBU). Mit ihm wird das Phänomen eines außerparlamentarischen, auf Umwelt- und „Heimat-" fragen konzentrierten Bürgerbegehrens quasi institutionalisiert.

Ein Schwerpunkt der BBU-Aktivitäten war der Protest gegen Kernkraftwerke, der 1981 bei den Auseinandersetzungen um das Kernkraftwerk Brokdorf und 1984 bei Blockaden und Besetzungen in Gorleben, Wackersdorf und Buschhaus seinen Höhepunkt erreichte.

Die Auseinandersetzung um die Fragen der Kernenergie wurde zum Ausgangspunkt für eine breite Protestbewegung, in der vor allem Jugendliche ihr Unbehagen an der modernen Industriegesellschaft artikulierten. Die „Alternativszene" mit ihrem Sonnen-Logo („Atomkraft – Nein Danke") entwickelte eigene politische, kulturelle und ethische Werthaltungen.

Anders jedoch als die Studentenbewegung von 1968 blieb die Anti-Atomkraft-Bewegung ohne einheitliche Theorie oder Leitfiguren. Auch die zunehmende Radikalisierung von Teilen der Atomkraftgegner führte zu internen Konflikten sowie Verlust an öffentlicher Glaubwürdigkeit und Akzeptanz.

1972 Horst Stern gründet die Zeitschrift „Natur". Umweltschutz wird zunehmend zum Medienthema, nicht zuletzt durch eine Reihe von Umweltkatastrophen und -skandalen, die die Gesundheit der Bürger bedrohen. Das Informations- und Aufklärungsbedürfnis wächst. Heute bietet der Zeitschriftenmarkt vier Publikumstitel speziell zum Thema Umwelt, abgesehen von den zahllosen „grünen Seiten" in vielen Zeitungen und Zeitschriften.

1974 Gründung des Umweltbundesamtes (UBA) in Berlin zur Unterstützung der Bundesregierung in allen Fragen des Umweltschutzs, insbesondere in den Bereichen Luftreinhaltung, Lärmbekämpfung, Abfallwirtschaft, Wasserwirtschaft und Umweltchemikalien.

Obwohl Umweltschutz nicht im Grundgesetz verankert wurde, ist er dennoch zu einem Staatsziel geworden. Ökologische Kriterien sind zunehmend entscheidungsleitend.

1975 Mit Herbert Gruhls „Ein Planet wird geplündert" erscheint die erste einer Reihe von kritischen Veröffentlichungen zur Umweltsituation und -politik, die das Umweltbewußtsein erheblich sensibilisieren. Auch die 1980 erschienene Studie „Global 2000" – ein Sammelwerk von Umweltstudien und -prognosen amerikanischer Wissenschaftler – sowie „Die Grenzen des Wachstums" des „Club of Rome" werden zu Basiswerken der Umweltbewegung. Eine theoretische Fundierung bekommt das „ökologische Denken" zum Beispiel durch die Veröffentlichungen von Frederick Vester und Fritjof Capra.

1975 Gründung der „Deutschen Umwelthilfe" mit dem Ziel, Gelder für Umweltschutzprojekte verschiedener Organisation zu akquirieren sowie Hilfestellung durch Information und Koordination zu leisten.

1975 Der „Bund für Umwelt und Naturschutz Deutschland" (BUND) konstituiert sich auf Bundesebene als Zusammenschluß von über 2000 regionalen und lokalen Umwelt- und Naturschutzorganisationen.

1980 Gründung der Partei der „Grünen" als ein Zusammenschluß der verschiedensten umweltorientierten Interessengruppen, Organisationen und Einzelpersonen. Das Mitgliederspektrum reicht vom konservativ orientierten „Naturschützer" bis zu radikalen Gegnern der Industriegesellschaft.

Nach raschen Wahlerfolgen auf Länder- und Bundesebene gelang den Grünen bei der Bundestagswahl 1990 nicht mehr der Sprung über die Fünf-Prozent-Hürde. Ob dies das Ende einer im wesentlichen auf das Thema Umwelt konzentrierten politischen Partei ist – oder ein Übergang zu einer „Realpolitik" mit erweiterten Inhalten und Perspektiven – wird sich zeigen.

1982 Gründung von „Robin Wood". In Anlehnung an die Praxis von Greenpeace versucht auch Robin Wood – wie schon der Name andeutet –, durch Aktionen wie Besetzungen und Blockaden Presse und Öffentlichkeit auf Umwelt-Mißstände aufmerksam zu machen.

1985 Gründung des „Bundesarbeitskreises für Umweltbewußtes Management – B.A.U.M." durch die Unternehmer Dr. Gege und Dr. Winter. Neben der ebenfalls 1985 gegründeten Unternehmervereinigung „Future" ist B.A.U.M. der führende Interessenzusammenschluß umweltorientierter Unternehmer und Unternehmen. Vereinigungen wie diese machen deutlich, daß die deutsche Wirtschaft anstelle von bloßer Reaktion auf Kritik zu weitgehenden umweltorientierten Initiativen bereit ist. „Umweltmanagement" wird zu einer neuen Führungsaufgabe.

1986 Durch die Reaktorkatastrophe im sowjetischen Tschernobyl werden weite Teile Europas radioaktiv verseucht. Die Spät- und Langzeitfolgen sind bis heute nicht abschätzbar.

Erschien die Bedrohung durch Kernkraftwerke bislang als weitgehend theoretisches Thema, so ergreift jetzt die Angst vor den „unsichtbaren" Strahlen die breite Öffentlichkeit. „Tschernobyl" wird zum meistgebrauchten Wort des Jahres 1986 – und beeinflußt nachhaltig die energiepolitische Diskussion und Praxis.

1986 Einrichtung des Bundesministeriums für Umwelt, Naturschutz und Reaktorsicherheit unter Leitung von Minister Walter Wallmann – die Politik reagiert auf höchster Ebene auf die sachlichen und politischen Folgen der Katastrophe von Tschernobyl. Meinungsumfragen zufolge honorieren die Bundesbürger die Initiative der Bundesregierung jedoch wenig: Als kompetenteste und aktivste Vertreter von Umweltinteressen gelten die Umwelt- und Naturschutzverbände; das Bundesumweltministerium lag 1989 und 1990 auf Platz fünf der Rangskala mit 29 Prozent (1989) und 30 Prozent (1990) der Nennungen – laut „Natur"-Umweltbarometer vom Dezember 1990.

1988 Die „Ökobank" wird in Frankfurt als Geldinstitut speziell zur Finanzierung umweltorientierter Unternehmen und Projekte gegründet. Umweltorientierte Finanzierungsmodelle gab es zum Beispiel in Form der Aktion „Netzwerk" schon länger, nicht jedoch in der Rechtsform eines Geldinstituts.

Aber auch traditionelle Geldinstitute folgten dem Wunsch zahlreicher Kunden nach umweltorientierten Anlagemöglichkeiten. „Öko-Aktien" und „Umwelt-Fonds" werden mittlerweile in den verschiedensten Formen und Laufzeiten angeboten.

1989 Gründung der „Oro-Verde – Stiftung zur Rettung der tropischen Regenwälder" unter anderem durch ehemalige Mitarbeiter des WWF und mit ähnlichem Aufbau: Das durch einen Stiftungsrat kontrollierte Stiftungskapital finanziert die Organisation, die gezielt Mittel von Spendern und Sponsoren akquiriert.

1991 Das neue Umwelthaftungsrecht tritt in Kraft. Darin wird eine verschuldensunabhängige Gefährdungshaftung über den Gewässerschutz hinaus für die Bereiche Luft und Boden festgeschrieben. Ein Unternehmen kann nun auch ohne Verschulden zur Leistung von Schadensersatz verurteilt werden – das Risiko für „Umweltsünder" wird damit erheblich verschärft.

1991 Bei Abschluß der Redaktionsarbeiten zeichnet sich eine weitere Dimension des Umweltbegriffs ab: Im Zusammenhang mit dem Golfkrieg wird der Begriff „Umweltterrorismus" für das vorsätzliche, militärtaktische Verseuchen des Meeres geprägt – eine Politik der verbrannten Erde noch nicht abschätzbaren Ausmaßes. Zu hoffen bleibt, daß der Einsatz allgemein zugänglicher Schadstoffe zu terroristischen Zwecken damit nicht Schule machen wird.

Probleme und Vorbehalte

Auf welches Jahr das erste eindeutige Umweltsponsoring zu datieren ist, läßt sich nicht genau festlegen. Denn wie in den Bereichen Sport und Kultur sind hier die historischen und systematischen Grenzen zwischen Spendenwesen und Sponsoring fließend. Auch die Umweltsponsoring-Definition von Manfred Bruhn umfaßt eine Reihe von Mischformen zwischen mäzenatisch orientierten und auf definitiver Gegenleistung basierenden Kooperationen. Manfred Bruhn definiert Umweltsponsoring als „die Verbesserung der Aufgabenerfüllung im (...) ökologischen Bereich durch die Bereitstellung von Geld-/Sachmitteln oder Dienstleistungen durch Unternehmen, die damit auch (direkt oder indirekt) Wirkungen für die Unternehmenskultur und -kommunikation anstreben."

Abgrenzungsprobleme gibt es beim Umweltsponsoring nicht nur wegen der – wie bei allem Sponsoring – zahlreichen Mischformen, sondern auch wegen der Abneigung zahlreicher Umweltverbände und Unternehmen, ihr faktisches „Sponsoring" auch so zu bezeichnen. Für diese sachlichen und terminologischen Probleme beim Umweltsponsoring scheint eine Reihe von Gründen ausschlaggebend:

− Das Thema Umwelt ist wesentlich sensibler und mehr Schwankungen der öffentlichen Rezeption unterworfen als die Bereiche Sport und Kultur. Lassen sich bei letzteren Inhalt, Ausmaß, Zielgruppen und Zielsetzung relativ genau definieren, so stößt dies beim Umweltsponsoring mitunter auf Schwierigkeiten. Hinzu kommt: „Umwelt" ist ein emotional und moralisch stark belasteter Begriff. Zwar haben auch Sport- und Kulturveranstaltungen emotionale Wirkung, hier aber in der Regel ohne moralischen Beigeschmack.

− Umweltsponsoring stellt hohe Anforderungen an das Unternehmen. Zum einen durch die kooperierenden Umweltverbände, die mehr oder weniger hohe Maßstäbe an ihre Wirtschaftspartner anlegen, zum anderen durch Presse und Öffentlichkeit. Während von einem Sportsponsor nicht der Nachweis sportlicher Aktivitäten verlangt wird und ein Kunstsponsor selbst künstlerisch völlig talentlos sein kann, wird Umweltsponsoring nur als Fortsetzung der umweltorientierten Unternehmenspolitik mit anderen Mitteln akzeptiert. Die Umweltverbände sehen sich hier schnell in der prekären Rolle des „Testimonial"-lieferanten, der öffentlich für die Umweltfreundlichkeit des Sponsorpartners geradestehen muß. Unternehmen wie Umweltverbände können sich so in eine sie überfordernde Situation gedrängt sehen.

− Umweltsponsoring setzt − je nach Organisationsstruktur − einen langfristigen und komplizierten internen Abstimmungsprozeß der Umweltverbände voraus. Während Unternehmervertreter durch klare Hierarchien und Zuständigkeiten hier flexibler verhandeln können, existiert in manchen Umweltverbänden kein definitiver Ansprechpartner mit fest umrissener Kompetenz. Hinzu kommt die Heterogenität der Mitgliederstruktur, die einen Abstimmungsprozeß schnell zur Grundsatzdiskussion werden läßt. Interner Konsens ist jedoch unabdingbar für die Akzeptanz von Sponsorgeldern. Zum einen, weil eine solidarische und engagierte Basis die Existenzgrundlage der Umweltverbände ist, zum anderen, weil sich der Sponsor auf die Kooperation des Verbandes verlassen muß. Würde zum Beispiel ein Sponsoring von Teilen oder Mitarbeitern eines Umweltverbandes öffentlich in Frage gestellt, wäre eine erfolgreiche Zusammenarbeit der Sponsorpartner nicht möglich.

– Umweltsponsoring wird von den Medien häufig kritisch beurteilt. Anders als in den Vereinigten Staaten, dem „Mutterland" des Sponsoring, gilt hierzulande oft noch die implizite Trennung zwischen den „hohen" Bereichen des Sports, der Kultur und des Umweltengagements und „niederen und materiellen" Wirtschaftsinteressen. Die hohe Akzeptanz des Umweltsponsoring durch rund 90 Prozent der Bevölkerung spiegelt indessen die wachsende Einsicht wider, daß auch die idealsten Ziele eine materielle Basis brauchen.

Sponsoring und Kommunikationsstrategie

Alle diese oft geäußerten Vorbehalte gegenüber dem Umweltsponsoring lassen sich größtenteils auf eine unzureichende Kommunikationspolitik zurückführen. Zwar ist Umweltsponsoring keine unproblematische Kooperationsform, jedoch entsteht ein Teil der Probleme durch eine überzogene Erwartungshaltung sowie unzureichende Publizierung von Voraussetzungen und Grenzen der Sponsor-Partnerschaft.

– Das Thema Umwelt sollte – trotz mancher Katastrophenmeldungen – versachlicht und entemotionalisiert werden – was nichts an seiner Bedeutung ändern würde. Aber Umweltschutz ist keine „Ersatzreligion", und ein sponserndes Unternehmen verdient sich dadurch keinen Heiligenschein. Umweltschutz ist ein gesamtgesellschaftliches Problem, das mit weniger Entrüstung und Predigen, dafür mit mehr nüchternem Sachverstand und Initiative angegangen werden muß. Wenn Unternehmen und Umweltverbände die Zielsetzung ihrer Kooperation in dieser Hinsicht offen und nachvollziehbar publizieren, können Sponsorships wesentlich unbefangener zustande kommen.

- Umweltsponsoring ist zwar Teil einer umweltorientierten Unternehmenspolitik, aber keine Garantie für die ökologische Unbedenklichkeit des Sponsors. Es demonstriert lediglich, daß der Sponsor sich laufend ernsthaft um die Versöhnung ökonomischer und ökologischer Ziele bemüht.

Ein positives Beispiel für eine in dieser Hinsicht gelungene Kommunikationsstrategie ist die der Adam Opel AG, die als Automobilhersteller einer ökologisch heftig kritisierten Branche angehört. Umweltsponsoring wird hier weder als „Alibi" noch als Beweis für „Öko-Autos" publiziert, sondern als flankierende Maßnahme der eigentlichen Unternehmensaufgabe: gute und möglichst „umweltfreundliche" Automobile herzustellen. Durch eine solche sachliche und offene Kommunikationspolitik steigt nicht nur die öffentliche Akzeptanz des Sponsorings, sie bringt auch die kooperierenden Umweltverbände nicht in die prekäre Rolle des „Testimonials". Diese bei aller guten Partnerschaft wichtige sachliche Distanz sollten auch die Umweltverbände in ihrer Öffentlichkeitsarbeit unterstreichen.

- Die Umweltverbände sollten eine Förderung durch Unternehmen selbstbewußt und offen kommunizieren. Denn wer sich finanzieren läßt, ist noch lange nicht käuflich. Weshalb sollte die Wirtschaft als „Hauptnutzer" der Umwelt nicht diejenigen mitfinanzieren, die sich unabhängig von der öffentlichen Hand für den Umweltschutz engagieren? Und wenn Verbandsmitgliedern dadurch eine Vergütung ermöglicht wird, die über dem Existenzminimum liegt, – um so besser.

Die puritanische Ansicht, daß „gute Taten" immer selbstlos und unter großen persönlichen Opfern zu leisten seien, sollte überholt sein. Und die befürchtete „Käuflichkeit" der Umweltverbände wird schon durch die Zahlen widerlegt: Die ca. 30 bis 70 Millionen DM, die nach Schätzungen von Manfred Bruhn 1988 für den Umweltschutz gesponsert wurden, machen nur einen Bruchteil der Gesamtaufwendungen der Verbände aus.

– Die Umweltverbände sollten deutlich machen, unter welchen Kriterien und für welchen Preis ein Sponsor welche Art der Gegenleistung erwarten kann. Denn Umweltsponsoring ist in erster Linie ein Geschäft, keine Mildtätigkeit. Und wer das Preis-Leistungs-Verhältnis transparent macht, markiert nicht nur deutlich den Grad von Distanz und Nähe zum sponsernden Unternehmen, sondern entzieht jedem Verdacht der „Käuflichkeit" den Boden. Ein positives Beispiel ist hier der WWF. Die rechtlich selbständige „Panda-Fördergesellschaft GmbH" verkauft zum Beispiel die Nutzung des WWF-Panda-Logos für bestimmte Zeiträume. Inhalte und Grenzen dieser Nutzung in Kommunikationspolitik und Werbung sind klar definiert.

Natürlich ist auch hier eine ökologische Überprüfung des betreffenden Unternehmens Voraussetzung. Aber durch die Transparenz von Leistung und Gegenleistung kommt die „Panda-Fördergesellschaft" beziehungsweise der WWF gar nicht erst in den Verdacht, „käuflich" zu sein.

Insgesamt läßt sich sagen: Von einer intensiveren, sachlichen und transparenten Kommunikationsstrategie profitieren nicht nur die jeweiligen Sponsorpartner, auch die generelle Akzeptanz des Umweltsponsoring in Presse und Öffentlichkeit als selbstverständliches Finanzierungs- und Publicityinstrument läßt sich vertiefen.

Kein Erfolg ohne Konzept

Die Defizite der Öffentlichkeitsarbeit haben zumeist einen Grund in unzureichenden – oder fehlenden – Sponsoring-Konzeptionen. Auf Seiten der Umweltverbände ist dies – abgesehen von den professionellen Fundraisern wie WWF und Oro Verde – vor allem auf einen Mangel an Erfahrung und Fachleuten zurückzuführen. Hinzu kommen teilweise die oben angeführten Vorbehalte gegenüber dem Sponsoring.

Erstaunlich ist die weitverbreitete Konzeptionslosigkeit dagegen bei den sponsernden Unternehmen: Nach einer 1990 durchgeführten Umfrage der Hamburger Unternehmensberatung Gruber, Titze und Partner betreiben nur 45 Prozent der Unternehmen ihr Sponsoring systematisch auf der Basis eines klaren Konzeptes. Und:

- Sponsoring-Entscheidungen werden vielfach emotional getroffen.
- Oft geben nicht Kommunikationsziele, sondern persönliche Präferenzen und Kontakte der Unternehmensführung den Ausschlag.
- Häufig ist nicht einmal die steuerliche Positionierung des Sponsorings geklärt. Denn hier ist entweder eine Deklaration als Spende (hundertprozentig absetzbar in einer Höhe von bis zu fünf Prozent der Einkünfte oder bis zu zwei Promille des Umsatzes) oder als Betriebsausgabe möglich.

Hinzu kommt, daß nur ein Drittel der sponsernden Unternehmen die Wirkung ihrer Sponsor-Engagements kontrolliert, zum Beispiel durch Pressebeobachtung oder Imagestudien. Dennoch führen alle Unternehmen klare Kommunikationsziele des Sponsorings an. Nach Manfred Bruhn wollen rund 80 Prozent der Sponsoren ihre gesellschaftliche Verantwortung dokumentieren, 65 Prozent ihr Umweltbewußtsein darstellen, 46 Prozent ihr Image verbessern und rund 25 Prozent ihre Attraktivität für künftige Mitarbeiter stärken.

Ein Fazit dieser Diskrepanz: Ca. 44 Prozent der Sponsoren meinen, ihr Sponsoring habe sich zwar gelohnt, könne aber besser sein, und etwa 25 Prozent sind sich sogar unsicher, ob sich ihr Sponsorengagement lohnt. Fehlende Konzeptionen rechnen sich also nicht: Sie führen zu internen und externen Legitimationsproblemen des Sponsorings, machen unzufrieden und unsicher über das Sponsorengagement und sind so insgesamt eine schlechte Basis für kontinuierliche Partnerschaften mit Umweltverbänden.

Ebenso wichtig wie die Vorarbeit des Sponsor-Konzepts sind die kommunikativen Begleit- und Nacharbeiten des Umweltsponsoring. Sicher gelten für die Integration des Umweltschutzes in den Kommunikations- und Werbemix eines Unternehmens andere Regeln als bei der Einführung neuer Produkte. Aber zwischen der „vornehmen Zurückhaltung", mit der manche Unternehmen ihr Sponsoring behandeln, und „marktschreierischem", der Sache unangemessenem Publizieren liegt eine breite Palette noch unausgeschöpfter kreativer Darstellungsmöglichkeiten.

Hier bietet sich eine Chance, das Thema Umweltschutz sowohl seriös und sachgerecht als auch interessant und ästhetisch anspruchsvoll umzusetzen. Gerade weil der Umweltschutz ernst genommen werden muß, sollte man Alternativen zu seiner oft tristen und einfallslosen Darstellungsweise finden. Katastrophenszenarios und Weltuntergangsstimmungen wirken bekanntlich nicht motivierend, sondern lähmend. Und ein „Think positive" beim Umweltschutz muß nicht Blauäugigkeit und Ignoranz bedeuten, sondern kann auch Initiative und Phantasie freisetzen.

Wichtig ist eine Kommunikationsstrategie unter ästhetischen und kreativen Aspekten gerade wegen der Komplexität und Bedeutung des Themas. Denn „umweltorientierte Unternehmenspolitik" konkretisiert sich praktisch meist in einer Fülle technischer und wirtschaftlicher Maßnahmen und Problemstellungen, die für die breite Öffentlichkeit oft weder interessant noch nachvollziehbar sind.

Umweltsponsoring ist dagegen ein griffiger und plakativer Ausdruck dieser Unternehmensorientierung, mit der die Beschreibung abstrakter Sachdetails versinnbildlicht werden kann. Um beide Aspekte der Unternehmenspolitik sinnvoll – und phantasievoll – miteinander zu verbinden, bedarf es sachgerechter Konzeptionen, die betrieblichen Umweltschutz und Umweltsponsoring auf einen gemeinsamen Nenner bringen. Dieser Nenner kann praktisch oder assoziativ sein – Hauptsache ist, daß er der Identität und Philosophie des Unternehmens entspricht.

So sponsert beispielsweise die Deutsche Lufthansa Kranichschutzprojekte nicht nur, weil der Kranich der Wappenvogel der Fluggesellschaft ist, sondern auch, weil die Umweltschutzleistungen des Unternehmens in der Minimierung der Luftschadstoff-Emissionen bestehen. Hier berührt der umweltrelevante Aktionsradius des Unternehmens unmittelbar die gesponserten Projekte. Der wirtschaftlichen Bedeutung der Deutschen Lufthansa entsprechend ist auch ihr Sponsoring großzügig dimensioniert.

Assoziativ ist dagegen die Verbindung zwischen dem Sponsorprojekt „Galapagos-Pinguine" und dem Wintercheck der Adam Opel AG. Pinguine lassen an eine der letzten noch unberührten Naturlandschaften denken, Galapagos assoziiert Charles Darwin und seine bahnbrechenden naturwissenschaftlichen Leistungen – beides zusammen steht damit in Beziehung zum „Naturschutz durch Naturwissenschaft und Technik" des Automobilherstellers.

Einen breiten Spielraum für kreative Konzepte haben auch die Unternehmen, deren Leistungen den Umweltsektor nur indirekt berühren. So fördert die Commerzbank AG Naturpark-Praktika unter den Aspekten Ausbildung und Kommunikation – also den wesentlichen Qualitäten eines Finanzdienstleisters.

Ein anderes Beispiel für kreative Umsetzung des Umweltthemas beschreibt der Beitrag der AEG Hausgeräte: Das Unternehmen schrieb einen „Kunstpreis Ökologie" aus, um dem Umweltschutz durch die Reflexion in Kunst ein neues Medium und eine neue Öffentlichkeit zu geben. Hier war unter anderem die Verbindung zwischen dem Designanspruch des Geräteherstellers und neuen Gestaltungsperspektiven des Umweltschutzthemas ein konzeptionelles Bindeglied.

So interessant diese Beispiele für eine kreative inhaltliche und kommunikative Umsetzung des Umweltsponsoring auch sind – gefragt sind mehr Mut und Phantasie, um neue Sponsoring-Perspektiven zu eröffnen.

Fehlende Phantasie zeigt sich aber nicht nur in den Konzeptionen und Kommunikationsstrategien der Sponsoren, sondern ebenso auf Seiten der Umweltverbände. So fehlt vielen Umweltverbänden die auch für nichtkommerzielle Organisationen wichtige Corporate Identity und die Definition ihrer speziellen Kompetenz und Arbeitsschwerpunkte – der Unique selling proposition. Diese Selbstdefinition ist um so wichtiger, da die Vielfalt der bundesdeutschen Umweltverbände für einen Laien kaum noch zu überschauen ist. Zwar haben sich Verbände wie „Greenpeace" und „Oro Verde" schon durch ihre Namen einen Markencharakter gegeben, andere dagegen – wie etwa der „Naturschutzbund Deutschland" und der „Bund für Umwelt und Naturschutz Deutschland" fordern zu Verwechslungen geradezu heraus.

Da eine Namensänderung zumeist nicht sinnvoll ist, können Umweltverbände zum Beispiel durch ein prägnantes Logo sowie ein konstantes Corporate Design die notwendige Eigenständigkeit unterstreichen.

Wie bei Unternehmen sollte das Corporate Design nicht nach L'art-pour-l'art-Gesichtspunkten gewählt werden, sondern entsprechend den speziellen Qualitäten und Zielsetzungen der Verbände. Ein gutes Beispiel ist hier der WWF, dessen Panda-Logo hohen Wiedererkennungswert und universelle Einsetzbarkeit besitzt und zudem den Tätigkeitsschwerpunkt Natur- und Artenschutz signalisiert – Eigenschaften, die nicht zuletzt bei der Vergabe von Logo-Lizenzen an Sponsoren eine Rolle spielen. Denn auch das Unternehmen möchte sein Engagement ja kurz und prägnant deutlich machen.

Neben Corporate-Design-Konzepten fehlt zahlreichen Umweltverbänden auch eine Definition ihrer Corporate Identity anhand typischer Verbands- und Tätigkeitsmerkmale, zum Beispiel der Zielsetzungen, der Mitgliederstruktur und der betreuten und geplanten Projekte nach geographischem, sachlichem, zeitlichem, finanziellem etc. Umfang.

In diesem Rahmen bietet es sich an, auch die Sponsor-Kooperationen vorzustellen sowie die grundsätzliche Einstellung zu Finanziers aus der Wirtschaft zu skizzieren.

Da nicht nur die Erarbeitung, sondern auch die Erstellung und Produktion entsprechender Unterlagen nicht billig ist, kann schon auf dieser Ebene eine Kooperation mit Sponsoren eingegangen werden. Und weil sich gerade bei der heutigen Medienflut nur diejenigen auszeichnen, die durch kreative Gestaltung und anspruchsvolle Konzeptionen hervortreten, eröffnet sich hier schon ein breites Experimentierfeld für phantasievolle und sachgerechte Sponsorships.

Teil 1

Umweltsponsoring aus Sicht der Umweltverbände

Mit rund vier Millionen Mitgliedern weisen die bundesdeutschen Umweltverbände eine beachtliche Stärke auf, zu der sich ihr finanzielles Potential vergleichsweise bescheiden ausnimmt. Idealismus allein aber wird die Welt nicht verändern. Das haben alle Umweltverbände – von Oro Verde bis Greenpeace – erkannt, und deshalb operieren sie alle mit Zuwendungen, die sie aus privatwirtschaftlichen Unternehmen erhalten.

Oft bleibt dabei ein Gewissenskonflikt nicht aus: Halten die privatwirtschaftlichen Förderer den strengen Auswahlkriterien der Verbände stand? Ist es der Verbandsidee und den Mitgliedern zuzumuten, daß eine Bank, ein Kfz-Hersteller, ein Chemiekonzern mit ihrem Umweltengagement ihren Profit zu maximieren versuchen?

Sponsoring – ja oder nein? – Wie es die einzelnen Verbände damit halten, berichten sie auf den folgenden Seiten.

Oro Verde – Stiftung zur Rettung der Tropenwälder

Umweltsponsoring als Grundsatzentscheidung

Die 1989 gegründete Stiftung Oro Verde initiiert konkrete Projekte zum Schutz der Tropenwälder, konzipiert sie, wählt zuverlässige Partner vor Ort aus, begleitet das Projekt fachlich bis zum Abschluß und überwacht die Finanzmittelverwendung.

Die Kooperation mit der Wirtschaft – in Form von Spenden oder Sponsorships – ist für Oro Verde nicht nur wegen des Finanzbedarfs der von ihr betreuten Projekte, sondern auch aufgrund der Schlüsselrolle, die ökonomische Faktoren bei der Rettung der Regenwälder spielen, ein zentrales Thema. Auf diesem Gebiet hat die Stiftung grundsätzliche Erfahrungen gewinnen können.

Abbildung 1: Das Signet von Oro Verde

Öko-Sponsoring in aller Munde

In einer Situation, wo Umweltprobleme immer offensichtlicher werden, in der immer stärkere Anstrengungen unternommen werden, auch mit privater Initiative Problemlösungen zu finden; in einer Zeit, in der die Produkte austauschbarer und die Werbeargumente immer ähnlicher werden, geht ein neues Zauberwort für Ökologen und Ökonomen durch die Medien: „Öko-Sponsoring".

„Öko-Sponsoring revolutioniert das Marketing", „Innovatives Kommunikationsinstrument", „Unternehmer schützen Umwelt", aber auch „Der grüne Schein", so lauten Überschriften in den einschlägigen Magazinen.

Sportsponsoring wird zu teuer, Kultursponsoring erscheint zur Zeit weniger attraktiv, Umwelt-Sponsoring jedoch bezieht sich auf das laut Meinungsumfragen wichtigste Thema: den Schutz unserer natürlichen Lebensgrundlagen.

Ökologie oder Ökonomie?

Agenturen, die Angebote entwickeln, von denen Unternehmer wie Naturschützer profitieren sollen, schießen allerorts wie Pilze aus dem Boden. Daß sie dabei Geld verdienen wollen und ihre Konzepte in der Regel betriebswirtschaftlich formuliert sind, schafft immer wieder Mißtrauen. Widerspricht es dem so oft beschworenen Miteinander von Ökologie und Ökonomie, daß Ökologen einzelne Unternehmen aufgrund ihrer umweltbelastenden Geschäftstätigkeit angreifen?

Moderne „Begegnungsstätten" versuchen, Chancen aufzuzeigen und Konflikte vor ihrem Entstehen zu lösen. Ökologen und Ökonomen sollen sich treffen und jeweils ihre Vorstellungen, Erwartungen und auch Erfahrungen hinsichtlich einer Zusammenarbeit mit dem Ziel des Umweltschutzes zu diskutieren. Doch auch hier werden die Unterschiede zwischen beiden Gruppen schnell sichtbar.

Die Diskussion um Für und Wider des Öko-Sponsorings wird noch oft auf die Formel „Ökologie oder Ökonomie?" reduziert. Immer jedenfalls geht es um Glaubwürdigkeit, Imagegewinne und -verluste und materiellen Nutzen. Und natürlich um den zu erwartenden Erfolg: Mit wieviel Geld schütze ich wieviel Natur wirksam? Welche Projekte sind eigentlich sinnvoll?

Der Stellenwert des Öko-Sponsorings

Es entsteht der Eindruck, daß beide Seiten sich häufig unklar darüber sind, welche Rolle das Sponsoring für den jeweils anderen spielt. Sponsoring kann Ausdruck eines ernstgemeinten, glaubwürdigen Engagements zum Wohle der Umwelt sein. Es kann eine Verbesserung des Unternehmensimages zum Ziel haben oder zum Zwecke der Verkaufsförderung eingesetzt werden. In jedem Fall dient es der Finanzierung von Maßnahmen zum Schutz unserer natürlichen Umwelt.

Sponsoring ist ein Marketinginstrument für beide Seiten. Nicht nur Wirtschaftsunternehmen verfolgen marktorientierte und finanzielle Zielsetzungen. Die Motivation der Naturschutzverbände, als Partner im Sponsoring aufzutreten, basiert auf einer vergleichbaren Ausrichtung.

Der angestrebte „Gewinn" der Umweltorganisation ist es, den natürlichen Lebensraum der Menschen zu erhalten. Zur Erreichung dieses Zieles wird Geld benötigt – für erfolgversprechende Investitionen in eine lebenswerte Zukunft. Erfolg stellt sich nur dann ein, wenn ein Angebot an die potentiellen Geldgeber geht, das deren Einstellungen und Bedürfnissen entspricht.

Die Zielgruppen für die Finanzmittelbeschaffung der Umweltschutzverbände sind ebenso vielfältig wie die Absatzzielgruppen eines Unternehmens. Darunter fallen private Einzelspender, die wiederum nach bestimmten soziodemographischen und psychographischen Merkmalen unterteilt werden können, ebenso wie Richter, die der Organisation Bußgelder zuweisen, und Manager, die über PR-, Marketing- oder sonstige Budgets verfügen. Alle diese potentiellen Förderer wollen mehr oder weniger genau wissen, was mit dem Geld gemacht wird, was sie mit ihrem Beitrag erreichen.

Auch für die Umweltorganisationen gilt es, ein „Produkt" zu entwickeln und zu profilieren, um die Zielgruppe zur Zahlung zu veranlassen. Das Produkt heißt hier „Idee Naturschutz" beziehungsweise „Konkretes Projekt vor Ort".

Für die Naturschutzverbände ist Sponsoring ebenso wie für die Unternehmenein Marketinginstrument. Es ist eine der Methoden zur Beschaffung der notwendigen Gelder für den Umweltschutz.

Der kleine Unterschied ...

Ein sehr wichtiger Unterschied der Marketingbegriffe von Wirtschaftsunternehmen und Umweltverband besteht allerdings darin, daß das Wirtschaftsunternehmen seine Marktsituation, zu der auch seine Kunden gehören, analysiert und das Produkt den Bedürfnissen seiner Zielgruppen entsprechend gestaltet. Grund- und Zusatznutzen, Verpackung, Werbeargumente usw. werden abgestimmt auf das eine Ziel: zu verkaufen.

Im Umweltschutz entsteht das „Produkt" auf andere Weise. In der Situationsanalyse der Umweltorganisation werden Zerstörungen, ihre Ursachen und Auswirkungen festgeschrieben. Diese allein bieten die Ansatzpunkte für die Konstruktion der Projektkonzeption, denn sie zeigen den Bedarf.

Die „Verpackung" allerdings sollte ebenfalls auf relevante Zielgruppen ausgerichtet sein. So ist beispielsweise der Partner im Sponsoring, der Manager eines Wirtschaftsunternehmens, auch daran interessiert, zu erfahren, welchen Nutzen das Sponsoring für die Realisierung seiner spezifischen Ziele bietet.

Es reicht daher nicht aus, ein standardisiert gestaltetes Projekt in das „Angebotsregal" zu stellen und darauf zu warten, daß es jemand – der Sponsor nämlich – herausnimmt.

Offensives, die für den potentiellen Partner spezifische Motivation beachtendes Vorgehen ist notwendig.

Wer hat Angst vor Sponsoring?

Weder bei Ökologen noch bei Ökonomen ist Öko-Sponsoring allgemein akzeptiert. Unternehmensvertreter sind häufig skeptisch gegenüber den „basisdemokratischen Grünen". Auch können sie sich häufig keinen Nutzen für ihr Unternehmen vorstellen. Viele Unternehmen halten Öko-Sponsoring für schlicht nicht zu ihrer Philosophie passend.

Unter Ökologen wird dieses neue Instrument noch weit kontroverser diskutiert. Da sind die einen, die aus Sorge vor Abhängigkeit oder mit dem Argument, umweltzerstörende Produktion nicht unterstützen zu wollen, Öko-Sponsoring rigoros ablehnen. Andere Organisationen fragen angesichts der Vielschichtigkeit der Zerstörungsprozesse: „Können wir es uns überhaupt erlauben, Geld abzulehnen?"

Letztere verstehen diese Partnerschaft zwischen Unternehmen und Umweltverband häufig als Chance, in einen konstruktiven Dialog einzutreten, der das noch weitverbreitete, aber immer mehr im Abbröckeln befindliche „Schwarz-Grün-Schema" durchbricht.

Gerade die wenigen, bereits seit einigen Jahren dem Sponsoring aufgeschlossenen Verbände haben die Erfahrung gemacht, daß sie sich damit nicht nur eine neue Finanzquelle eröffnen, die ihnen die Durchführung von Projekten erlaubt.

Sie stellten fest, daß dieses in der Regel projektbezogene Miteinander zu Gesprächen führt, die auch interne Auswirkungen auf den kommerziellen Partner haben: Effekte der Mitarbeitermotivation beispielsweise, die wiederum dazu führen, daß umweltbelastende Fertigungsvorgänge hinterfragt und über das betriebliche Vorschlagswesen umweltfreundlichere Alternativen in Angriff genommen werden. Umwelt-Sponsoring heißt damit – neben Umweltschutzfinanzierung, Absatzförderung und Imageverbesserung –

auch: mehr aktiver Umweltschutz, der sich direkt in den geförderten Projekten, indirekt durch mehr Maßnahmen zur Umweltschonung im Unternehmen selbst auswirkt.

Unternehmerische Verantwortung

Eine Meinungsumfrage der Zeitschrift „Natur" ergab 1990, daß die größte Sorge der deutschen Bevölkerung die um die Erhaltung der natürlichen Umwelt, insbesondere des Klimas und der Wälder dieser Welt, ist. Zudem, und das war das eigentlich Neue an dem Umfrageergebnis, wurden von den Befragten an erster Stelle die Wirtschaftsunternehmen – nicht etwa die staatlichen Institutionen – aufgerufen und für kompetent erklärt, den entscheidenden Beitrag zur Lösung des Problems zu leisten.

Dieses Umfrageergebnis beschreibt sehr gut die Situation, in der sich Ökonomen und Ökologen begegnen. Wirtschaftsunternehmen gehören zu den besonders einflußreichen Faktoren unserer Gesellschaft. Sie stellen Arbeitsplätze, sind aber umgekehrt auf die Arbeitsleistung jedes einzelnen angewiesen. Sie zahlen Lohn und Gehalt, erhalten ihrerseits Geld in Form von Konsumausgaben zurück.

Damit bestimmen sie ganz wesentlich Struktur und Design unserer Gesellschaft. Das bedeutet, sie sind entscheidend mitverantwortlich für die Lebensqualität jedes einzelnen Mitglieds dieser Gesellschaft – einerseits durch die Qualität der Erzeugung und Befriedigung von Bedürfnissen mittels des Unternehmens-Outputs, andererseits, indem sie den gesamten Raum, in dem wir leben, nutzen und umgestalten.

Sie nutzen die natürlichen Ressourcen wie Luft, Wasser und Boden, ohne den für diese (zudem knappen) Produktionsfaktoren angemessenen Marktpreis zu bezahlen. Um so mehr liegt es in ihrer Verantwortung, sicherzustellen, daß Lebensqualität nicht nur auf kurz- und mittelfristigen Konsum beziehungsweise die Nutzung von Gebrauchsgütern und Dienstleistungen ausgerichtet ist. Sie sind auch im Interesse der langfristigen eigenen Zielerreichung verantwortlich für die Gesundheit ihrer Kunden, für eine lebenswerte Erhaltung der Umgebung, in der alle ihre Zielgruppen Arbeit und Freizeit verbringen.

Unternehmerische Abhängigkeit

Angesichts der zunehmenden Internationalisierung der Märkte, der engen wirtschaftlichen Interdependenzen der Staaten dieser Erde, muß hier von globaler Verantwortung die Rede sein. Dies gilt in besonderem Maße für die zunehmenden Wirtschaftsbeziehungen zu den sogenannten Entwicklungsländern.

Durch wenig partnerschaftliche Kooperation tragen die Industriestaaten entscheidend zur Vernichtung der Lebensversicherung aller Menschen, den tropischen Naturräumen, allen voran die Tropenwälder, bei. Wir haben in den industrialisierten Staaten in den letzten Jahrzehnten ausreichende Erfahrungen darüber sammeln können, welche positiven und negativen Auswirkungen welche Formen der Bewirtschaftung unseres Lebensraumes zeitigen ...

Ein anderer Aspekt wird häufig vergessen – oder verdrängt: Unternehmen sind abhängig von der intakten Umwelt. Wer sollte in deprimierender, zerstörter und gesundheitschädlicher Umgebung denn noch ein großes Interesse an ihren Leistungen haben?

Dies ist der eine Teil der Situationsdarstellung. Ein anderer, und dieser kommt ebenfalls in repräsentativen Marktforschungsergebnissen zum Ausdruck, ist das zunehmende Wissen, die bessere Information und damit verbunden der noch nicht abgeschlossene Einstellungswandel unserer Bevölkerung. Man weiß inzwischen auch um die negativen Auswirkungen des eigenen Tuns. Der Wunsch, daran etwas zu ändern, wird zunehmend größer.

Zugegeben, diesem Veränderungswunsch stehen immer noch einige Hindernisse, häufig genug egoistischer Art, gegenüber. Niemand möchte so leicht auf liebgewordene Bequemlichkeiten verzichten. Noch sind nicht alle, die sich in Umfragen umweltbewußt äußern, tatsächlich bereit, mehr Geld für umweltfreundlichere Produktalternativen auszugeben. Aber auch hier stehen wir am Beginn eines Entwicklungsprozesses.

Schon jetzt haben sich die entsprechenden Märkte sehr stark verändert. Sie werden es in Zukunft weiter tun, nicht zuletzt, weil hier die Umweltlobbyisten, vor allem die privaten, unabhängigen Natur- und Umweltschutzorganisationen, zunehmend an Einfluß gewinnen.

Dies wird zum einen durch die zunehmende Zahl finanzieller und ideeller Förderer dieser Verbände, zum anderen durch deren immer professionellere Arbeit bestätigt. Dementsprechend wenden sich auch die Medien, insbesondere auch die relativ jungen, dem Thema profiliert zu.

Öko-Sponsoring muß glaubwürdig sein

Hier soll nicht der falsche Eindruck erweckt werden, Umwelt-Sponsoring sei die Zauberwaffe, mit der Unternehmen sich kurzfristig an die veränderten Marktverhältnisse ohne Reibungsverluste anpassen könnten. Vielmehr sollte klar werden, daß Sponsoring einbezogen sein muß in eine Gesamtstrategie, die dieses zusätzliche und innovative Kommunikationsinstrument zu einem wirksamen, weil glaubwürdigen Mittel der unternehmerischen Zielerreichung werden läßt. Nur der integrierte Einsatz der verschiedenen Bereiche unternehmerischer Kommunikation (interner wie externer Art) kann den Anpassungsprozeß gewährleisten.

Vor der Kommunikation stehen jedoch die Taten. Öko-Sponsoring muß auf der Basis unternehmensinterner ökologischer Maßnahmen betrieben werden. Nur dann wird es nach innen und außen ein wirksamer Beweis für die Übernahme gesellschaftlicher Verantwortung sein.

Entsprechendes gilt andererseits für die Umweltorganisationen. Öko-Sponsoring allein wird den Natur- und Umweltschützern niemals erlauben, ihrer Verantwortung voll gerecht zu werden. Schon deshalb, weil dieses Instrument „pur" nicht ausreichende Finanzmittel generieren wird, vor allem aber, weil ein großer Teil der Umweltschutzprojekte von grundlegender Bedeutung nicht über Sponsoring finanziert werden kann.

Konflikte mit den Zielen des Unternehmenspartners, zu geringe Affinität zum Angebot des Sponsors, sind Gründe dafür. Auch für den gemeinnützigen Bereich gilt: Sponsoring ist erst dann ein sehr wirksames und erfolgversprechendes Instrument der Zielerreichung, wenn es gemeinsam mit anderen Marketingmitteln eingesetzt wird.

Das Instrument des Umwelt-Sponsoring ist neu und für eine sehr variantenreiche Anwendung geeignet. Es bietet große, noch nicht genutzte Chancen für den Naturschutz dadurch, daß angesichts der Stärke der Wirtschaft und ihrer internationalen Verflechtungen Naturschutzprojekte ermöglicht werden, die ohne Partnerschaft zwischen Institutionen aus Wirtschaft und Umweltschutz auf Jahre hinaus nicht durchzuführen wären. Außerdem bietet es beiden Seiten Ansätze für Informationsgespräche, die im Zuge einer verbesserten Umweltschonung im unternehmerischen Geschäftsablauf die Ziele beider Seiten positiv berühren.

Die Situation für den Einsatz des innovativen Instruments ist für alle Beteiligten erfolgversprechend, der Bedarf in immensem Umfang gegeben.

Wer kann wen und was sponsern?

Sehr häufig besteht bei der Vorbereitung von Sponsoring-Verhandlungen eine gewisse Unsicherheit darüber, welches Unternehmen sich eigentlich als Sponsor von Umweltprojekten eignet. Die einfache und immer wieder zu kontroversen Diskussionen anregende Antwort lautet: „Im Prinzip jedes."

Wichtig ist hier allerdings, den Zielgruppen, für die die begleitende Kommunikation eines Sponsorship gedacht ist, den Zusammenhang zwischen Unternehmen und dem gesponsertem Projekt verständlich aufzuzeigen. Dieser Zusammenhang besteht generell in der gesellschaftlichen Verantwortung des Unternehmens und kann auch entsprechend in den einzelnen Kommunikationsmaßnahmen sehr wirkungsvoll dargestellt werden. Darüber hinaus gibt es aber häufig direkte und indirekte Verbindungen zwischen Unternehmen und ihren Angeboten auf der einen Seite sowie der gesponsorten Institution beziehungsweise einem konkreten Projekt auf der anderen Seite. Primär aber muß das Sponsoring-Objekt einen echten gesellschaftlichen Problemlösungsansatz, ein wirkliches und wichtiges Umweltschutzanliegen unterstützen.

„Partnerschaft im Umweltschutz" steht nicht nur auf dem Papier der offiziellen Vereinbarung zwischen Umweltorganisation und Wirtschaftsunternehmen. Gerade in der Vorbereitung der gemeinsamen Maßnahmen müssen partnerschaftliche Gespräche zwischen den Verantwortlichen beider Institutionen stattfinden. Es gilt, die kommunikativen Ansatzpunkte klar zu definieren, die eine Zielerreichung für beide Seiten gewährleisten.

Hier ist es auch zunächst einmal die Aufgabe des im Sponsorship erfahrenen Fundraisers, konzeptionelle Vorarbeit zu leisten. Angefangen bei der Definition des Kooperationsprojekts bis zur Skizzierung all dessen, was von seiner Seite in die Kooperation eingebracht werden kann, inklusive einer Präsentation bestehender direkter oder indirekter Verbindungen zwischen beiden Partnern.

Das Vorhandensein einer Übereinstimmung in der Einschätzung dieser Affinität ist die Basis für weitere Verhandlungen, für die Ausgestaltung des Kommunikationskonzepts. Damit in Zusammenhang steht die Veranschaulichung der entwickelten Idee beispielsweise anhand von bereits erfolgten Kooperationen mit Wirtschaftsunternehmen. Auch die Vorlage von Umfrageergebnissen, die sich auf die Eignung einer bestimmten Wirtschaftsbranche für Öko-Sponsoring beziehen, ist hilfreich. All dies dient dazu, gemeinsam das Zusammenpassen der Partner zu überprüfen und konkrete Ansatzpunkte der Kooperation zu finden. An dieser Stelle ist es ebenfalls wichtig, über die Dauer der Kooperation zu sprechen.

In der Vergangenheit gab es sehr häufig Irritationen nach kurzfristigen Sponsoring-Aktivitäten (Pressekonferenz zur Scheckübergabe, einmonatige Marketing-Promotion). Der eine Partner hatte ein sehr einfach definiertes Ziel erreicht, nämlich die vereinbarte Summe Geldes. Der andere hatte dagegen Effekte erwartet, die eine derart punktuell wirkende Maßnahme nie hätte erbringen können. In manchen Unternehmen haben solche Erfahrungen zu einer Abkehr vom Sponsoring bereits nach dem ersten Test dieses Instruments geführt.

Solche Enttäuschungen mit langfristigen Auswirkungen auf den Aktivitäten-Mix beider Partner können vermieden werden, wenn in den ersten Gesprächen Erwartungen und Zielvorstellungen ebenso wie gangbare Alternativen auf den Tisch gelegt werden.

Angesichts der für Unternehmensvertreter unübersichtlich gewordenen „Branche" der Natur- und Umweltschützer besteht eine weitere Unsicherheit bei der Auswahl des geeigneten Partners.

Die Auswahl von Partner und Projekt

Die Auswahlkriterien sind vielfältig. An dieser Stelle seien nur die von heutigen Sponsoren am häufigsten genannten Punkte aufgezählt.

Die meisten Sponsoren wollen „etwas im Umweltschutz bewegen", sie wollen sich und ihr Angebot in einem Umfeld zeigen, welches qualitativ der eigenen Leistung entspricht, und der Öffentlichkeit über ihr Engagement und die Kooperation Bericht erstatten. Diese – allerdings häufig nur sehr vage formulierten und durchdachten – Kriterien für die Partnerwahl sind:

- Seriosität des Partners,
- das Vorhandensein konkreter Projekte, in die das Geld fließen kann,
- und die Bereitschaft, in Zusammenhang mit dem Unternehmen in Erscheinung zu treten, sei es auf Unternehmensprospekten, sei es bei einer Benefiz-Veranstaltung oder einer Pressekonferenz.

Viele wichtige Kriterien werden sowohl von potentiellen Sponsoren als auch vom Gesponsorten außer Acht gelassen. So ist die Glaubwürdigkeit der Aktion von vorrangiger Wichtigkeit für ein erfolgreiches Sponsorship. Zu dieser Glaubwürdigkeit gehört an erster Stelle die Auswahl eines Projekts. Die Öffentlichkeit ist inzwischen so gut informiert, daß sie zwischen weniger und mehr sinnvollen Aktionen oder wichtigeren und weniger wichtigen Umweltproblemen unterscheiden kann.

Das heißt nicht Abkehr von der Bachpatenschaft zugunsten einer großangelegten Aktion zur Reinhaltung der Meere. Die Bachpatenschaft hat sich in der Vergangenheit als hervorragendes Thema in der Umwelterziehung erwiesen und, zumindest lokal betrachtet, durchaus langfristig positive Auswirkungen auf die Einstellung der Bevölkerung gehabt. Sicherlich wäre eine großangelegte Aktion zur Reinhaltung der Meere von insgesamt größerem Nutzen für den Lebensraum Erde. Meist wirkt hier jedoch das Budget des Geldgebers begrenzend auf die Größe des Projekts und den Erfolg der Umweltschutzmaßnahme.

Ein anderes Beispiel ist der Einsatz eines Festbetrages in Höhe von 100 000 DM für den Kauf eines Tropenwaldstückes, mit dem 200 ha Regenwald erhalten werden können. Dem gegenüber steht die Alternative, die gleichen 100 000 DM einzusetzen für den Kauf eines Andengrundstücks von 30 ha, auf dem Baumschulen und landwirtschaftliche Demonstrationsparzellen eingerichtet werden. Über fünf Jahre können hier damit Aufforstung und Erosionsschutz auf einem Gebiet von 2000 ha gewährleistet werden. Ebenso werden mit diesem Projekt umweltschonendere landwirtschaftliche Methoden für die Bevölkerung einer gesamten Provinz eingeführt. Dies führt zur zusätzlichen Schaffung von Arbeitsplätzen. Das Projekt kann sich nach den erwähnten fünf Jahren selbst tragen. (ORO VERDE-Projekt „Schutz der Bergnebelwälder der bolivianischen Anden").

Abzuwägen ist auch für den Sponsor, wie groß der mit einer bestimmten Summe zu erreichende ökologische Erfolg ist, denn danach wird die Glaubwürdigkeit seines Engagements ebenfalls beurteilt. Zwangsläufig ist nun die Frage zu beantworten, welche geeigneten Projekte es eigentlich gibt, welche Angebote der einzelnen Naturschutzorganisationen vorliegen.

Projekttypen

Eine Aufzählung der allgemein üblichen und möglichen Projekttypen soll Anhaltspunkte geben und Richtlinie für entsprechende Fragen im ersten Gespräch zwischen Sponsor und Gesponsertem sein.

Zunächst einmal ist es wichtig, zwischen der Förderung der Gesamtorganisation und der Einzelprojektförderung zu unterscheiden. Vor- und Nachteile einer Förderung der Gesamtorganisation sind im Detail abhängig von der Organisationsform, zum Beispiel Stiftung oder eingetragener Verein. Sie müssen von Fall zu Fall hinterfragt werden. Es sei darauf hingewiesen, daß die bei Sponsoren allgemein nicht sehr beliebte Förderung von Gesamtorganisationen einige nicht von der Hand zu weisende Vorteile hat, die den (vermeintlichen) Nachteil der wenig konkreten Darstellungsmöglichkeiten und schlechteren Kontrollierbarkeit in vielen Fällen mindestens kompensieren.

Eine Förderung der Gesamtorganisation bedeutet, der Weiterentwicklung und dem langfristigen Bestand der Umweltorganisation, ihrer Arbeit als Ganzes und damit allen Projekten zu dienen. Diese Form des Sponsorings kann für einen – an langfristigem Engagement interessierten – Sponsor sinnvoll sein. Sie bedeutet, eine Patenschaft über eine bestimmte Organisation zu übernehmen (und ist damit die erfolgversprechende Abkehr vom Gießkannenprinzip).

PR-, Marketing-, aber auch Personalmanager (für die interne Kommunikation) können damit langfristig immer neue Projekte und damit auch neue Entwicklungen und Erfolge ihrer Arbeit nutzen. Ein eingespieltes Team aus Sponsor und Gesponsertem wird es dabei nicht sehr schwer haben, die Glaubwürdigkeit und Effizienz ihrer Kooperation kontinuierlich mit immer neuen Naturschutzinformationen in der Öffentlichkeit darzustellen.

Selbstverständlich verlangt diese Sponsoring-Art eine starke Identifikation beider Partner miteinander. Der Nutzen ist abhängig davon, wie gut das alte Motto beachtet wird: „Drum prüfe, wer sich ewig bindet ..."

Die derzeit beliebtere Form des Öko-Sponsoring ist die Einzelprojektförderung. Jede Umwelt- und Naturschutzorganisation sollte über konkrete Projekte verfügen, die sie auf Anfrage dem Partner in Form einer Kurzbeschreibung vorlegen kann. Projekte sind in der Regel zeitlich, thematisch, geographisch und finanziell klar umrissen. Der Projektverantwortliche ist direkt identifizierbar.

Die Mannigfaltigkeit der Themen ist so groß wie die Anzahl vorhandener Naturschutzorganisationen. Die meisten Organisationen in der Bundesrepublik beschränken sich auf Projekte innerhalb Deutschlands, andere führen europäische Projekte durch. Wieder andere betreiben international Umwelt- und Naturschutz.

Umweltschutzprojekte werden unterteilt in Informations- und Umweltbildungsprojekte sowie Projekte des klassischen Naturschutzes (Artenschutz, Lebensraumschutz), die sich meist auf bestimmte Tier- und Pflanzenarten beziehungsweise Regionen beziehen. Bei der Auswahl des Projektes durch den Sponsor, dies sei noch einmal wiederholt, sollte ein maßgebendes Kriterium die Frage sein: „Wo erreiche ich mit meinem Geld auch im Naturschutz das meiste?" Daraus ergibt sich der Nutzen für beide Seiten, den Naturschutz und seine Sponsoren.

Formen des Sponsorings

In diesem Abschnitt soll die Einteilung in Förderung der Gesamtorganisation und Einzelprojektförderung aufgegriffen und konkretisiert werden. Erstere soll hier am Beispiel der Stiftung betrachtet werden, da dort die Vorteile am augenscheinlichsten sind.

Formen der Stiftungsförderung sind Maßnahmen, die dem Aufbau, der Weiterentwicklung und dem langfristigen Bestand der Stiftung, ihrer Arbeit als Ganzes und damit sämtlichen Projekten dienen. Unterschieden werden hier die Namensstiftung und die Mitgliedschaft im Stifterkreis. Namensstiftung bedeutet, daß ein Unternehmen eine Stiftung gründet, die den Namen des Unternehmens trägt. Diese Stiftung – oder besser gesagt: ihre Erträge – werden in den Dienst der Naturschutzorganisation gestellt. Das Stiftungskapital des Unternehmens kann sich aus jährlichen Einnahmen kontinuierlich aufbauen. Es wird nicht ausgegeben, nur die jährlich erwirtschafteten Zinserträge werden für den Naturschutz verwendet. Eine sinnvolle Investition, die langfristig konzeptionell orientierten Naturschutz ermöglicht und kontinuierlich durch Unternehmens-PR und andere Maßnahmen genutzt werden kann. Das Unternehmen kann der relevanten Öffentlichkeit über alle Maßnahmen und Erfolge berichten. Schließlich hat es mit seiner Stiftung die Basis zu jeglicher Arbeit geschaffen.

Eine weitere Form der Gesamtorganisationsförderung ist der Aufbau des Grundkapitals einer bestehenden Naturschutzorganisation, beispielsweise durch Mitgliedschaft im Stifterkreis. Manche Naturschutzstiftungen verlangen einen jährlichen Mitgliedsbeitrag, der zum Aufbau und zur langfristigen Weiterentwicklung der Organisation verwendet wird.

Die Formen der Einzelprojektförderung sind ungleich vielfältiger: Das Unternehmen kann einen Fonds mit dem Namen des Unternehmens gründen. Aus den jährlichen Fondseinlagen werden vorher genau bestimmte Projekte finanziert. Der Fonds bildet sich jährlich aus den Einlagen des Unternehmens.

Eine interessante Variante, verbreitet vor allem in englischsprachigen und skandinavischen Ländern, ist das „Payroll-budgeting". Die Mitarbeiter des Unternehmens zahlen auf freiwilliger Basis monatlich einen bestimmten Prozentsatz ihres Gehaltes in den Fonds ein. In gleicher Höhe füllt das Unternehmen am Ende des Jahres den Geldbetrag auf.

Die Projektpatenschaft bezeichnet die Finanzierung eines exakt definierten Einzelprojektes – zur Zeit die häufigste Form des Öko-Sponsorings. Sie bietet die Chance einer starken Identifikationsmöglichkeit mit einem konkreten Einzelprojekt. Die Projektpatenschaft ist kombinierbar mit dem meisten anderen Formen des Öko-Sponsorings.

Vor allen Dingen im internationalen Umweltschutz, aber auch im kleineren Umfang im nationalen Bereich ist das Sach- und Dienstleistungs-Sponsoring verbreitet. Jede Organisation benötigt diverse Sachmittel sowie spezielles Know-how auf vielen Gebieten. Beispiele sind Computerausstattungen, Versorgung der Projekte mit Fahrzeugen, aber auch das „Verleihen" von Fachkräften des Sponsors an die Naturschutzorganisation.

Vorteile wie kurzfristige Durchführbarkeit und in der Regel geringe Budgetbelastung bieten Benefiz-Aktionen.

Dies sind vom Unternehmen initiierte Aktivitäten, mit denen häufig gleichzeitig andere Maßnahmen und Anlässe des Unternehmens mit Naturschutzförderung zu kombinieren sind. Feiern zum Firmenjubiläum, deren Tombolaerlös dem Naturschutz gewidmet ist oder der Verzicht auf den Versand von Weihnachtsgeschenken zugunsten der Realisierung eines Naturschutzzieles seien als Beispiele genannt. Die Benefiz-Aktion ist für manche Unternehmen der erste Schritt in das Öko-Sponsoring. Ein erster risikofreier Test des Kommunikationsinstruments Sponsoring und des Kooperationspartners ist damit möglich.

Speziell an Banken richtet sich die Form des „Dept for Nature Swap". Banken mit sogenannten Dritte-Welt-Ländern als Schuldner können Naturschutzprojekte in diesen Ländern fördern, indem sie die ohnehin oft schon wertberichtigten Forderungen an die Naturschützer abtreten. Die Finanzmittel werden dann für den Naturschutz im Schuldnerland eingesetzt.

Die verschiedenen Typen des Umwelt-Sponsorings überschneiden sich. Es existieren viele Unterformen, die hier nicht einzeln dargestellt worden sind. Manchmal bieten sich aus konzeptionellen und kommunikationstechnischen Gründen auch Kombinationen an.

Nutzungsmöglichkeiten des Sponsorings

Eine allumfassende Antwort auf die Frage nach den Nutzungsmöglichkeiten eines Öko-Sponsorships gibt es nicht. Die Zusammenarbeit von Unternehmens- und Naturschutzvertretern wird, sofern sie pragmatisch und zugleich kreativ erfolgt, immer neue Varianten hervorbringen und immer neue Profilierungsmöglichkeiten für beide Partner schaffen.

Allerdings gibt es zwei wesentliche Begrenzungsfaktoren der Variationsbreite. Dies ist einerseits die Investitionsbereitschaft des Unternehmens. Je mehr Geld für Naturschutz zur Verfügung gestellt wird, um so größer sind die Nutzungsmöglichkeiten. Andererseits ist die Auffassung der Naturschutzorganisationen darin sehr unterschiedlich, welche Art und Weise der „Vermarktung" der Kooperation man zuläßt und welche nicht. Vermutlich wird sich kein Umweltschützer davon überzeugen lassen, daß es notwendig ist, bei jedem offiziellen Auftritt einen Anzug mit Krawatte zu tragen, die deutlich lesbar das Logo des Sponsors zeigt, – auch wenn diese aus reiner Schurwolle besteht ...

Glaubwürdiger ist es, wenn stattdessen eine Informationsbroschüre deutlich macht, daß man die Herausgabe dieser Umwelt-Information dem Partner verdankt. Auch das Unternehmen kann eine solche Unterlage einsetzen, um Geschäftsfreunden, Mitarbeitern und anderern Zielgruppen das eigene Engagement wirksam nahezubringen.

Kooperationen gewinnen an Wirkung, an Glaubwürdigkeit und zum Teil auch an Dauer durch gemeinsame Erfahrungen und Erfolge, durch das Vertrauen, das bei der Besprechung und Vorbereitung der verschiedenen Aktivitäten entstehen muß.

Eine denkbare gemeinsame Aktion ist beispielsweise die Unterzeichnung der schriftlichen Kooperationsvereinbarung, verbunden mit einer Scheckübergabe, im Rahmen einer Pressekonferenz oder durch die Veröffentlichung einer Pressemitteilung. Am besten wirkt die Dokumentation, wenn hier gleichzeitig ein Projekt vorgestellt wird, das ein wichtiges und attraktives Umweltschutzthema betrifft und wirklich etwas zu bewegen verspricht.

Die Verpflichtung der Naturschützer zu einer regelmäßigen Berichterstattung ermöglicht es am Ende eines Projektabschnitts, Presse, Mitarbeiter und Geschäftsfreunde über den aktuellen Stand des Projekts zu informieren und weitere Schritte anzukündigen.

Ergänzt wird dieses von PR-Maßnahmen begleitete Projekt durch ein kurz, knapp und verständlich gestaltetes Faltblatt. Per Bild und Text skizzieren hier beide Partner gemeinsam ihr Projekt und beschreiben die Maßnahmen, die vom Unternehmen finanziert und von den Ökologen durchgeführt werden. Das Faltblatt kann von beiden Partnern an die interessierte Öffentlichkeit gebracht werden – als Beilage in Geschäftsbriefen ebenso wie in Pressemitteilungen. Es kann für Mitarbeiter- und Kundenzeitungen und sogar als Zeitungsbeilage, die es über einen integrierten Adreßcoupon der Naturschutzorganisation erlaubt, neue Interessenten oder Spender zu akquirieren, genutzt werden.

Wenn dann noch zusätzlich ein Vertreter der Naturschützer den Mitarbeitern des Unternehmens oder geladenen Geschäftsfreunden des Partners einen Diavortrag über die Inhalte des Projekts hält und wenn das Unternehmen in einer dreimonatigen Marketing-Promotion etwa mittels Preisausschreiben über Inhalte des Projekts und die Naturschutzorganisation informiert, hat man schon einen runden Konzeptansatz.

Natürlich hat ein derart umfassendes Maßnahmenbündel auch seinen Preis. Allerdings garantiert es gleichzeitig Bekanntheit für die Aktion, erlaubt, das Engagement glaubwürdig darzustellen und verspricht langfristige Imageeffekte sowie Mitarbeitermotivation.

In einer Sponsoring-Gemeinschaft sind weiterhin denkbar: Nutzung des Logos der Naturschutzorganisation auf Produkten oder Verkaufsmaterialien des Unternehmens sowie Aufnahme des beide Logos tragenden Informationsmaterials in das reguläre Informationsprogramm der Naturschutzorganisation. Auch Anzeigenkampagnen, gemeinsam veranstaltete und organisierte Wissenschaftlertagungen oder Herausgabe eines Bildkalenders sind ebenfalls für beide Partner effektive Marketing- und PR-Instrumente. Viele andere Maßnahmen sind denkbar und können den Absender der Naturschutzorganisation und des Unternehmens tragen. Nutzungsmöglichkeiten bestehen, allgemein zusammengefaßt, in den verschiedenen Bereichen der externen Kommunikation – von der Öffentlichkeitsarbeit über den Vertrieb bis zum Marketing – aber auch in der internen Kommunikation der Bereiche Personal- und Sozialwesen.

Bereits vor der konkreten Nutzung der gemeinsamen Aktion sollte man sich allerdings über die rechtlichen Grenzen im klaren sein. Sponsoringerfahrene Naturschützer sollten darauf hinweisen, welche juristischen Fragen aus Steuerrecht, Wettbewerbsrecht, Vertrags- und Warenzeichenrecht hier zu beachten sind. Allein schon der Hinweis auf diese Problemkreise erleichtert dem Partner und den eingesetzten Dienstleistern wie Werbe- und PR-Agenturen die Arbeit erheblich. Damit werden Zeit- und Geldverluste, Abmahnungen und Unterlassungsverpflichtungserklärungen ausgeschlossen, die aufgrund fehlerhafter Planungsansätze entstehen könnten.

Der Nutzen des Öko-Sponsorship

Der Umfang des Nutzens eines jeden der beiden Partner ist auch abhängig vom Nutzen des jeweils anderen. Erreicht ein Unternehmen seine Ziele, die es mit dieser Maßnahme verbindet, erwartungsgemäß, so wird es sich auch weiterhin finanziell für Umweltschutzmaßnahmen einsetzen und dem Partner ermöglichen, seinerseits ökologische Ziele in größerem Maße zu realisieren. Andererseits beeinflußt der Nutzen, den aus ökologischer Sicht das Engagement des Unternehmens bewirkt, wiederum den Vorteil des Sponsors.

Am Anfang steht die finanzielle Leistung des Unternehmens – nach Abschluß der Vorverhandlungen und der konkreten Vereinbarung. Die Umweltschutzorganisation setzt das erhaltene Geld in einem vereinbarten Zeitraum in das vereinbarte Projekt ein, führt bestimmte Maßnahmen durch, die wiederum zu bestimmten Ergebnissen, zu einer Stärkung des Umweltschutzes führen. Die in Angriff genommenen und durchgeführten Maßnahmen, die Zwischen- und Endresultate der Kooperation wiederum bieten dem Unternehmen die verschiedensten Ansätze, um „Zinsen aus einer Investition" zu ziehen.

Der gelungene Auftakt, die Bekanntmachung der Kooperation, schafft bei gekonnter Nutzung durch PR-Maßnahmen Aufmerksamkeit. Das Unternehmen tritt dann außerhalb von Werbeaussage und Produktargumentation in die Öffentlichkeit und überholt seine Konkurrenten.

Im Rahmen der internen Kommunikation werden die Mitarbeiter über das Engagement informiert, bewerten es positiv als Beweis für die Übernahme gesellschaftlicher Verantwortung durch ihr Unternehmen. Das steigert ihre Identifikation mit ihrem Arbeitsplatz, fördert die Motivation.

„Nebenwirkungen" auf das Unternehmen

Die Erfahrung zeigt, daß oftmals bei den Mitarbeitern ein Prozeß in Gang gesetzt wird, der eine unvorbereitete Unternehmensführung irritieren kann. Es kann die Frage auftreten, wie man es denn intern, im unternehmerischen Geschäftsablauf, mit dem Umweltschutz hält. Diese Reaktion kann nur dann Probleme aufwerfen, wenn die Antworten darauf fehlen.

Gibt es bereits Anstrengungen zum internen Umweltschutz oder sind Veränderungen in der Planung, wird dieses die aufgezeigten positiven Prozesse sogar verstärken. Schon der nächste Auftritt in der Öffentlichkeit verleiht dem Sponsor eine zusätzliche Glaubwürdigkeit, kann er neben dem Hinweis auf die Förderung eines Naturschutzprojektes auch auf seine Anstrengungen zum Umweltschutz im eigenen Hause verweisen. Die Medien werden sich stärker für dieses Engagement interessieren, und so ergeben sich zusätzliche Ansatzpunkte, über gesellschaftliche Verantwortung und Engagement zu reden.

Begleitet und verstärkt wird dies, langfristig betrachtet, durch Auswirkungen von Mitarbeitermotivation und kommunikativen Maßnahmen des Naturschutzpartners. Mittel- bis langfristig, ist ein weiteres Ergebnis die positive Beeinflußung der Marktstellung des Unternehmens. Gerade ein Instrument wie das Öko-Sponsoring, gekennzeichnet durch größte Aktualität des Themas und umfangreichstes Potential an innovativen, kreativen Einsatzmöglichkeiten, bietet für einen seriösen Einsatz in den verschiedenen Unternehmensbereichen beste Voraussetzungen.

Geringer Preis – großer Effekt

Öko-Sponsoring ist ein sehr preisgünstiges Instrument. Je nach Umfang der geförderten Aktivitäten beginnt die „Preisliste" bei 10 000 DM und endet bei Beträgen in Millionenhöhe. Das durchschnittliche jährliche finanzielle Engagement eines Sponsors im Öko-Bereich dürfte heute bei einem Betrag in Höhe des Preises von ein bis zwei vierfarbigen Anzeigenseiten der auflagenstarken Illustrierten liegen.

Die Vielfältigkeit der Einsatzmöglichkeiten läßt einen weiteren Vorteil entstehen, nämlich die Anwendbarkeit durch Wirtschaftsbereiche und Branchen, die sich bisher gegenüber der breiten Öffentlichkeit werblich vergleichsweise wenig profiliert haben. Kleinen und mittelständischen Unternehmen, auch Unternehmen der Investitionsgüterindustrie, bietet Sponsoring Profilierungsmöglichkeiten, die breit angelegt sein können. Durch entsprechende Maßnahmen können sie auch sehr konzentriert auf spezifische Zielgruppen wirken.

Um es an einem kleinen Beispiel zu verdeutlichen: Mit 100 000 DM kann eine Stiftung für Tropenwaldschutz mehr erreichen, als dieser Beitrag vordergründig und nach unserem Preissystem beurteilt, erahnen läßt.

Eine solche Summe in ein Regenwaldschutzprojekt zu investieren bedeutet, eine große Artenzahl von interessanten und nützlichen

Tieren und Pflanzen zu retten. Es bedeutet, ein Gebiet zu erhalten, welches indigenen Naturvölkern alles gibt, was sie brauchen: Nahrung, Baumaterial, Bekleidung, Schule und vieles mehr.

Darüber hinaus trägt das Regenwaldgebiet dazu bei, daß auch unser gemäßigtes Klima lebenswert erhalten bleibt, daß auch wir Europäer weiterhin lebensrettende Arzneien aus dem Tropenwald bekommen, daß ein Artenpotential erhalten bleibt, welches das wichtigste Ernährungsreservoir für die Menschheit und vermutlich ein Schlüssel zur Heilung von vielen Krankheiten ist.

Transfer ökologischen Know-hows

Ein weiterer interessanter und vorteilhafter Aspekt des Öko-Sponsorings sollte nicht übersehen werden, auch wenn er nicht direkt mit dem jeweiligen Sponsoring zusammenhängt. Es hat sich jedoch in der Vergangenheit gezeigt, daß dieser Vorteil sehr häufig und sehr wirksam dann eintritt, wenn eine gut vorbereitete Partnerschaft vertrauensvoll begonnen wird. Die Rede ist von der gemeinsamen Ideenfindung bei der Suche nach unternehmensinternen Verbesserungen im ökologischen Sinne.

Jede Natur- und Umweltschutzorganisation, ganz gleich welches Spezialgebiet sie bearbeitet, hat sich Gedanken gemacht über die Ökologie interner Geschäftsabläufe, hat sich beschäftigt mit der Problematik industrieller Umweltbelastung und verfügt häufig über Kontakte zu Experten auf den relevanten Gebieten. Ideen, Beratung, Kontaktvermittlung zur gleichzeitigen Verfolgung von ökonomischen wie ökologischen Zielsetzungen sind häufig zusätzlich erfolgversprechende Begleiterscheinungen eines Öko-Sponsorings.

Umweltschutz: langfristige Substanzerhaltung

Die Effekte der allgemeinen Profilierung, der Mitarbeitermotivation, der Verkaufsförderung und der Imageverbesserung aufgrund des glaubwürdigen gesamtgesellschaftlichen Engagements werden im Zusammenhang mit Umwelt-Sponsoring häufiger genannt. Meist unerwähnt – weil mit sehr langfristiger Perspektive – bleibt dabei ein Nutzen, der weit grundlegendere Bedeutung für Wirtschaft und Einzelunternehmen hat: die Substanzerhaltung der Unternehmen durch Maßnahmen des Umweltschutzes. Eine weitere Zerstörung der Umwelt, auch in Bereichen, die heute noch zumindest teilweise intakt und funktionsfähig sind, führt zwangsläufig zu negativen Auswirkungen in der Ressourcenbeschaffung. Sie bewirkt zusätzliche Knappheit von Gütern, auch jener Produktionsfaktoren, die das Unternehmen bisher nicht direkt als Aufwand geltend machen mußte.

Ressourcenverknappung führt zunächst zu Preissteigerungen. Sind diese globaler Natur, schränken sie den allgemeinen Wohlstand ein und legen letztlich ganze Produktionszweige lahm. Kaufkraft geht verloren, Produktion ist vielleicht sogar eines Tages ganz unmöglich.

Fest steht: Unser Wirtschaftssystem funktioniert nur bei intakter Lebensqualität. Eine Verschärfung globaler Auswirkungen der Umweltzerstörung, deren Vorzeichen wir bereits spüren, gefährdet eines Tages auch die Wirtschaftstätigkeit. Erhaltung der natürlichen Lebensgrundlagen ist daher durchaus auch zu verstehen als eine, wenn auch noch ungewohnte, Form der Substanzerhaltung des Unternehmens.

Bedenken und Risiken

Berührungsängste existieren auf beiden Seiten. Wirtschaftsmanager sind skeptisch angesichts nicht eindeutig meßbarer Nutzeffekte. Umweltschutz wird gemieden als ein allgemein sensibles Thema, welches, so manche Befürchtung, auch zum Bumerang werden kann.

Den Umweltschutzverbänden steht man seitens der Ökonomen oft kritisch gegenüber. Man zweifelt an ihrer Professionalität als Partner. Basisdemokratische Abstimmungsprozesse und damit unzuverlässige Zeitplanung sowie Unklarheit in der Finanzmittelverwendung werden häufig als Argumente angeführt. In abgeschwächter Form, doch noch immer vorhanden, existiert ein gewisses Gegnerimage, das heißt die Sorge davor, daß sich „argumentative Radikalität" eines Tages auch gegen den Partner wenden kann.

Eine solche Haltung besteht aber auch umgekehrt auf der Seite der Naturschützer. Umweltbelastungen durch die Tätigkeit der Unternehmen sind das Argument, mit dem einige Organisationen ein Sponsorship, mit dem ja auch die Ziele des Unternehmens verfolgt werden, ablehnen. Diese Verbände befürchten sehr häufig Negativreaktionen gerade ihrer wichtigsten Förderergruppen.

Andere fassen Sponsoring als Feigenblatt eines Unternehmens auf, mit dem es in Wirklichkeit von seinen umweltschädigenden Tätigkeiten ablenken will.

Eine letzte Sorge betrifft die Angst, eines Tages in finanzielle Abhängigkeit des Partners zu geraten und die eigenen Ziele nicht mehr unbeeinflußt verfolgen zu können.

Angesichts derartiger Vorbehalte auf beiden Seiten ist es interessant, daß folgende drei Aussagen kaum umstritten sind:

- Nachhaltig erfolgreicher Naturschutz ohne Einbeziehung der Wirtschaft ist nicht möglich.
- Die Wirtschaft braucht den Partner Naturschutz für das eigene Überleben.
- Wer Gutes tut, darf auch darüber reden.

Diese Voraussetzungen lassen den Eindruck entstehen, zumindest ein großer Teil der bestehenden Vorbehalte sei zunächst einmal ein Problem der Information, der Gesprächs- und Verständigungsbereitschaft auf beiden Seiten. Abhilfe können auch hier vertrauensbildende Maßnahmen bieten, die bereits in den ersten Gesprächen der beiden Partner miteinander berücksichtigt werden sollten.

So sind die ehrlichen Ziele dieser Kooperation beider Seiten auszutauschen. Mögliche Bedenken, sei es, daß sie in Fragen der Umweltbelastung durch das Unternehmenssortiment liegen, sei es, daß sie Unklarheiten über interne Abstimmungsprozesse betreffen, müssen angesprochen werden. Ein Kooperationskonzept inklusive einer Aufgabenverteilung zwischen beiden Partnern ist zu erstellen. Im gesamten Verlauf der Zusammenarbeit ist eine offensive Informationspolitik zu verfolgen. Doch noch wichtiger ist die Selektion des geeigneten Partners überhaupt.

Kriterien zur Partnerwahl

Der bereits oben skizzierte Prozeß der Partnerwahl soll hier noch einmal aufgegriffen werden, um beiden potentiellen Sponsor-Partnern eine umfassende Kriterienliste an die Hand zu geben. Denn ein gründlicher Partnercheck, auf Basis einer entsprechend den individuellen Vorstellungen zusammengestellten Kriterienliste, wird auf beiden Seiten die größten Risiken im Ansatz beseitigen.

Dabei ist zu betonen, daß dieser Katalog weder vollständig noch für jeden individuellen Einzelfall ausreichend sein kann. Aus diesem Katalog sind vielmehr die für die jeweiligen Partner relevanten Kriterien auszuwählen. Fehlende sind zu ergänzen und für eine gezielte Selektion einzusetzen. Inzwischen sind viele Informationsquellen sowohl in der Ökologie als auch in der Ökonomie vorhanden. Die jeweils benötigten Informationen sind von Fachinstituten, aus institutionseigenen Medien, der Fachpresse oder anderen Quellen zu erhalten.

Außerdem ist es sehr zweckmäßig, in einem ersten Gespräch die relevanten Kriterien, gegebenenfalls in der Reihenfolge ihrer Prioritäten, gemeinsam zu überprüfen und eventuell nach Gesprächen mit mehreren alternativen Partnern in ihrer Bewertung gegeneinander abzuwägen.

Die Checklisten (siehe Kasten S. 64) sollen eher als Anregung dienen denn als unmittelbar anwendbares Komplettpaket. Vielmehr ist die Auswahl der relevanten Kriterien nach den eigenen Zielen unter Berücksichtigung des Selbstverständnisses, der eigenen Philosophie und der eigenen Zielgruppe dabei von maßgeblicher Bedeutung.

Kriterienliste zur Beurteilung des Partners aus der Wirtschaft:

- keine Gesundheitsgefährdung (unabhängig von Art und Umfang der Nutzung) durch Produkte oder Dienstleistungen des Unternehmens,
- Sinn des Produktnutzens – Erfüllungsgrad des erwarteten Produktnutzens,
- keine Tierversuche,
- Ressourcenverbrauch – Belastung von Wasser, Luft und Boden – biologische Abbaubarkeit (der Unternehmensleistung) – Mehrweg, Langlebigkeit und Recyclingfähigkeit von Produkten,
- wirtschaftliche Kriterien wie Förderungssumme sowie Verträglichkeit mit bestehenden Sponsorbeziehungen,
- rechtliche Aspekte,
- Herkunft der Produkte und Dienstleistungen sowie des Unternehmens (auch der Roh- und sonstigen Ausgangsstoffe),
- Fremdimage von Unternehmen und seinen Leistungen.

Kriterienliste zur Beurteilung des Partners im Umweltbereich:

- Professionalität der Arbeit (Projekte und Sponsoring-Knowhow),
- Existenz konkreter Projektkonzepte,
- Effektivität der Arbeit (zum Beispiel interne Abstimmungsprozesse),
- Akzeptanz des Unternehmens als gleichberechtigter Partner im Umweltschutz,
- Auftreten in der Öffentlichkeit,
- Bereitschaft und Fähigkeit zu bestimmten arbeitsteiligen Aktivitäten,
- allgemein konzeptionelle und strategische Orientierung,
- Zuverlässigkeit und Professionalität bei der Finanzmittelverwendung,
- Projektqualität für das spezielle Sponsoring.

Jedoch gibt es auch Grenzen des Sponsorings. Diese bestehen dort, wo die Philosophie eines der beiden Partner die Akzeptanz des anderen nicht zuläßt, beziehungsweise da, wo Sponsoring nicht als Teil einer übergeordneten Strategie gesehen wird, sondern als punktuelle Maßnahme, die kurzfristig positive Effekte bringen soll.

Es gibt sicher auch Fälle, wo tatsächlich die primären Zielgruppen eines der beiden Partner einer Zusammenarbeit aus den verschiedensten Gründen entgegenstehen. Hier sind zunächst einmal intern Philosophie und Konzeption zu überprüfen und zu überlegen, ob Veränderungen oder Anpassungen vorgenommen werden müssen, die etwa darin bestehen könnten, die relevanten Zielgruppen über die Hintergründe der Entscheidung und die Vorteile eines Sponsorings für die Erreichung der gemeinsamen Ziele zu informieren. Öko-Sponsoring ist ein Instrument, das aus seiner Glaubwürdigkeit heraus funktioniert. Es ist ungeeignet für schnelle, schlecht vorbereitete ad-hoc-Experimente. Beide Partner würden dabei nur in Gefahr geraten, Schiffbruch zu erleiden und beiderseits Imageverluste hinnehmen zu müssen.

Fazit

Öko-Sponsoring ist nicht nur legitim, es ist notwendig. Öko-Sponsoring, richtig verstanden, bedeutet Ergänzung des beiderseitigen Know-hows, bedeutet Steigerung des Ideenpotentials, bedeutet Innovation und Steigerung der Erfolgswahrscheinlichkeit. Wir Umweltschützer können dieses Instrument mit Selbstvertrauen einsetzen. Wir sind dabei nicht Bittsteller, sondern bieten einen gefragten Wert.

Möglicherweise funktioniert es auch nicht immer ohne Reibungen zwischen zwei sehr unterschiedlichen Partnern. Hier und da wird das Öko-Sponsoring weiterhin und auch grundsätzlich kontrovers diskutiert werden.

Wer aber einmal erfahren hat, was eine – gemessen an anderen Investitionen – geringe Summe, eingebracht in effektives Naturschutzmanagement, bewirkt, wird am Aufschwung des Öko-Sponsoring in den nächsten Jahren nicht zweifeln.

- Ist also ein passender Partner gefunden,
- wird Sponsoring nicht als Einmalspende mit Feigenblatt-Charakter verstanden, sondern strategisch und investiv eingesetzt,
- wird es als innovatives Kommunikationsinstrument genutzt, welches zur Unternehmensphilosophie paßt, und
- wird es verstanden als Chance, dem Umwelt- und Naturschutz ideell und finanziell zusätzliche Impulse und Ansatzpunkte zu liefern, dann wird Öko-Sponsoring eine langfristige, glaubwürdige Partnerschaft bedeuten. Mit hervorragenden Erfolgsaussichten für alle Beteiligten – vor allem für unsere gemeinsame Umwelt.

World Wide Fund For Nature (WWF)

Professionelles Fundraising für den Umweltschutz

Die 1961 gegründete Umweltstiftung World Wide Fund for Nature – WWF – ist mit weltweit fast vier Millionen Förderern nicht nur die größte private Naturschutzorganisation, sondern auch Vorreiter professioneller Kooperationsmodelle mit der Wirtschaft. Die gezielte Akquisition von Geldern für den Arten-, Lebensraum- und Umweltschutz ist Bestandteil der Gründungsgedanken der Organisation. So kann die seit 1963 bestehende Umweltstiftung WWF Deutschland heute Großunternehmen wie Lufthansa, Opel, Holsten und IBM zu ihren Sponsoren zählen.

Daß der WWF von Anfang an die Kooperation mit der Wirtschaft suchte, ist direkt mit der Entstehungsgeschichte der Umweltstiftung verbunden: 1961 sammelte Gründungspräsident Prinz Bernhard der Niederlande bei 1000 Wohlhabenden je 10 000 Dollar – eine solide Basis für das Stiftungskapital der Umweltorganisation, aus dem noch heute ein Großteil der Verwaltungskosten finanziert wird. Diese finanzielle Grundlage macht es möglich, jede Spende ungeschmälert dem Naturschutz zukommen zu lassen.

Da im Stiftungsrat des WWF von Beginn an auch Industrie- und Wirschaftsfachleute vertreten waren, wurden sowohl der praktische Natur- und Umweltschutz als auch Öffentlichkeitsarbeit und Spendenakquisition professionell und effizient angegangen.

Seit seiner Gründung hat der WWF über 7000 Naturschutzprojekte in fast 140 Ländern der Erde durchgeführt oder gefördert. Dabei steht nicht nur der Artenschutz im Vordergrund – wie das Panda-Emblem vermuten lassen könnte – sondern vielmehr die Erhaltung natürlicher Lebensräume, beispielsweise in Form von Nationalparks oder Naturschutzgebieten. Artenschutz ist ohne Natur- und Umweltschutz nicht denkbar.

Konzentrierte sich der WWF dabei zunächst auf die besonders gefährdeten Tierwelten in Afrika und Asien, so ist er dennoch schon seit den sechziger Jahren auch in Europa und der Bundesrepublik aktiv, zum Beispiel im Rahmen von Projekten für den Wattenmeer- und Nordseeschutz oder für die Erhaltung der Flußauen Mitteleuropas. Wesentliches Kennzeichen der Arbeit des WWF bleibt jedoch stets der internationale, grenzübergreifende Charakter seiner Arbeit.

Internationales Wattenmeer

Weil aber auch die Umweltprobleme international sind, wird Natur- und Umweltschutz verstärkt zu einem politischen Problem. So ist eine politische Einflußnahme im Rahmen der Wattenmeer- und Nordseeschutz-Projekte besonders wichtig, da nicht nur die drei Anliegerstaaten Niederlande, Deutschland und Dänemark betroffen sind. Die Belastung des größten europäischen Naturlebensraumes kommt aus verschiedenen Ländern. Internationalen WWF-Kooperationen ist es zu verdanken, daß die drei Wattenmeer-Staaten ein gemeinsames Wattenmeersekretariat unterhalten, um ihre Schutzbemühungen zu koordinieren. Der WWF wird diese Zusammenarbeit weiter stärken, um ein trilaterales Konzept für den Schutz und das Management des gesamten Wattenmeeres zu erreichen. Vielleicht werden dann eines Tages die drei deutschen Nationalparks an der Küste, die mit aktiver Hilfe des WWF entstanden, Teil eines „Internationalpark Wattenmeer".

Schatzkammer Tropenwald

Da sachgerechter Arten- und Naturschutz ohne fundierte Fach- und Projektkompetenz nicht denkbar ist, hat die wissenschaftliche Substanz der Arbeit höchste Priorität.

So gehen bei den WWF-Projekten zur Rettung der Tropenwälder Forschungsarbeiten über das zum großen Teil noch unbekannte Biotop Tropenwald mit der Entwicklung und Propagierung wirtschaftlicher Alternativen zu Holzeinschlag und Brandrodung Hand in Hand.

Nahezu die Hälfte aller uns bekannten Tier- und Pflanzenarten ist in den tropischen Regenwäldern beheimatet. Jeden Tag sterben etwa fünf Arten aus – viele, bevor sie von der Wissenschaft überhaupt registriert worden sind. Der Regenwald ist eine noch kaum erforschte Fundgrube wertvoller Heil- und Kulturpflanzen. 40 Prozent unserer Medikamente stammen ursprünglich aus der „Urwaldapotheke". Doch bis heute wurden kaum fünf Prozent der Pflanzen auf potentielle Heilkräfte untersucht.

Um diese unersetzlichen Naturgebiete auch zukünftig erhalten zu können, müssen der ansässigen Bevölkerung Modelle eines umweltgerechten Wirtschaftens angeboten werden. Auch in Kooperation mit Entwicklungshilfeorganisationen werden deshalb in den betroffenen Ländern Projekte zur schonenden Waldnutzung und Landwirtschaft durchgeführt.

Zusammenarbeit mit Unternehmen

Der Mensch und daher auch die Ökonomie sind integraler Bestandteil des globalen ökologischen Systems. Deshalb ist eine langfristig angelegte und umfassend konzipierte Naturschutzarbeit wie die des WWF ohne den Dialog mit der Wirtschaft und den Verbrauchern nicht denkbar.

Aber Dialogbereitschaft bedeutet nicht, Konflikten und Konfrontationen in letzter Konsequenz aus dem Weg zu gehen. So versucht der WWF zum Beispiel im Rahmen seines weltumspannenden TRAFFIC-Netzwerks (Trade Records Analysis of Flora and Fauna in Commerce) den weltweiten Handel mit bedrohten Tier- und Pflanzenarten einzudämmen. In Zusammenarbeit mit den Vollzugsbehörden des Washingtoner Artenschutzabkommens werden Informationen und Daten über die illegalen Handelswege und die Anbieter und Verkäufer recherchiert, gesammelt und gezielt zur Verfügung gestellt.

Da der Markt etwa für Elfenbein nur so groß sein kann wie das Interesse der Kunden, besteht der zweite Schwerpunkt der Arbeit von TRAFFIC in gezielter Informations- und Aufklärungsarbeit.

Hier wurde beispielsweise in Zusammenarbeit mit dem Versandhaus OTTO ein „Artenschutzkoffer" erstellt, in dem gezeigt wird, was keine Handelsware sein darf – vom Rhinozeros-Horn bis zur geschmuggelten Kroko-Tasche. Ergänzt durch Film- und Textmaterial illustriert der Artenschutzkoffer bundesweite Informationsveranstaltungen über die bedrohte Flora und Fauna.

Diese Kooperation mit dem Versandhaus ist natürlich nicht denkbar ohne eine begleitende Sortimentsbereinigung und -umstellung. Umweltbelastende Artikel wurden aus dem Angebot herausgenommen. Beim Pelzsortiment beriet der WWF. Seitdem werden Felle gefährdeter Tierarten nicht mehr angeboten.

Daß sich die konsequente Umweltorientierung und die Zusammenarbeit mit dem WWF für das Unternehmen durchaus rechnet, zeigen die vielfältigen Reaktionen auf das Umweltengagement des Unternehmens: Neben einem starken Medieninteresse konstatiert OTTO Vertrauensgewinne im Konsumentenbereich. Im Personalwesen ist die Anzahl qualifizierter Bewerbungen spürbar angestiegen. Weiteres Positivum: ein Bewußtseins- und Motivationsschub auf seiten der Mitarbeiter.

Auch für einen anderen Sponsor des WWF, die Adam Opel AG, führt die Verbindung von konsequenter Umweltorientierung im Produkt- und Produktionsbereich mit Sponsormaßnahmen zu durchweg positiven Resultaten.

WWF und das Auto – auf den ersten Blick eine problematisch erscheinende Kooperation, gelten doch Autos heutzutage als Umweltschädlinge erster Güte. Aber es entspricht der Philosophie des WWF, mit Unternehmen zusammenzuarbeiten, die dem Markt in Richtung Umweltschutz einen Schritt voraus sind. Eben diesen Schritt sah der WWF darin, daß Opel seit 1989 alle Modelle serienmäßig mit geregeltem Katalysator ausstattet. Ein Vorstoß, mit dem Opel nicht nur seinen Konkurrenten, sondern auch den Regierungsbestrebungen voraus war – und dies nicht nur hinsichtlich der konsequenten Ausrüstung mit Katalysatoren.

Leistungen des WWF

Grundlagen dieser verschiedenen Kooperationsmodelle mit der Wirtschaft ist zum einen der Ruf des WWF als professionell und glaubwürdig arbeitende Naturschutzorganisation, deren Tochter, die Panda Fördergesellschaft, die Unternehmen nicht nur bei der Mittelvergabe, sondern auch der Konzeption unternehmens- und CI-gerechter Umweltschutzaktivitäten beraten kann.

Zum anderen bietet die Fördergesellschaft maßgeschneiderte Förder- und Sponsormodelle, bei denen das Prinzip Leistung und Gegenleistung klar definiert ist – von der mäzenatisch orientierten Firmenmitgliedschaft über die Projektpatenschaft bis zum Sponsoring. Der Nutzen für die Sponsoren reicht hier von qualifizierter Pressearbeit, Medienaktionen und Benefizveranstaltungen bis hin zu Promotion-Unterstützung zum Beispiel durch die Vermittlung passender Incentives. Selbstverständlich gehören auch unternehmensinterne Kommunikationsmaßnahmen wie Vorträge vor Kunden, Mitarbeitern und Führungsgremien, die Erstellung von Printmedien und die regelmäßige Berichterstattung über Mitteleinsatz und Projektentwicklung zu der Zusammenarbeit des WWF mit den Unternehmen.

Abbildung 2: Panda-Emblem des WWF

Auch die Lizenzvergabe des WWF-Emblems wird von der Panda-Fördergesellschaft abgewickelt. Hier wird unter strenger Wahrung der Glaubwürdigkeit das Recht auf eine zeitlich und sachlich begrenzte Nutzung des Panda-Logos für Produktkennzeichnung, Verkaufsförderungs- und Werbeaktivitäten gegen Gebühr vergeben.

Voraussetzung: Umweltorientierung des Unternehmens

Ob Sponsoring oder Lizenzvergabe: Jedes Kooperationsmodell mit der Wirtschaft setzt eine überzeugende Umweltorientierung des jeweiligen Unternehmens voraus. Falls sich im Rahmen der Gespräche mit einem Unternehmen und der Recherchen durch den WWF hier kein Konsens finden läßt, wird die Zusammenarbeit abgelehnt.

Selbstverständlich ist auch die Abstimmung der Rahmenbedingungen, in denen das Unternehmen sein Sponsoring beziehungsweise das Panda-Logo publizieren kann.

So wird bei der Kooperation mit Procter & Gamble, bei der das Panda-Zeichen auf Beipackzetteln von „Pampers" und „Ariel Ultra" erscheint, im Text auf die lediglich relative Umweltfreundlichkeit der Produkte verwiesen.

Denn eine Unterstützung des WWF soll nicht als ein Beweis für die „absolute" Umweltfreundlichkeit einzelner Produkte mißverstanden werden – sie ist lediglich ein Hinweis auf die weitgehende Umweltorientierung eines Unternehmens.

Hier ist der WWF jedoch bereit, die „Politik der kleinen Schritte" nicht nur zu unterstützen, sondern auch durch Kooperationsbereitschaft zu honorieren. Im Fall von Procter & Gamble waren unter anderem Produkt- und Verpackungsmodifikationen, die zu einer erheblichen Einsparung des Abfallvolumens führten.

Daß im Rahmen dieser und anderer Kooperationen die Fragen des Noch-Machbaren nicht nur im WWF ein vieldiskutiertes Thema

World Wide Fund For Nature (WWF)

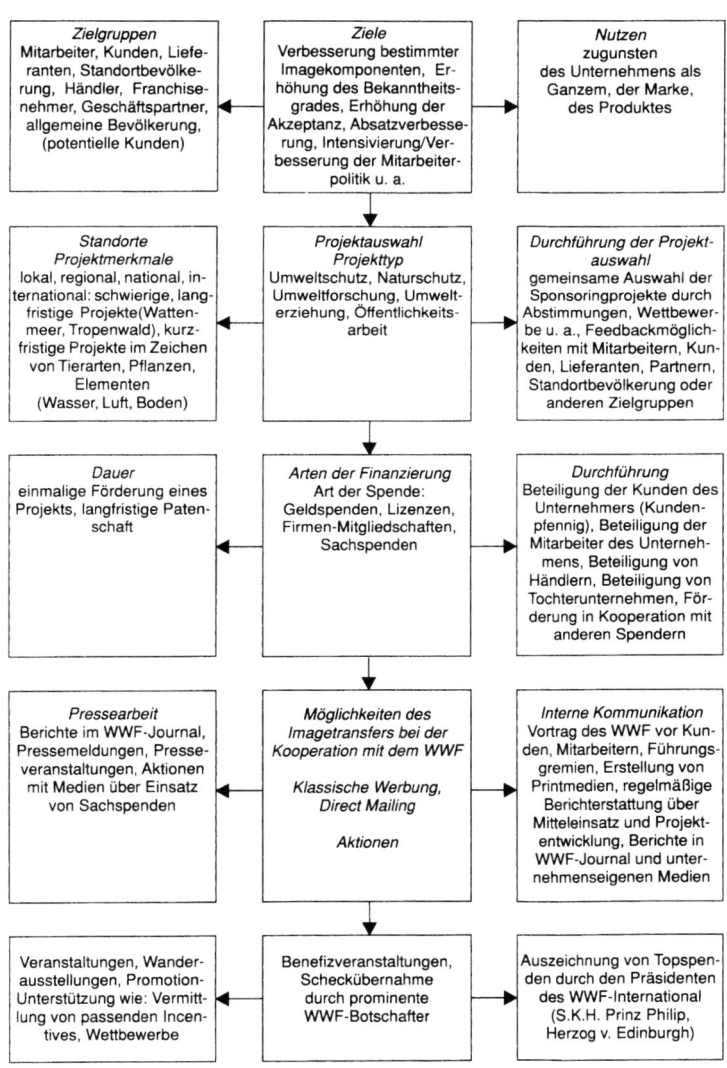

Abbildung 3: Anknüpfungspunkte für ein Umweltsponsoring mit dem WWF

sind, liegt auf der Hand. Aber die lebensnotwendige Umorientierung von Wirtschaft und Gesellschaft auf ökologisch ausgerichtete, umweltgerechte Produktions- und Konsumtionsweisen kann nur in langfristigen Lernprozessen und durch ein breites Maßnahmenspektrum realisiert werden.

Naturschutzbund Deutschland e.V.

Partnerschaft zwischen Industrie und Umwelt ist notwendig!

Der 1899 gegründete Naturschutzbund Deutschland e.V. ist in der Öffentlichkeit auch unter seiner alten Bezeichnung „Deutscher Bund für Vogelschutz" bekannt. Ein Grund für die 1990 vorgenommene Umbenennung ist, das breite und nicht nur auf den Schutz der Vogelwelt konzentrierte Tätigkeitsfeld des Verbandes auch in seinem Namen deutlich zu machen. Umweltsponsoring ist für den Naturschutzbund schon seit langem eine Form der Mittelbeschaffung. Wie und unter welchen Kriterien der Naturschutzbund Deutschland mit Sponsoren zusammenarbeitet, wird hier aus der Perspektive des Bundesverbandes und des Landesverbandes Nordrhein-Westfalen dargestellt.

Ein Verband mit Tradition

Der Naturschutzbund Deutschland e.V., vormals Deutscher Bund für Vogelschutz, hat als eine der ältesten und größten Naturschutzorganisationen eine lange Geschichte.

Am 1. Februar 1899 wurde er als Bund für Vogelschutz (BfV) in der Stuttgarter Liederhalle von Lina Hähnle gegründet. Ihr persönliches Engagement und ihre finanzielle Unabhängigkeit als Frau eines Industriellen bildeten die Grundlage für einen erfolgreichen Verbandsaufbau. Der Verein hatte zu Ende des ersten Jahres 3500 Mitglieder.

Im Jahre 1965 wurde aus dem „Bund für Vogelschutz" der „Deutsche Bund für Vogelschutz", und 1990 wurde der umfassenden Naturschutzarbeit des Verbandes durch die Umbenennung in „Naturschutzbund Deutschland" auch in der Namensgebung Rechnung getragen.

Größter Naturschutzverband Deutschlands

Der Naturschutzbund Deutschland hat heute 150 000 Mitglieder und ist in allen Ländern der Bundesrepublik Deutschland mit über 1500 Orts- und Kreisverbänden vertreten. Darüber hinaus betreuen beziehungsweise leiten wir über 50 Naturschutzzentren in Deutschland.

Auf nationaler Ebene arbeiten wir im Deutschen Naturschutzring, der Arbeitsgemeinschaft für Umweltfragen und anderen Dachorganisationen mit. Auf internationaler Ebene ist der Naturschutzbund Deutschland Mitglied des Internationalen Rates für Vogelschutz (IRV, Cambridge/England), der Internationalen Union für die Erhaltung der Natur (IUCN, Gland/Schweiz) und des Europäischen Umweltbüros (EEB, Brüssel/Belgien).

Der Naturschutzbund Deutschland ist ein föderaler Verband, der maßgeblich von der Arbeit seiner Mitglieder in den Orts- und Kreisverbänden lebt. Die bei einem Verband dieser Größenordnung notwendige organisatorische und politische Arbeit übernehmen auf der Landes- und Bundesebene hauptamtliche Mitarbeiter und Mitarbeiterinnen, die den ehrenamtlich tätigen Vorständen beratend und unterstützend zur Seite stehen.

Naturschutz – Vielfältige Aufgaben in Theorie und Praxis

Der Verband arbeitet mit seiner Bundesgeschäftsstelle in Bonn sowie mit den Landesgeschäftsstellen auf sämtlichen Gebieten des Natur- und Umweltschutzes. Auf Bundesebene liegen die Schwerpunkte unserer Arbeit in der Verbesserung der Natur- und Umweltschutzgesetze, in der Entschärfung des Konfliktes zwischen Naturschutz und Landwirtschaft sowie in der Aufklärung der Bevölkerung über die Gefahren der Naturzerstörung.

Im praktischen Lebensschutzraum für gefährdete Tiere und Pflanzen erhält der Naturschutzbund Deutschland insbesondere bedrohte Feuchtwiesengebiete, Seen und Fließgewässer sowie Landschaftsbestandteile wie Hecken, Feldgehölze, Kiesgruben, Steinbrüche und Brachflächen. Die Biotope werden erworben oder gepachtet, und, wo erforderlich, im Sinne des Natur- und Artenschutzes gepflegt. Außerdem betreuen wir in amtlichem Auftrag zahlreiche Naturschutzgebiete, zum Beispiel Federsee in Oberschwaben/Baden-Württemberg oder das Wasservogelreservat in Wallnau auf der Ostseeinsel Fehmarn.

Neben Lebensraumschutz bildet der praktische Artenschutz einen Schwerpunkt unserer Arbeit. Hier werden besonders die Brut-, Rast- und Nahrungsstätten bedrohter Vögel wie Weißstorch, Kranich, Eule und Greifvogel beschützt und betreut, aber auch gefährdete Amphibienarten, Reptilien, Fledermäuse und Insekten sowie seltene Pflanzenarten. Insgesamt ist der Naturschutzbund Deutschland in etwa 5000 Projekten des praktischen Arten- und Biotopschutzes aktiv.

Hinzu kommt der engagierte Einsatz gegen die übermäßige Nutzung, Schädigung und Zerstörung von Landschaft und Umwelt. So versuchen wir zum Beispiel, die Gefahren eines weiteren Landschaftsverbrauchs durch Straßenbau, Industrie-, Gewerbe- und Wohnungsansiedlung abzubauen und die Belastungen von Wasser, Boden und Luft durch Schadstoffe zu vermindern.

Ein weiterer Schwerpunkt unserer Arbeit ist die Umwelterziehung. Der Naturschutzbund Deutschland betreibt die größte private Naturschutzakademie Deutschlands, das Naturschutzseminar Sunder in Winsen/Landkreis Celle. Durch Seminare, Vorträge und praktische Projektarbeit mit Jugendlichen und Erwachsenen wird das Verständnis und die Verantwortung gegenüber Natur und Umwelt gefördert. Hinzu kommt unsere Jugendarbeit in Kooperation mit der „Naturschutzjugend", unserem starken Jugendverband.

Aber die Arbeit des Naturschutzbundes beschränkt sich nicht auf die Bundesrepublik. In ganz Europa werden mit den Partnerorganisationen Schutzmaßnahmen für Natur und Umwelt entwickelt; hier steht der Zugvogelschutz im Vordergrund.

Naturschutz und Politik

Die Betreuung schutzwürdiger Gebiete reicht aber allein nicht aus, um langfristig Tiere, Pflanzen und ihre Lebensgemeinschaften zu bewahren und damit auch uns Menschen die Grundlagen unseres Lebens zu sichern. Naturzerstörung wird auf dem Reißbrett vorbereitet, die Weichen für Umweltvergiftung werden in politischen Gremien gestellt. Deshalb nimmt der Naturschutzbund Deutschland Einfluß auf die Politik und ist nach 29 Bundesnaturschutzgesetz bei geplanten Eingriffen in die Landschaft anzuhören. Wir verstehen uns als Lobby für die Natur. Erleichtert wird unsere Arbeit hier dadurch, daß sich im Verband Politiker aller Parteien aktiv engagieren. Unsere Stellungnahmen sind in der Sache kompromißlos für Natur und Umwelt. Dabei basiert unsere Zusammenarbeit jedoch nicht auf Konfrontation, sondern auf Kooperation. Sie vertraut auf die Kraft der Argumente und die notwendige Einsicht in die Erfordernisse des Naturschutzes – wohlwissend, daß Politik die Kunst des Möglichen ist.

Umweltsponsoring – notwendige Hilfe für die Umwelt

Grundsätzlich begrüßen wir die Tatsache, daß das Thema Umwelt zunehmende Bedeutung im allgemeinen Sponsoringmarkt erlangt. Für die Durchführung ihrer Verbands- und Lobbyarbeit sowie zur Betreuung von konkreten Umwelt- und Naturschutzprojekte leiden die Umweltverbände an chronischer materieller Unterversorgung. Der Staat steht hier in der Hauptverantwortung, die notwendigen Natur- und Umweltschutzaufgaben zu finanzieren. Es liegt aber nahe, neben der staatlichen und privaten auch die wirtschaftliche Ebene zur Finanzierung der Umweltschutzverbände und ihrer Arbeit mit heranzuziehen.

Zum Teil haben die Unternehmen schon selbst erkannt, daß Umweltschutz keine Nische mehr ist, sondern eine wachsende Marktrelevanz bekommt. Viele Unternehmen haben den Umweltschutz mittlerweile auch in ihre Unternehmensphilosophie aufgenommen und sind damit mögliche Partner des Naturschutzbundes Deutschland in dem gemeinsamen gesellschaftlichen Anliegen, weitere Natur- und Umweltzerstörung zu verhindern und Wiedergutmachung zu betreiben.

Der Balanceakt zwischen Umwelt und Unternehmen

Der Naturschutzbund Deutschland ist sich des Spannungsverhältnisses im Ökosponsoring-Markt wohl bewußt. Das Grundproblem ist hier auch für uns ein möglicher Verlust an Glaubwürdigkeit, den wir durch diese Form der Kommunikation mit der Industrie erleiden könnten. Wird der gute Name des Naturschutzbundes Deutschland beispielsweise mit einem Unternehmen in Verbindung gebracht, dessen Produkte oder Produktionsweise in erheblichem Maße den umweltpolitischen Zielen des Verbandes entgegenstehen, so drohen Gesichtsverlust und sinkende Glaubwürdigkeit bei Mitgliedern und Förderern. „Jetzt lassen sie sich kaufen" wäre wohl die berechtigte Aussage unserer Mitglieder.

Außerdem wird das Ökosponsoring von der Öffentlichkeit schnell als Alibi und „billige Werbung" angesehen, wenn sich die Unternehmen ihrer ökologischen Verantwortung nicht nachvollziehbar bewußt sind, etwa wenn sie keine umweltgerechten Produkte und Produktionsverfahren vorweisen können.

Deshalb werden die möglichen Sponsoren auch intensiv unter der Kontrolle der engagierten Mitgliedschaft in den zuständigen Gremien diskutiert. Jede an uns gerichtete Anfrage wird gewissenhaft geprüft, wobei wir berücksichtigen, daß es das allen ökologischen Anforderungen entsprechende Unternehmen in unserer komplexen Gesellschaft mit ihrer weitverzweigten Wirtschaft nicht gibt.

Abgelehnt werden Sponsorship-Anträge insbesondere dann, wenn die Prüfung den fachlichen Kriterien des Naturschutzbundes Deutschland nicht standhält. So wurde die Kooperation beim Vertrieb bestimmter Nistkästen abgelehnt, da sie nicht den notwendigen ornithologischen Ansprüchen entsprachen.

Es gibt bei uns allerdings keinen „Negativkatalog", allein schon deshalb nicht, weil seine Aufstellung zu umfangreich und seine

Handhabung zu unflexibel wäre. An einer Einzelfallprüfung kommt man in der Praxis jedoch nicht vorbei.

Bei der aktiven Suche nach Partnern spricht der Naturschutzbund Deutschland gegenwärtig nur die Unternehmen an, deren Praxis zu den Interessen des Naturschutzes nicht im deutlichen Widerspruch steht. Unternehmen, mit denen es hier zu Konflikten käme, müßten erst beweisen, daß ihre Unternehmensstrategie die Erfordernisse des Natur- und Umweltschutzs konsequent berücksichtigt.

Beispiele von Sponsorship-Kooperation

Naturschutzakademie Sunder – IBM Deutschland

Auf dem ehemaligen Gut Sunder bei den Meißendorfer Teichen im Landkreis Celle betreibt der Naturschutzbund Deutschland die größte private Naturschutzakademie in der Bundesrepublik Deutschland. Der Ausbau zu einem modernen Seminarbetrieb mit der notwendigen Renovierung eines der ältesten und wohl schönsten Profangebäude der Heide aus dem 16. Jahrhundert bedurfte einer großen finanziellen Anstrengung. Durch öffentliche Unterstützung der Bundesregierung und der Landesregierung Niedersachsen, Gelder der Toto-Lotto-Gesellschaft Niedersachsen, aber nicht zuletzt auch durch die Unterstützung aus der Industrie, konnte ein Großteil der Arbeiten abgeschlossen werden.

Neben Spenden von Unternehmen zum Ausbau von Sunder engagierte sich insbesondere IBM Deutschland in großzügiger Weise. So wurden unter anderem Mittel für die Einrichtung von Labor- und Arbeitsräumen sowie für die Anschaffung eines ökologischen Feldlabors bereitgestellt. Als Gegenleistung wird in der Öffentlichkeit und in Sunder selbst in geeigneter Weise auf das Engagement von IBM Deutschland hingewiesen.

Kranichschutz Deutschland – Deutsche Lufthansa AG

Mit der finanziellen Unterstützung durch die Deutsche Lufthansa entsteht in der Zusammenarbeit mit dem Naturschutzbund

Deutschland, der Umweltstifung WWF Deutschland und der Deutschen Lufthansa zur Zeit das Projekt „Kranichschutz Deutschland". Ziel ist die Erhaltung der Kranichbestände durch professionelle Betreuung und Schutzmaßnahmen. Kernstück wird der Bau eines Kranichschutzzentrums unter Leitung eines hauptamtlichen Wissenschaftlers mit dem dazugehörigen Erwerb von entsprechenden Grundstücken zur Lebensraumerhaltung der Kraniche. Sachgerechte Informations- und Öffentlichkeitsarbeit werden das Projekt begleiten.

Die Zusammenarbeit in dem Projekt ist auf mehrere Jahre angelegt. Die Deutsche Lufthansa wird die kontinuierliche Finanzierung übernehmen. Die fachliche Betreuung erfolgt durch den Naturschutzbund Deutschland und den WWF Deutschland. Als Gegenleistung für ihre Unterstützung erscheint die Deutsche Lufthansa als Projektpartner in den entsprechenden Veröffentlichungen. Die Fluggesellschaft kann ihrerseits – in der für sie gebotenen Weise – in ihrer Öffentlichkeitsarbeit auf ihr Naturschutzengagement hinweisen.

Zugvogelschutz – Carl Zeiss

In Zusammenarbeit mit der Firma Carl Zeiss konnten vom Naturschutzbund Deutschland die Projekte „Zugvogelschutz – Birdwatch: beobachten, bestimmen und bewahren" sowie „Vogelschutz '90" durchgeführt werden. Die Kosten für die Erstellung des notwendigen Informationsmaterials und die Überlassung von Preisen für ein Preisausschreiben wurden von der Firma Carl Zeiss übernommen. Im Gegenzug wurde in den Begleitmaterialien auf diese Unterstützung und die Zusammenarbeit mit dem Sponsor hingewiesen.

Vogel des Jahres – Peter Kölln Heimtierkost (peka)

Die Aktion „Vogel des Jahres" wird offiziell von Peter Kölln Heimtierkost, Elmshorn, mit einem größeren Beitrag gefördert. Von dem Förderbetrag wird das Informationsmaterial (Broschüren, Plakate, Aufkleber usw.) finanziert. Dafür kann das Unternehmen auf seinen Produkten die Mitarbeit bei der Aktion erwähnen sowie das Logo des Naturschutzbundes Deutschland einsetzen. Außerdem wird peka in dem Informationsmaterial zur Aktion „Vogel des Jahres" als Sponsor genannt.

Verpachtung des Verbandslogos

Bei der Verpachtung des Verbandslogos arbeiten wir mit mehreren Firmen erfolgreich zusammen.

So hat beispielsweise die Firma Goebel Porzellanfabrik den „Vogel des Jahres", den der Naturschutzbund Deutschland jedes Jahr als besonders gefährdete Vogelart benennt, in ihre Produktpalette aufgenommen. Der Verkauf erfolgt über die üblichen Vertriebswege des Unternehmens. In den Goebel-Katalogen wird auf den „Vogel des Jahres" gesondert hingewiesen.

Pro verkauftes Exemplar erhält der Naturschutzbund einen festgelegten Pachtbetrag für seine Naturschutzarbeit.

Mit der Firma Franklin Mint GmbH gibt der Naturschutzbund Deutschland einzelne Porzellansammelteller-Serien aus der Vogel-

Abbildung 4: Verbandslogo des Naturschutzbundes Deutschland

welt heraus. Auch hier erhalten wir pro verkauftes Exemplar eine Gebühr. Ähnliche Nutzungsverträge bestehen auch mit der Firma Euromint, die eine Medaillenserie zum „Vogel des Jahres" herausbringt, sowie mit der Paramount International Münzgesellschaft mbH, die das internationale Münzen-Programm „Vögel der Karibik" verlegt.

Seit kurzem erhalten wir auch Gelder durch den Verkauf einer Plüschtierserie der Firma Kinderspiel W. Schmitzke GmbH.

Eine wichtige Unterstützung des Verbandes und seiner Arbeit stellt auch die Kooperation mit verschiedenen Verlagen dar. So wurde mit dem Kosmos-Verlag das Buch zur Aktion „Natur in Not" veröffentlicht. Die Medici Verlags- und Vertriebs GmbH, die hochwertige Bildbände speziell an Unternehmer verkauft, brachte 1989 – anläßlich des 90jährigen Jubiläums des Verbandes – das Werk „Zum Fliegen geboren" sowie den Bildband „Ehrfurcht vor den Wäldern" heraus.

Ökosponsoring – Ein Geschäft auf Gegenseitigkeit

Der Naturschutzbund Deutschland wird die Zusammenarbeit mit Unternehmen zur Finanzierung seiner Projekte verstärken. Denn wir erwarten, daß sich der Ökosponsoring-Markt in den nächsten Jahren noch erheblich ausweiten wird. Und da Sponsoring immer ein Geschäft auf Gegenseitigkeit ist, können unsere Partner je nach Vereinbarung auch entsprechende Leistungen erwarten.

Ein Schwerpunkt wird hier die hervorgehobene Erwähnung des Sponsors auf den Veranstaltungen und in Broschüren, Programmen und Büchern sowie in der Verbandszeitung „Naturschutz heute" – die von ca. 400 000 Menschen gelesen wird – sein. Außerdem bieten wir die Vergabe von Prädikaten, Logos, Titeln, Zeichen und Produktempfehlungen.

Hinzu kommt gemeinsame Informations- und Öffentlichkeitsarbeit. So sind wir durch unsere qualifizierten Mitglieder in der Lage, in Kooperation mit dem Unternehmen betriebsinterne Aktionen oder Vorträge durchzuführen. Außerdem kann die Zusammenarbeit mit dem Naturschutzbund Deutschland selbstverständlich in der Kommunikations- und Öffentlichkeitsarbeit des Sponsor-Partners genutzt werden.

Die Durchführung der Sponsorships erfolgt selbstverständlich auf vertraglicher Basis. Mit der Betreuung, Kommunikation und Durchführung von Sponsorships ist in der Bundesgeschäftsstelle ein fester Mitarbeiter betraut.

Ausreichender Benefit für die Unternehmen?

Der Naturschutzbund Deutschland schätzt den Benefit für die Unternehmen als nicht unerheblich ein. Wir gehen davon aus, daß das Unternehmen durch das Ökosponsoring die Übernahme von ökologischer Verantwortung nach innen und außen dokumentieren will. Dies ist mit einer Zusammenarbeit des Naturschutzbundes Deutschland allein schon aufgrund dessen breiter Mitglieder- und Fördererbasis sehr gut möglich. Darüber hinaus wird das Unternehmensimage positiv beeinflußt, denn Begriffe wie Umweltbewußtsein, Naturverbundenheit und Verantworung werden zukünftig noch an öffentlicher Bedeutung gewinnen. Hinzu kommt der Sympathie- und Motivationsgewinn unter den Mitarbeitern. Insgesamt bietet so Sponsoring die Chance einer deutlichen Profilierung, die sich auch unter Markt- und Wettbewerbsperspektiven rentiert – obwohl eine direkte Kosten-Nutzen-Analyse hier kaum möglich sein dürfte.

Trotz dieser guten Aussichten für Sponsoren und Gesponserte werden Sponsorgelder keinen herausragenden Anteil an unserem Etatrahmen bekommen – die Abhängigkeit wäre sonst zu groß.

Die Basis für die unabhängige Arbeit der Naturschutzverbände müssen weiterhin die Spenden und Beiträge bilden. Abgesehen davon sind Sponsorsummen natürlich eine gute Basis, um unsere Projektarbeit auszuweiten. So wären bestimmte Naturschutzvorhaben und -aktionen ohne Sponsoring nicht – oder nicht in diesem Umfang – durchführbar.

Insgesamt sieht der Naturschutzbund Deutschland das Engagement der Unternehmen als die gesellschaftliche Verpflichtung der Wirtschaft für die Erhaltung unserer natürlichen Lebensgrundlagen an.

Naturschutzbund Nordrhein-Westfalen

Umweltarbeit im industriereichsten Bundesland

1991 wird der Naturschutzbund Nordrhein-Westfalen 25 Jahre alt, ist also gemessen am Bundesverband noch relativ jung. Dennoch ist es gelungen, im bevölkerungsreichsten und durch die industrielle Entwicklung der vergangenen 200 Jahre intensiv geprägten Bundesland einen starken Naturschutzverband aufzubauen. Leider heißt das aber nicht, daß in Nordrhein-Westfalen alleine schon durch die Anstrengungen der erfindungsreichen und einsatzfreudigen, ehrenamtlichen Naturschützer vom Naturschutzbund die wesentlichsten Probleme gelöst wären. Im Gegenteil. Der Slogan unseres Verbandes vor der Wiedervereinigung Deutschlands machte unsere Sorgen deutlich: „Kein Land braucht den Naturschutz so sehr wie Nordrhein-Westfalen" ist in unserm richtungweisendem „Naturschutzprogramm 2000" zu lesen. Auch wenn wir heute schockiert vor den Umweltschäden in den neuen Bundesländern stehen, ist an diesem Slogan immer noch viel Wahres.

Gelingt es nicht, den Naturschutz in unserem hochentwickelten Land mit seiner sehr guten, kaum noch ausbaufähigen Infrastruktur einen viel gewichtigeren Rang in Bewußtsein und Handeln von Politik, Industrie, Handel und bei uns allen als Verbraucher zu erkämpfen, wird uns das weder bundesweit noch in den „ökologischen Notstandsgebieten" im Osten nicht gelingen. Das kann aber der Naturschutzverbund in Nordrhein-Westfalen nicht alleine erreichen. Dazu braucht er starke Partner, auch in der Industrie, die unser Land so stark (negativ) prägte.

Partnerschaft zwischen Industrie und Naturschutz

Der Landesvorsitzende Heinz Kowalski hat in einem Leitartikel für unsere Mitgliederzeitschrift „Naturschutz in Nordrhein-Westfalen" die Position unseres Landesverbandes klar und offen dargelegt:

„Industrie und Naturschutz waren lange Zeit wie Feuer und Wasser. Gegenseitige Verteufelungen prägten das Bild der Auseinandersetzungen. Das hat sich geändert. Die Industrie steht heute dazu, jahrzehntelang keine oder viel zu wenig Rücksicht auf den Schutz der Natur genommen zu haben. Viele Industrievertreter haben inzwischen umgedacht, nicht zuletzt durch das ständige Drängen der Naturschützer. Aber auch öffentliche Kritik, ordnungsbewußte Maßnahmen und sicher auch der eigene umweltbewußte Nachwuchs haben ihren Beitrag dazu geleistet. Die Marktchancen der Umwelttechnologie waren ein zusätzlicher Anreiz".

Noch ist längst nicht alles so „grün" bei der Industrie, wie uns das Marketing weismachen will. Rein betriebswirtschaftliches Denken steht oftmals noch gegen die Forderungen des Natur- und Umweltschutzes. Solche Auseinandersetzungen finden nicht nur mit den Naturschützern statt, sondern vermehrt auch zwischen leitenden Mitarbeitern der Firmen.

Der Naturschutzbund Nordrhein-Westfalen ist mit der Absicht angetreten, Partner für den Schutz der Natur und Umwelt in unserm Land zu finden. Dazu zählt auch die Industrie. Nordrhein-Westfalen ist „der Industriestandort Nummer eins" in der Bundesrepublik. Dieses Bundesland hat den höchsten Anteil an der Chemieindustrie ebenso wie an der Umwelttechnologie. Doch ging industrielles Wachstum oft auf Kosten der Natur. Deshalb ist hier mehr Partnerschaft gefordert.

Erste Gespräche haben wir geführt, vieles wurde dabei erreicht. Selbst mit so schwierigen Partnern wie RWE wurde verhandelt, beispielsweise. über die Sicherung der Freileitungen gegen den Greifvogeltod oder die Gestaltung der Grundstücke. Das Gespräch endete aber beim Punkt „Ölbohrungen im Wattenmeer".

Gespräche sind wichtiger als Geld

Unsere Grundsatzpositionen werden wir nicht aufgeben: Wir sind nicht käuflich. Wenn aber eine Firma Gutes (oder Wiedergutmachung) für die Natur tun will und beispielsweise ein Biotop durch Ankauf oder Übertragung an den Naturschutzverbund dauerhaft schützt, treten wir gerne in Aktion. Zerstört ein Unternehmen weiterhin die Natur, werden wir dies dagegen weiterhin offen anprangern.

Wichtiger aber als Geld ist das partnerschaftliche Kommunikation. Wir müssen starke Partner für unsere Ziele finden und Andersdenkende überzeugen. Naturbewußte Unternehmer und verantwortliche Mitarbeiter müssen von uns gestärkt werden. Partnerschaft zwischen Industrie und Naturschutz in Nordrhein-Westfalen ist notwendig und möglich, und zwar auf Landesebene genauso wie in den Kreisen und Städten.

Der Naturschutzbund Nordrhein-Westfalen hat zur Festigung der Kontakte und zur dringend nötigen Diskussion über die Werte der Industriegesellschaft zu einem Gesprächskreis eingeladen. Mit Unterstützung eines großen Chemieunternehmens in Nordrhein-Westfalen sprechen Vertreter aus Politik, Industrie, Naturschutz und Publizistik miteinander über grundsätzliche Themen. Auch diese von uns ausgehenden Initiativen zeigen deutlich unser Bemühungen um „Veränderungen in den Köpfen" und um den Abbau von Feindbildern. Wir glauben, daß sich durch ein verändertes Verständnis der Rolle der Unternehmer in der Gesellschaft viel mehr erreichen läßt als durch „mildtätige Spenden".

Partner ja, Objekte nein!

Bisher haben wir in vier Fällen Erfahrungen mit Sponsorships machen können, dabei konnten wir einen sechsstelligen Betrag zur Sicherung eines wertvollen Lebensraums verbuchen. Ein anderes Beispiel: Sowohl ein Erdgaslieferant als auch ein bekannter Filmhersteller „sponsern" uns eine kostspielige Naturschutz-Wanderausstellung nach unserer Konzeption.

Sponsoren können von uns Partnerschaft, aber keine „Leistungen" erwarten. Wie diese Partnerschaft im einzelnen aussieht, ist Sache der gemeinsamen Gespräche und Wünsche. Keine Scheu haben wir zum Beispiel vor gemeinsamen Pressekonferenzen, der Vergabe von Prädikaten, der gegenseitigen Selbstdarstellung in Firmen- beziehungsweise Mitgliederzeitschriften oder der Übernahme von Anzeigen. Wer unser Partner ist, kann erwarten, daß wir ihn und unsere Zusammenarbeit nicht verstecken. Es wird aber immer vom Einzelfall abhängen, wie stark sich der Naturschutzbund NRW für einen Sponsor aus der Industrie engagiert. Nach unseren bisherigen Erfahrungen sind sich Sponsoren meist im klaren darüber, wie weit sie mit ihren Wünschen nach Zusammenarbeit gehen können. Konflikte hat es bei uns noch nicht gegeben; bisher wurden noch keine Sponsorships abgelehnt. Der Kontakt zu solchen Partnerschaften ging im übrigen bisher immer von uns aus. Wir hoffen, daß im Rahmen einer stärkeren Akzeptanz des „Öko-Sponsorings" in Zukunft vermehrt Firmen auf uns zukommen, da unsere eigenen Möglichkeiten natürlich begrenzt sind.

Professor Dr. Peter Ulrich, St. Gallen, prognostiziert eine Zunahme ökologischer Ansätze in der Wirtschaft: Immer mehr Unternehmen werden feststellen, daß eine ökologisch orientierte Unternehmensführung nicht nur Kosten verursacht, sondern ebenso viele neue Erfolgschancen eröffnet, und der „ökologische Pionier" das Geschäft der Zukunft macht. „Nur die Unternehmen, die sich durch Taten und nicht durch schöne Worte, das Vertrauen der Öffentlichkeit sichern, die werden auf Dauer die besseren ökonomischen Erfolge haben", so Ulrich.

Der Naturschutzbund Nordrhein-Westfalen ist gerne bereit, bei diesen Taten mitzuhelfen.

Deutsche Umwelthilfe e.V.

Sponsorkooperation am Beispiel „Bodensee-Projekt"

Die Deutsche Umwelthilfe e.V. (DUH) ist eine als gemeinnützig anerkannte private, überparteiliche Organisation. Sie wurde 1975 aus der Erkenntnis heraus gegründet, daß praktische Maßnahmen zur Erhaltung einer lebenswerten Umwelt oftmals an den fehlenden Geldmitteln scheitern: Viele erfolgversprechende und sinnvolle Projekte können mangels ausreichender Finanzen nicht durchgeführt werden. Hier hilft die DUH durch die Bereitstellung von Geldmitteln, durch gezielte Beratung und durch Informationsmaterial.

Die DUH besteht aus einem Bundesverband sowie rechtlich unselbständigen Landesverbänden. Die Bundesgeschäftsstelle hat ihren Sitz am Bodensee. Da die DUH keine eigenen Projekte durchführt, sondern – vergleichbar mit dem Modell der „Aktion Sorgenkind" im sozialen Bereich – Projekte anderer Organisationen fördert, tritt sie nicht in Konkurrenz zu den deutschen Naturschutzverbänden. Vielmehr ist sie helfender Zweckverband.

Ihren Jahreshaushalt von rund 5 Millionen DM deckt die DUH vorwiegend aus Spendenmitteln und Bußgeldzuweisungen. Nach ersten ermutigenden Erfahrungen mit der Geldmittelbeschaffung durch zunächst eng begrenzte regionale Sponsoringaktivitäten im Jahr 1988 gewinnt die Kooperation mit Sponsoren zunehmend an Bedeutung.

Öko-Sponsoring, verstanden als gegenseitige Dienstleistung, dient als flankierende Maßnahme zu umweltorientierten betrieblichen Änderungen dem Satzungsziel der DUH, auf eine umweltverträgliche Wirtschaftspolitik einzuwirken.

In der Zusammenarbeit mit Wirtschaftsunternehmen sieht die DUH ihre Rolle vor allem als die eines Impulsgebers, zum Beispiel bei der Erstellung von Öko-Sponsoring-Konzepten, durch ihre Mithilfe bei Konzeptionierung und Durchführung von Veranstaltungen zur Mitarbeitermotivation und Umweltsensibilisierung.

Die DUH verfügt über enge Kontakte zu Medien, Forschung und Persönlichkeiten des öffentlichen Lebens. Durch das Vermitteln von Kontakten zu Experten verschiedener ökologisch relevanter Themengebiete und zu Meinungsbildnern erfüllt sie eine wesentliche Beratungsfunktion.

Die Zusammenarbeit der DUH mit Wirtschaftsunternehmen setzt als wichtigstes Kriterium die glaubwürdige Bereitschaft zu umfassenden Maßnahmen im Hinblick auf eine umweltverträgliche Wirtschaftsweise voraus. Eine Sponsoring-Partnerschaft erfordert daher immer eine mittel- bis langfristige Konzeption, die in alle Unternehmensbereiche hineinwirkt.

Die DUH verwendet Sponsoring-Mittel ausschließlich zur unmittelbaren Projektförderung; sie ist in ihrem übrigen Finanzmittelbedarf nicht auf Sponsoren angewiesen. Eine solche strikte Trennung gewährleistet, daß die Zuwendungen des Sponsors die Unabhängigkeit der DUH nicht beeinflussen.

Abbildung 5: Das Signet der Deutschen Umwelthilfe e.V.

Lever und das Bodensee-Projekt

Angesichts der rasanten Umweltzerstörung – Artensterben, Boden-, Luft- und Wasservergiftung – reicht es nicht aus, als Umweltschützer durch politischen Druck Gesetze zu beeinflussen, die die Unternehmen zu umweltverträglicheren Verhalten zwingen sollen. Ziel muß vielmehr sein, daß die Wirtschaft freiwillig über die gesetzlichen Grenzen hinausgehend handelt: ein Ziel, das zunächst über den Abbau der seit jeher bestehenden Spannungen und Vorbehalte der Naturschutzverbände gegenüber der freien Wirtschaft führt und in einen konstruktiven Dialog münden muß.

Den ersten großen Schritt in diese Richtung hat die DUH in Form einer zunächst auf zwei Jahre angelegten Sponsoring-Partnerschaft mit der Hamburger Lever GmbH getan. Mit 1 Million Mark fördert Lever das Bodensee-Umweltschutzprojekt der DUH, ein verbandsübergreifendes Großobjekt, an dem auch der Naturschutzbund Deutschland und der Bund für Umwelt und Naturschutz Deutschland (BUND) beteiligt sind.

Zunächst auf die Entwicklung eines – im Oktober 1990 eingeführten – Baukastenwaschmittels beschränkt, wirkt die DUH vermehrt auch bei der konzeptionellen Entwicklung anderer Produkte und der praktischen Umsetzung ökologisch orientierter Ziele in anderen Unternehmensbereichen beratend mit.

Aus Geldern der Kooperation mit Lever finanziert, befaßt sich ein Gemeinschaftsprojekt von BUND und Naturschutzbund Deutschland mit einem am Bodensee allgegenwärtigen Problem, der Verkehrssituation. Die Verbände sehen unter anderem im Ausbau eines schienengebundenen Nahverkehrs große Chancen für eine nachhaltige Entlastung der Umwelt.

Die Zeit drängt: Vor kurzem wurde der Bodensee von der EG-Umweltkommission in die Liste der 60 ökologisch am stärksten bedrohten Gebiete Europas aufgenommen. Der Grund: Pestizidrückstände aus der Landwirtschaft und Schadstoffe aus der Luft verunreinigen das Gewässer. Die auf dem See zugelassenen Boote belasten zudem mit ihren Abgasen das Wasser und stören die hier rastenden und brütenden Vogelarten. Große Geldmittel sind notwendig, um die augenblickliche Belastung des größten Sees Deutschlands auf ein tragbares Maß zurückzuführen.

Erste Erfolge des Bodensee-Umweltschutzprojektes sind schon jetzt zu verzeichnen. Das BUND-Teilprojekt „Trinkwasserschutz Bodensee", das wesentlich dazu beiträgt, die Qualität des Sees als Trinkwasserspeicher für 4,5 Millionen Menschen zu sichern, konnte die einstweilige Einstellung der grundwassergefährdenden Herbizidspritzungen der Bundesbahn erreichen – ein vielversprechender Ausgangspunkt für zahlreiche weitere Initiativen des Projekts.

Bund für Umwelt und Naturschutz Deutschland e.V. (BUND)

Kooperation mit Hertie

Mit über 80jährigem Bestehen zählt der Bund für Umwelt und Naturschutz Deutschland e.V. – BUND – zu den ältesten Naturschutzorganisationen Deutschlands. Sponsoring ist für den auch umweltpolitisch sehr aktiven Verband erst seit kurzem ein Thema. Die erste umfangreichere Sponsor-Kooperation wurde im Rahmen der „KunterBund"-Aktion mit dem Warenhauskonzern Hertie eingegangen – ein bislang für alle Beteiligten sehr erfolgreicher Probelauf. Ob, wie und unter welchen Voraussetzungen der BUND auch zukünftig Sponsoren akzeptiert, ist jedoch noch Gegenstand grundsätzlicher interner Diskussionen.

1975 konstituierte sich der BUND auf nationaler Ebene aus dem Zusammenschluß einer Vielzahl lokaler und regionaler Natur- und Umweltschutzgruppen. Diese föderative Struktur ist maßgeblich für die Arbeit des BUND: Seine über 200 000 Mitglieder arbeiten in mehr als 2000 selbständigen Orts- und Kreisgruppen, die wiederum in zwölf Landesverbänden vertreten sind. Beschlußfassendes Organ des BUND sind die Delegiertenversammlungen.

Die Mitglieder des BUND kommen aus allen Bereichen des Umweltschutzes – vom traditionellen, praxisbezogenen Naturschutz über projektbezogen arbeitende Bürgerinitiativen bis zum gesellschaftspolitisch orientierten Umweltengagement. Ebenso vielfältig ist auch die Arbeit des BUND. Neben lokalen Naturschutzaktivitäten, regionalen Arbeitsgruppen zu speziellen Umweltproblemen wie Abfall oder Energieversorgung finden auch zahlreiche bundesweite Aktionen zu übergreifenden ökologischen Fragen statt, zum Beispiel zum Thema Tropenwald oder Kernkraft.

Bedingt durch die Organisationsstruktur können bundesweite Kampagnen ebenso unmittelbar mit lokalen Anlässen verbunden werden wie örtliche Umweltprobleme auf Bundesebene zur Sprache gebracht werden. Die zahlreichen engagierten Mitglieder, die bundesweite Präsenz sowie eine professionelle Presse- und Öffentlichkeitsarbeit machen den BUND zu einer nicht zu unterschätzenden „Umwelt-Lobby".

Ansatzpunkte sind hier beispielsweise die Verbraucher-Aktionen, mit denen zum Verzicht bestimmter Produkte oder Verpackungen aufgerufen wird. Inhaltlich und argumentativ abgesichert werden die Kampagnen durch die wissenschaftlichen Mitarbeiter der 25 Facharbeitskreise des BUND.

Da der BUND eine engagierte, explizit politisch arbeitende Umweltorganisation ist, für die Integrität und Glaubwürdigkeit das beste Kapital sind, ist das Thema Sponsoring ein prinzipielles Problem.

Die Chancen ...

Das Thema Umwelt ist in den letzten Jahren zu einem entscheidenden Marketingfaktor geworden. Hier bieten Sponsor-Kooperationen die Chance, Unternehmen und Verbraucher gezielt zu beeinflussen. Denn Umweltschutz kann nicht alleine eine staatliche Aufgabe sein. Vorangetrieben und realisiert wird er vielmehr von einzelnen Personen und Unternehmen. Hier hat der BUND im Rahmen von Sponsor-Partnerschaften eine Reihe von Möglichkeiten, seinen Einfluß geltend zu machen:

- Die wachsende ökologische Sensibilität der Wirtschaft korrespondiert mit einer auffallenden Konzeptionslosigkeit. Der BUND hat durch seinen Sachverstand die Chance, die ökologische Konzeption der Unternehmen zu beeinflussen.
- Der BUND kann durch Überzeugungsarbeit und die Bedingungen der Kooperation Einfluß auf eine ökologische Unternehmenspolitik des Kooperationspartners gewinnen.
- Er kann durch seine Autorität bei den Verbrauchern dazu beitragen, umweltverträglichere Produkte auf dem Markt durchzusetzen.

– Der BUND kann in der zunehmenden Auseinandersetzung um den Gehalt der Begriffe „umweltfreundlich", „Bio", „Öko" etc. Einfluß auf Definitionen und Standards nehmen.
– Er kann sich für seine Arbeit neue Finanzquellen erschließen.

... und die Risiken

– Zwischen beiden Partnern findet ein Imagetransfer statt. Durch die Wahl eines Partners mit negativem ökologischen Profil kann der BUND einen Imageverlust erleiden.
– Ein Umweltskandal des kooperierenden Unternehmens oder eine falsche Beurteilung des unterstützten Produkts kann die Glaubwürdigkeit des BUND zerstören.
– Die Kooperation mit Wirtschaftsunternehmen kann als Käuflichkeit des Umweltschutzes gewertet werden.
– Der BUND kann als Feigenblatt mißbraucht werden, wenn der Kooperationspartner lediglich an einer Imageverbesserung, nicht aber an einer tatsächlichen Verhaltensänderung interessiert ist.
– Zu erwähnen ist auch die Gefahr der finanziellen Abhängigkeit und der Korrumpierbarkeit, indem auf Kritik verzichtet wird, um die Zuwendungen des Kooperationspartners zu erhalten.

Grundsätze für mögliche Sponsor-Kooperationen

Die Risiken einer Zusammenarbeit mit Unternehmen sind also sehr hoch. Auch für das Innenleben des BUND: Die neue Strategie bedeutet den Bruch eines unausgesprochenen Tabus. Trotzdem: Wenn die ernsthafte Chance besteht, daß die Umweltpolitik beschleunigt und ein konkreter Zugewinn für Natur und Umwelt erwartet werden kann, ist der BUND aus seinem Selbstverständnis heraus verpflichtet, den Weg der Kooperation zu suchen. Wir verstehen uns als Lobby der Natur. Unsere Schritte müssen sich daher stets an dem bestmöglichen Ergebnis orientieren. Das verbietet uns, auf Fortschritte ausschließlich deshalb zu verzichten, weil wir um die „Reinheit der Lehre" fürchten. Eine Zusammenarbeit mit Unternehmen bedeutet daher keine grundsätzliche Umorientierung der Arbeit des BUND, sondern lediglich eine Erweiterung seiner taktischen Möglichkeiten.

Grundsätzlich lassen sich folgende Eckpunkte einer Sponsor-Partnerschaft festhalten:

- Die Kooperation steht unter einem politischen Primat: Die Zusammenarbeit ist dann anzustreben, wenn sie unseren umweltpolitischen Zielen dient.

- Die organisatorische und politische Unabhängigkeit des Verbandes darf durch die Kooperation nicht gefährdet werden. Die Kritikfähigkeit gegenüber dem Partner muß erhalten bleiben.

- Die Bemühungen des Kooperationspartners um eine ökologische Orientierung des Unternehmens müssen nachvollziehbar und glaubwürdig sein.

- Image des Unternehmens und Ansehen des BUND dürfen nicht unverträglich sein.

- Der BUND erwartet von seinen Partnern keine ökologische Perfektion. Er betrachtet die Bemühungen des Unternehmens in ihrer Entwicklung. Die wichtigeren Ergebnisse mögen dort zu erzielen sein, wo ein Kooperationspartner noch am Anfang steht.

- Der BUND sucht Zusammenarbeit vor allem mit den Unternehmen, die mittel- und langfristig den gesamten Querschnitt ihrer Arbeit an die Erfordernisse des Umweltschutzes anpassen wollen. Eine punktuelle Kooperation mit Unternehmen ist demgegenüber nicht ausgeschlossen, aber zweitrangig.

- Das Projekt muß auf Ziele gerichtet sein, die sich auf einen breiten Konsens im Verband stützen können.

- Der BUND darf sein Image nicht verramschen. Die Zahl der Kooperationen ist grundsätzlich gering zu halten. Das bedeutet eine Konzentration auf Projekte, die einen möglichst großen Effekt haben.

- Die Zusammenarbeit mit Unternehmen verläuft grundsätzlich projektbezogen. Sie darf auf keinen Fall in eine pauschale Unterstützung des Unternehmens umgemünzt werden.

Entscheidungen fallen im Einzelfall

Aus den Grundsätzen einer Sponsor-Kooperation lassen sich keine absoluten Kriterien ableiten. Die Entscheidung über eine Zusammenarbeit muß daher jeweils im Einzelfall getroffen werden. Um den jeweiligen BUND-Gremien hier eine Meinungsbildung zu ermöglichen, bedarf es genauer Informationen über

- das Unternehmen (Eigentümer, Beteiligungen),
- die Produkte des Unternehmens,
- die umweltpolitischen Leitlinien des Unternehmens,
- die zur Verfügung stehende Geldsumme beziehungsweise die sonstigen Vorteile für den BUND und
- die vom BUND erwarteten Gegenleistungen.

Abgesehen von einer Prüfung des Unternehmens ist die Frage der Kooperationsform beziehungsweise die Art des Sponsoring ein entscheidendes Kriterium.

Freie Sach- und Geldspenden sind weitgehend unproblematisch, soweit sie nicht von Unternehmen kommen, die zu den umweltpo-

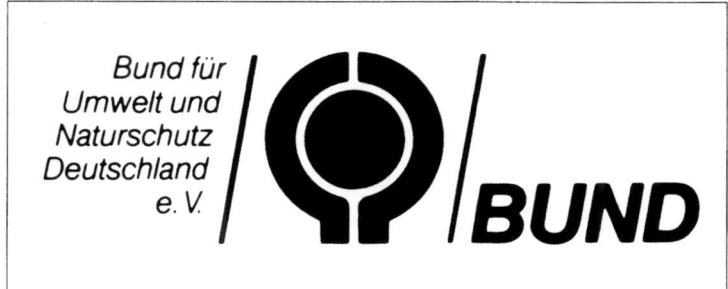

Abbildung 6: Emblem des Bundes für Umwelt und Naturschutz Deutschland e.V. (BUND)

litischen „Gegnern" des BUND zählen. Spenden, die von dem Unternehmen zu Werbezwecken, eventuell unter Einbeziehung des BUND-Logos, eingesetzt werden, müssen ebenso gründlich geprüft werden wie gemeinsame Kampagnen.

Der schwierigste Kooperationsfall ist das Produktsponsoring. Denn hier stellt der BUND seinen Namen und sein Logo für die Werbung auf dem Produkt zur Verfügung. Der BUND gerät damit zwangsläufig in die Nähe des kritisierten „Umweltengels". Gegen eine derartige Produktempfehlung spricht vor allem, daß der BUND eine fundierte Analyse der ökologischen Auswirkungen des Produkts von dessen Entstehung bis zur Beseitigung nicht leisten kann. Ein Produktsponsoring kommt deshalb für den BUND nur in Frage, wenn folgende Voraussetzungen erfüllt werden:

– Es ist für den BUND politisch wichtig, für die betreffende Produktgruppe zu werben – zum Beispiel PVC-Ersatzprodukte, Mehrwegverpackungen, Recyclingpapier.

– Der BUND empfiehlt unter keinen Umständen einen Markennamen, in der Regel auch nicht das Produkt, sondern ausschließlich Produkteigenschaften.

Die zur Zeit laufende Sponsor-Kooperation mit dem Warenhauskonzern Hertie signalisiert die Bereitschaft von Unternehmen, sich mit den Forderungen des BUND auseinanderzusetzen. Denn Hertie hat nicht nur eine Reihe von für seine Branche wegweisenden Umweltschutzmaßnahmen in die Wege geleitet, sondern auch bewußt auf eine übertrieben werbliche Publizierung des BUND-Sponsoring verzichtet.

Natürlich ist – bei allen positiven Erfahrungen – auch dieses Sponsoring nicht völlig unproblematisch. So könnte in der Öffentlichkeit der Eindruck entstehen, der BUND trete als „Kronzeuge" für die Umweltfreundlichkeit des gesamten Unternehmens auf.

Es ist daher auch in Zukunft unabdingbar, daß der BUND von kooperierenden Unternehmen über Inhalte und Form von Veröffentlichung und werblicher Verwendung des Sponsoring genauestens informiert wird.

Insgesamt steht jedoch einem weiteren Ausbau von Sponsor-Partnerschaften mit Unternehmen, die sich glaubwürdig, nachvollziehbar und, wenn möglich, innovativ um eine umweltorientierte Firmenpolitik bemühen, nichts im Wege. Der BUND ist hier bereit und in der Lage, seine langjährigen und fundierten Erfahrungen für die Weiterentwicklung ökologisch verträglichen Wirtschaftens zur Verfügung zu stellen.

Greenpeace e.V.

Andere Wege im Umweltsponsoring

Die 1970 in Kanada gegründete Umweltschutzorganisation Greenpeace ist nach dem „Natur"-Umweltbarometer vom Dezember 1990 der unangefochtene Spitzenreiter unter den als vertrauenswürdig und effektiv eingestuften Umweltinstitutionen und -verbänden: 77 Prozent aller Befragten gaben Greenpeace ihr Votum.

Ein wesentlicher Grund für diese positive Einschätzung liegt in dem kompromißlosen und direkten Vorgehen der Greenpeace-Mitarbeiter gegen umweltzerstörende Wirtschaftspraktiken. Daß offensiver Protest gegen umweltfeindliche Industrie- und Wirtschaftsunternehmen und ein ebenso offensives Eintreten für sanfte Technologien sich nicht ausschließen, zeigt die Kooperation von Greenpeace und dem Fahrradhersteller Veloring.

„Let's make a green peace" – dieses vor 20 Jahren geprägte Motto der kanadischen Umweltschützer faßt die Zielsetzung von Greenpeace zusammen: Kampf für einen Frieden mit der Natur. Anstoß für die Gründung von Greenpeace war – wie für zahlreiche Umwelt- und Naturschutzorganisationen – der Protest gegen Atomkraft und Atomwaffen. Hier beschritten die Greenpeacer jedoch von Anfang an einen neuen Weg: Sie erzwangen durch Einsatz ihres Lebens die Einstellung umweltzerstörender Praktiken.

Wie alles begann

Die erste dieser direkten Aktionen richtete sich 1971 gegen unterirdische Atomwaffenversuche der Amerikaner im Seegebiet um die Aleuten. Eine kleine Gruppe von Greenpeace-Aktivisten charterte ein Schiff und fuhr mitten in das Testgebiet. Die Amerikaner standen vor der Wahl, entweder die Versuche einzustellen oder Menschenleben zu riskieren.

Zunächst wurden die Kernwaffenversuche eingestellt. Doch kaum hatte das Greenpeace-Schiff das Testgebiet verlassen, wurde die Gruppe festgenommen – die Atombombentests gingen weiter. Einen Erfolg hatte Greenpeace jedoch: Ihre Aktion war in die Presse gelangt und um die Welt gegangen.

Auch bei den folgenden Umweltschutz-Offensiven der nächsten 20 Jahre gelang es Greenpeace nicht nur, umwelt- und naturzerstörende Praktiken zu verhindern, sondern auch, eine breite Öffentlichkeit auf diese Praktiken aufmerksam zu machen.

Heute ist Greenpeace mit über 2,5 Millionen Fördermitgliedern eine der größten internationalen, parteipolitisch unabhängigen Umweltschutzorganisationen der Welt. In 25 Ländern gibt es Greenpeace-Büros, die die Aktivitäten vorbereiten und koordinieren. Daran arbeiten mittlerweile über 400 hauptberufliche Fachleute aus den verschiedensten Berufen und Wissensgebieten.

Spenden und Sponsoring

Auch wenn Umweltsponsoring für viele Verbände, Gruppen und Initiativen eine wichtige Einnahmequelle darstellt, hat Greenpeace zumindest in der Bundesrepublik bisher davon Abstand gehalten.

Der Grundsatz, keine Spenden von einer Partei anzunehmen, gilt ebenso, wie Greenpeace eine Spende verweigert, an die eine Bedingung geknüpft ist. Ein Sponsorvertrag würde an die Einnahme die werbliche Verwertung durch den Sponsor knüpfen, was genau nicht gewünscht ist. Denn oberstes Ziel ist es, völlig unabhängig zu bleiben und ausschließlich den Greenpeace-Zielen verpflichtet zu sein. Zumindest für uns erscheint dieser Weg gangbar und erfolgreich: Die Glaubwürdigkeit der Organisation ist nie durch zweifelhafte Marketingstrategien erschüttert worden.

Auf gleicher Linie liegt die Philosophie der Vereinszeitschrift, des „Greenpeace Magazins", das vierteljährlich an alle Fördermitglieder verschickt wird und auch im Handel erhältlich ist. Mit einer deutschen Auflage von über 700 000 Exemplaren ist es mit Abstand das auflagenstärkste Umweltmagazin in der BRD und wäre damit für Anzeigenkunden sehr interessant. Doch es leistet sich den „Luxus", völlig anzeigenfrei zu bleiben, und kann damit allen Querelen, welche bei Anzeigenkunden aufkommen können, aus dem Weg zu gehen.

Ähnlich gelagert sind die Fälle der sogenannten „Benefiz"-Konzerte und -Schallplatten. Unsere Erfahrungen zeigen, daß zwei Arten von Interessenten vorherrschen:

- Die engagierte Privatperson, die leider oft wenig erfahren in der Organisation solcher Konzerte ist, und
- die professionelle Agentur, die den schleppenden Kartenverkauf verbessern will.

Selten finden sich Ausnahmen wie beispielsweise das „Traumtheater Salome", das die gesamten Eintrittsgelder einer Sonderveranstaltung gespendet hat.

Abbildung 7: Das Emblem von Greenpeace

CleanTech überholt High-Tech

Neue Wege beschreitet dagegen Greenpeace bei dem Projekt „Greenpeace CleanTech-Fahrrad". Unter dem Motto „CleanTech überholt High-Tech" wurde mit der Vertriebsorganisation Veloring ein Lizenzvertrag geschlossen.

Veloring ist mit über 600 selbständigen Fachhandelsmitgliedern eine bedeutende Zweirad-Einkaufsgesellschaft in der Bundesrepublik und in den Niederlanden. Damit organisiert Veloring den Vertrieb des umweltfreundlichsten Verkehrsmittels, des Fahrrads. Die Gemeinschaftsaktion von Greenpeace und Veloring soll die Akzeptanz des Verkehrsmittels Fahrrad verstärken. Ein Teil des Ertrages aus diesem Projekt geht an Greenpeace.

Mit dem „CleanTech-Fahrrad" wurde ein Produkt entwickelt und auf den Markt gebracht, das wesentlich umweltfreundlicher produziert wird als im Marktstandard üblich. Durch gezielte Informationen über die Möglichkeiten, ein weitgehend umweltgerechtes Fahrrad zu produzieren, wird sich hoffentlich die Verbrauchernachfrage an den Umweltstandards des „CleanTech-Rades" orientieren.

Greenpeace dokumentiert mit dieser Kooperation, daß wir der Industrie nicht ein pauschales „Nein" gegenüberstellen, sondern ihr die Hand reichen, wenn sie bereit ist, umweltfreundlicher zu wirtschaften.

Das „Greenpeace CleanTech-Fahrrad"

In einem normalen Fahrrad sind viele Teile enthalten, die nach ihrem Gebrauch auf den Sondermüll gehören oder nicht wiederverwertet werden können, da verschiedene Materialien unlösbar miteinander verbunden sind. Weiterhin werden meist an versteckter Stelle minderwertige Qualitäten eingebaut, so daß die mögliche Lebensdauer beschränkt ist. All dies galt es zu vermeiden.

Eine interne Greenpeace-Arbeitsgruppe mit fachkundiger Außenberatung hatte einen Kriterienkatalog entwickelt, den es zu verwirklichen galt. Daß dieser Kriterienkatalog nicht zum Etikettenschwindel werden darf, wie dies bei manchen „Bio"-Produkten der Fall ist, wird von Greenpeace mit Recht erwartet. Schon jetzt haben mehrere Zulieferfirmen ihr Gesamtprogramm entsprechend unseren Anforderungen umgestellt.

Unser Kriterienkatalog für das „Greenpeace CleanTech-Fahrrad":

– Weitestgehender Verzicht auf Produkte aus der Chlor-Chemie – der gesamte Bereich der Chlor-Chemie verursacht massive Umweltprobleme (FCKW, PVC, PCB etc.).

– Weitesgehender Verzicht auf Aluminium – bei der Produktion von Aluminium werden ungeheure Mengen Strom verbraucht.

– Weitestgehender Verzicht auf Verchromung und Verzinkung – die Oberflächenverchromung von Metallen verursacht Gewässerverschmutzungen mit giftigen Schwermetallen.

– Weitestgehender Verzicht auf Verbundteile – sie lassen sich nicht recyceln.

– Langlebigkeit und Stabilität – Wegwerfprodukte wollen wir vermeiden.

– Gebrauchstüchtigkeit und Fahrsicherheit – das Fahrrad soll eine echte Alternative zum Auto darstellen; Ergonomie ist daher auch ein ökologisches Kriterium.

– Zerlegbarkeit in kleinste Einzelkomponenten – zur besseren Reparatur- und Recyclingfähigkeit.

– Möglichst wenig Transportwege im Rahmen der Fertigung – sie erhöhen die Gesamtenergiebilanz bei der Herstellung und Fertigung. Leider konnten wir auf diesem Gebiet bislang am wenigsten erreichen.

In einer umfassenden Verbraucherinformation klären Veloring und Greenpeace die Kunden über die erreichten und noch erwünschten Verbesserungen beim „CleanTech-Fahrrad" auf. Denn wir wollen nicht verschweigen, was auch bei diesem Fahrrad noch verbesserungsbedürftig ist. Der wesentliche Teil der nicht unerheblichen

Lizenzeinnahmen von Greenpeace wird deshalb in die Weiterentwicklung der „CleanTech"-Konzeption, in Gutachten und Ökobilanzen investiert.

Das „Greenpeace CleanTech-Fahrrad" dokumentiert als erste Kooperation von Greenpeace mit einem Wirtschaftsunternehmen die Anforderungen, die wir an die Partner und Inhalte unseres Sponsorings stellen. Zukünftige Sponsoring-Pläne werden jedoch weiterhin im Einzelfall entschieden werden.

Umweltsponsoring ist für Greenpeace aber ein nach wie vor eng definierter Bereich. Die finanzielle Basis unserer Arbeit sind und bleiben die vielen tausend Fördermitglieder, die wir gleichzeitig über unsere Kommunikations- und Öffentlichkeitsarbeit in die Greenpeace-Kampagnen integrieren.

Robin Wood – gewaltfreie Aktionsgemeinschaft für Natur und Umwelt e.V.

Spenden ja, Sponsoring nein!

Die 1982 gegründete Umweltschutzorganisation Robin Wood engagiert sich nicht nur in den klassischen Aufgaben des Umwelt- und Naturschutzes, sondern versucht, in gewaltfreien und spektakulären Aktionen auch auf die Ursachen und Verursacher der Umweltzerstörung hinzuweisen. Eine Kooperation mit Wirtschaft und Industrie, wie sie das Sponsoring voraussetzt, lehnt die Organisation in jeder Form ab.

Bekannt wurde Robin Wood in den achtziger Jahren vor allem durch seine „Schornsteinbesetzungen" und die Blockaden von Kernkraftwerken.

Waren zu Gründungszeiten noch Themen wie der saure Regen und die damit verbundene Vernichtung der Wälder Schwerpunkte der Kampagnen, so bezieht die Organisation heute in fast allen Bereichen des Natur- und Umweltschutzes Stellung. Neben Informationsveranstaltungen und Vortragsreihen arbeitet Robin Wood hier auch mit anderen Umweltschutzorganisationen zusammen: So wurde ein Wiederaufforstungsprojekt in Brasilien mit zunächst 75 000 DM unterstützt; in Kooperation mit dem Öko-Institut Freiburg und der sowjetischen Akademie für Wissenschaften wurde eine Öko-Datenbank in Moskau aufgebaut.

Abbildung 8: Schriftzug von Robin Wood

Selbstverständlich ist für Robin Wood auch die materielle Unterstützung der Umweltbewegungen in der ehemaligen DDR, zum Beispiel der Umweltbibliothek Berlin-Ost und des Ökologischen Arbeitskreises Dresden.

Die ca. 3000 Mitglieder von Robin Wood sind bundesweit in lokalen Fachgruppen organisiert. Durch Transparenz und strikte innerverbandliche Basisdemokratie versucht der Verband, jede Form von „Funktionärstum" zu verhindern.

Da sich auch Robin Wood, nicht zuletzt durch Anfragen seitens Unternehmen und Agenturen, mit dem Thema Umwelt-Sponsoring auseinandersetzen mußte, wurde auf der Delegiertenkonferenz im Frühjahr 1990 hierzu ein richtungweisender Beschluß gefaßt.

In letzter Zeit wird immer häufiger versucht, das Feld des Natur- und Umweltschutzes zur Aufbesserung des Firmenimages zu nutzen. Zahlreiche Großunternehmen fördern heute Projekte großer Naturschutzverbände wie dem Naturschutzbund Deutschland und WWF mit Riesensummen.

Auch bei Robin Wood boten im Verlauf des letzten Jahres eine Reihe von Sponsoren ihre nicht ganz uneigennützige Hilfe an:

- Ein Vertreter für ein ökologisches Waschmittel wollte einen Teil seiner Einnahmen an Robin Wood abgeben und damit auf seinen Firmenpapieren werben.

- Eine Agentur erkundigte sich für einen ungenannten Auftraggeber, wie Robin Wood verfahren werde, wenn ein Großunternehmen eine Summe von mehreren hunderttausend Mark zur Verfügung stellen würde.

- Ein Augenoptiker führte Sondierungsgespräche mit Robin Wood über förderungswürdige Projekte und stellte größere Summen in Aussicht.

- Bei Bitten von Robin Wood um Preisnachlässe wurde immer häufiger der Wunsch nach einer entsprechenden Erwähnung in Veröffentlichungen von Robin Wood und/oder der großzügigen Firma laut.

Manch verlockende Möglichkeit ergab sich innerhalb des letzten Jahres, wurde aber letztlich verworfen, weil in Vorüberlegungen und Vorgesprächen immer wieder Pferdefüße auftauchten, die es unmöglich machten, die großzügige Förderung anzunehmen. Denn Robin Wood lehnt jede Förderung ab, die mit verkaufsfördernder Werbung verbunden ist.

Für die potentiellen Sponsoren ist damit ein deutliches Signal gesetzt: Robin Wood läßt sich nicht vereinnahmen. Jeder, der unsere Arbeit mit einer Spende unterstützen will, kann dies tun; er darf allerdings nicht erwarten, daß daraus eine Gegenleistung erwächst – allenfalls die, daß die Aktivitäten einer als Großspender hervorgetretenen Firma genauer unter die Lupe genommen werden.

So geschah es einem Kaffeeimportunternehmen, das Robin Wood eine Spende von 30 000 DM für die Tropenwaldhilfe zukommen ließ. Die Recherchen ergaben, daß es sich hier um eine Firma handelt, die mit dazu beiträgt, die ökologisch nicht angepaßte Großplantagenwirtschaft gegenüber der ökologisch angepaßten Kleinbauernwirtschaft durchzusetzen. Robin Wood hat daher beschlossen, mit der Unternehmensspende ein ökologisch wirtschaftendes Kaffee-Projekt in Mexiko zu unterstützen, das bisher aufgrund des von Großunternehmen unterstützten Kaffeeabkommens Absatzprobleme hatte.

Bundesdeutscher Arbeitskreis für umweltbewußtes Management – B.A.U.M. e.V.
Aktionsgemeinschaft Umwelt, Gesundheit, Ernährung – A.U.G.E.

Sponsoring als Bestandteil der Gründungsidee

Die in den achtziger Jahren gegründeten Schwesterorganisationen A.U.G.E. und B.A.U.M. zählen zu den Umweltorganisationen, die – im Unterschied zum traditionellen Naturschutz – ihren Tätigkeitsschwerpunkt auf eine ökologische Umorientierung der Wirtschafts- und Verbraucherpraxis legen. Die enge Kooperation mit Unternehmen und Institutionen, die sich ebenfalls für ein umweltverträgliches Wirtschaften einsetzen, liegt daher auf der Hand. Heute liest sich die Mitglieder- und Sponsorenliste von A.U.G.E. und B.A.U.M. wie ein who's who der umweltorientierten Unternehmen.

A.U.G.E. engagiert sich seit 1985 als Umwelt- und Verbraucherschutzorganisation für eine bessere Umwelt, gibt durch die praktischen Beratungen in Haushalten und Gemeinden, Schulen und Kindergärten Ratschläge zu einem umweltbewußteren Verhalten, führt umfangreiche Energie- und Wassersparprojekte durch und setzt sich bei der Wirtschaft für ein verstärktes Angebot an umweltverträglicheren Produkten ein.

A.U.G.E. hat das neu geschaffene Berufsbild des Umweltberaters in der Bundesrepublik Deutschland und mittlerweile in zahlreichen anderen europäischen Ländern erfolgreich eingeführt und damit viele neue Arbeitsplätze im Umweltbereich geschaffen.

Wir können davon ausgehen, daß in der Bundesrepublik ca. 1000 Umweltberater, in weiteren europäischen Ländern wie Österreich, Schweiz, Italien, Spanien, Dänemark, Schweden, Frankreich, Benelux und anderen nochmals 500 Umweltberater arbeiten. Ganz entscheidend ist, daß durch die Umweltberatung eine weitere Sensibilisierung der Bevölkerung – und damit der Konsumenten – in Umweltfragen erfolgt, und die Bürger zu einem konkreten umweltbewußteren Verhalten im Alltag motiviert werden.

Von Januar bis Juli 1989 führte A.U.G.E. unter der Schirmherrschaft von Bundesumweltminister Prof. Dr. Klaus Töpfer sowie weiterer Landesumweltminister die nationale Kampagne „Die umweltfreundlichen Haushalte 1989" durch.

Mit diesem Projekt setzte sich A.U.G.E. zum Ziel, den kritischen und konstruktiven Dialog mit der Wirtschaft, mit Verbänden, den Verbrauchern und politischen Institutionen aufzunehmen und zu verstärken. Dadurch sollte ein Beitrag für einen umfassenden Umweltschutz in den Haushalten erreicht werden.

Doch bevor die praktischen Erfahrungen aus diesem Umweltsponsoring-Projekt kurz dargestellt werden, möchten wir

- die Voraussetzungen,
- die Ziele und
- Formen

einer Zusammenarbeit im Öko-Sponsoring zwischen Unternehmen und der A.U.G.E. darstellen.

Voraussetzungen zur Zusammenarbeit mit der A.U.G.E.:

- Der Umweltschutz ist ganzheitlich und glaubwürdig in der Unternehmensphilosophie und Unternehmenspraxis verankert.
- Einzelne Funktionsbereiche des Unternehmens wie Produktion, Verwaltung und Produkt-Sortiment sind bereits umweltorientiert ausgerichtet.
- Das Unternehmen identifiziert sich glaubhaft mit dem inhaltlichen Anliegen sowie den Zielen des Sponsoren-Projektes.
- Das Unternehmen ist bereit, sich aufgrund des Umweltsponsorings „erkennbar" umweltorientiert zu verändern.
- Gemeinsame umweltorientierte Projekte unterstreichen diese Bereitschaft.

Besonders die beiden letzten Punkte konnten erfahrungsgemäß im Projekt „Die umweltfreundlichen Haushalte 1989" die Glaubwürdigkeit des Unternehmensengagements beim Umweltsponsoring in der Öffentlichkeit verstärken. Beispielsweise

- führten AEG und A.U.G.E. eine umfassende Telefon-Beratungsaktion mit über 100 Beratern zum Themenbereich Energie- und Stromeinsparung durch,

- forcierten Procter & Gamble und A.U.G.E. in der Öffentlichkeit gemeinsam Nachfüllpackung und Dosierkugel als umweltfreundlichere Verpackungsformen,

- gab ein mitwirkendes Unternehmen die Erstellung einer ganzheitlichen ökologischen Schwachstellenanalyse an die A.U.G.E.-Partnerorganisation B.A.U.M. in Auftrag.

Öffentliches Umweltsponsoring verpflichtet das Unternehmen, sich mit dem Umweltschutz auch im eigenen Hause verstärkt auseinanderzusetzen.

Abbildung 9: B.A.U.M.-Schriftzug

Ziele des Umweltsponsorings

Ca. 30 Prozent der Umweltbelastungen werden durch die privaten Haushalte verursacht. Im Rahmen zahlreicher Umweltberatungen vor Ort stellte A.U.G.E. fest, daß vor allem aus Unkenntnis viele Chancen eines umweltbewußteren Verhaltens in den privaten Haushalten nicht genutzt werden.

Aus dieser Tatsache heraus ergeben sich somit konkrete Ziele der Zusammenarbeit:

- Verstärkte Umweltsensibilisierung der Zielgruppen und Motivation zu umweltbewußtem Handeln.
- Verstärkung des Nachfragepotentials bei den Zielgruppen nach umweltverträglicheren Produkten und Dienstleistungen.
- Initiierung von Innovationsschüben für Unternehmen, um die Palette umwelt- und gesundheitsverträglicher Produkte und Dienstleistungen zu erweitern.

Bei einer konsequenten Durchsetzung der oben genannten Ziele führt dies mittel- und langfristig zur Schonung und zum Schutz unserer kostbaren Ressourcen wie Energie, Wasser und Rohstoffe.

Daß in einem ökologisch orientierten Unternehmen die Mitarbeitermotivation positiver ist, beweisen zahlreiche aktuelle Untersuchungen. Ca. 95 Prozent der Nachwuchsmanager würden sich demnach nicht für eine berufliche Karriere in einem umweltbelastenden chemischen Betrieb entscheiden. Eine weitere positive Folge des Öko-Sponsorings kann also die erhöhte Motivation der Unternehmensmitarbeiter, sich intensiver mit der ökologisch orientierten Unternehmensstrategie zu identifizieren, sein.

übergreifendes Ziel ist letztlich die Verbesserung der Glaubwürdigkeit und des Gesamtimages der Industrie in der Öffentlichkeit.

Formen der Zusammenarbeit im Öko-Sponsoring

A.U.G.E. ist bereit zur Zusammenarbeit mit allen Unternehmen, die eine ganzheitliche umweltorientierte Unternehmensstrategie glaubwürdig durchsetzen. Denn nur durch eine ideologiefreie und seriöse Zusammenarbeit lassen sich Umweltschutzprojekte effizient realisieren.

Die möglichen Formen der Zusammenarbeit im einzelnen:

- Abstimmung der Projektinhalte mit den beteiligten Sponsoren.
- Begrenzung der Sponsorenzahl bei umfassenden Großprojekten auf drei bis maximal sieben, je nach Projektgliederungsmöglichkeiten.

- Individuell auf den Sponsor abgestimmtes Projektprogrammpaket mit beidseitigem Nutzenpotential, wie beispielsweise:
- Firmenlogos auf Broschüren,
- Verbreitung unternehmensspezifischer umweltrelevanter Sachinformationen,
- glaubwürdige Verbreitung produktorientierter Umweltsachinformationen,
- glaubwürdige Empfehlung umweltverträglicherer Produkte, zum Beispiel durch das A.U.G.E.-Logo,
- Kontaktvermittlung zu Multiplikatoren und Meinungsmachern mit dem Ziel, den „kritischen Dialog" aufzunehmen.
- Projektflankierende Maßnahmen, etwa in Form von dezentral wirksamen Aktionen durch die Sponsoren.
- Umfassende Pressearbeit sowie Zusammenarbeit mit Funk und Fernsehen.

Abbildung 10: Das Signet von A.U.G.E.

„Die umweltfreundlichen Haushalte 1989"

Projektziel

Alle aktuellen Umfragen zeigen, daß die Verbraucher der Bundesrepublik in Umweltschutzfragen stark sensibilisiert sind. Die Probleme entstehen jedoch bei der praktischen, täglichen Umsetzung: Wer ist tatsächlich für „mehr Umweltschutz" verantwortlich? Der Staat, die Wirtschaft, die Autofahrer, die Landwirtschaft, die Kraftwerkbetreiber – oder vielleicht der Verbraucher?

Die beste Politik kann nichts bewirken, wenn wir letztlich nicht alle beteiligten Gruppen unserer Gesellschaft zu einem umweltbewußteren Verhalten insgesamt motivieren können. A.U.G.E. legte die Ziele der Aktion zu Beginn der bundesweiten Kampagne fest:

– Im konstruktiven Dialog mit der Wirtschaft, mit Verbänden und politischen Institutionen sollte ein Beitrag für einen verstärkten Umweltschutz in den Haushalten geleistet werden.

– Möglichst viele der 27 Millionen Haushalte in der Bundesrepublik sollten zu Fragen des praktischen Umweltschutzes sensibilisiert werden.

– Die Bereitstellung konkreter und leicht umsetzbarer Ratschläge für ein umweltbewußteres Verhalten im Alltag sollte bei zahlreichen Bundesbürgern zu einer intensiveren Steigerung der Nachfrage nach umweltschonenderen und gesünderen Produkten führen.

– Neue Erkenntnisse über umweltverträglichere Produkte und Dienstleistungen sollten verbreitet werden, um eine Verbesserung der Glaubwürdigkeit und des Gesamtimages der beteiligten Unternehmen in der Öffentlichkeit zu erreichen.

Durchführung des Projekts

Nach der Erarbeitung einer Gesamtkonzeption durch Dr. Gege wurden bei A.U.G.E. die Anzahl sowie die Marktbereiche der geplanten Hauptsponsoren festgelegt.

Sieben Unternehmen aus den Bereichen Handel, Herstellung und Dienstleistung, die unmittelbar und direkt mit dem Verbraucher im Dialog stehen, sollten in der Akquisitionsphase nach den vorgegebenen Zielsetzungen gewonnen werden. Für die Akquisition wurden individuell auf den potentiellen Sponsor abgestimmte „Projektnutzenpakete" entwickelt. Innerhalb von rund sieben Monaten stellte dann A.U.G.E. Presse-, Marketingleitern, Geschäftsführern und Vorständen von ausgewählten Unternehmen das Projekt vor. Unternehmen, die einen geringeren Sponsorenbeitrag als vorgesehen einbringen konnten, erhielten umgehend ein reduziertes „Nutzenpaket".

Zum Herbst 1988 hatte sich A.U.G.E. entschlossen, mit sieben Hauptsponsoren (AEG Hausgeräte, Commerzbank, Co op, Adam Opel AG, Otto Versand, Procter & Gamble, Tetra Pak) sowie drei Nebensponsoren (Neuform, Ikea, Umweltzeichen Werbefonds) das Umweltschutzprojekt „Die umweltfreundlichen Haushalte 1989" gemeinsam zu realisieren.

Die Gespräche mit dem Management der oben angeführten Unternehmen zeigten uns, daß bei aller erforderlichen Kritik an der Wirtschaftsweise vieler Unternehmen hier ein klarer Trend zur umweltbewußteren Unternehmensführung erkennbar ist.

Alle Kooperationspartner sind teilweise schon seit Jahren dabei, den Umweltschutz in ihre Unternehmensziele aufzunehmen und konkrete Umweltschutzprojekte im Unternehmen durchzuführen.

Natürlich sind die mitwirkenden Unternehmen noch nicht am Ende aller wünschenswerten Umweltbemühungen angelangt. Es kommt aber auf konkrete Schritte an, die tatsächlich zugunsten des Verbrauchers und des Umweltschutzes in die Praxis umgesetzt werden. Gegenseitige Schuldzuweisungen bringen uns auf keinen Fall weiter.

Mit Beginn der Kampagne im Januar 1989 verteilte A.U.G.E. über den Projektzeitraum von fünf Monaten mit Nennung der Sponsoren über 23 Millionen Teilnahmebögen im gesamten Bundesgebiet und erzielte durch zusätzlichen Abdruck in Printmedien ca. 48 Millionen Haushaltskontakte.

Probleme und Lösungen

Aufgrund einiger Falschinformationen in der Presse, die ohne jegliche Rücksprache mit uns verbreitet wurden, traten zu Beginn des Projektes einige Irritationen auf. Schlagworte wie „Volksaushorchung" und „Marktkampagne" wurden verwendet. Ebenso wurde die Glaubwürdigkeit der Projektzielsetzung wegen des Sponsoring durch Unternehmen von einer Verbraucherschutzorganisation in Frage gestellt. Hier zeigte sich, daß die Zusammenarbeit mit Unternehmen teilweise überaus skeptisch beurteilt wurde und nach unserer Auffassung der „kritische Dialog" verstärkt werden muß.

A.U.G.E. trat daraufhin gemeinsam mit den Sponsoren intensiver an die Öffentlichkeit und klärte die unsachlichen Vorwürfe im offenen Gespräch sowie in Pressekonferenzen.

Im weiteren Verlauf der Projektdurchführung ist es A.U.G.E. dann erfreulicherweise gelungen, die urspünglichen Ziele der Aktion „Die umweltfreundlichen Haushalte 1989" noch stärker zu verdeutlichen, die eigentlichen Problembereiche herauszustellen und die Akzeptanz in der Öffentlichkeit zu erhöhen.

Wesentlich zu diesem Erfolg beigetragen haben die teilweise mit Sponsoren durchgeführten projektflankierenden Maßnahmen, zum Beispiel in zentral oder dezentral wirksamen Aktionen. Hier eine kurze Auswahl solcher Maßnahmen:

– *BILD-A.U.G.E.-Aktion: „Mensch mach mit"*

Täglich veröffentlichte die BILD-Zeitung bundesweit über den Zeitraum von neun Monaten Umwelttips von A.U.G.E. Darüberhinaus erschienen Berichte über den Projektverlauf sowie über die am Projekt beteiligten Förderer.

– *AEG-A.U.G.E.-Telefon-Beratungsaktion: „Bei Anruf Tip"*

Vom 6. bis 10. März 1989 standen 100 Berater der AEG der bundesdeutschen Bevölkerung zu Fragen aus dem Bereich Wasser- und Energiesparen telefonisch zum Ortstarif zur Verfügung.

- *Welt-Gesundheitstag am 3. und 4. April in Bonn*

    Über 1300 Multiplikatoren aus dem Bereich Gesundheitsvorsorge (Gesundheits-, Schulämter, Schulbehörden) in der Bundesrepublik erhielten die A.U.G.E.-Information „Die umweltfreundlichen Haushalte 1989" zur weiteren Verbreitung. A.U.G.E. nahm am Weltgesundheitstag in Bonn teil und stellte hier in einer Kooperationsbörse das Projekt ausführlich dar.

- *Werbeaktion mit Hilfe der Deutschen Bundespost*

    Zwischen Ende März und Mitte April 1989 erschien auf ca. 25 Millionen Umschlägen der Fernmelderechnungen in der gesamten Bundesrepublik ein Hinweis auf die A.U.G.E.-Aktion mit Nennung aller Förderer.

- *Der WWF als Verteiler über den Panda-Verlag*

    Mit einem eigenen Begleitschreiben wurde ab März die A.U.G.E.-Broschüre der Panda-Post beigelegt. In weiteren Panda-Schreiben an die Kunden wurde aktuell über die Ergebnisse der Aktion berichtet: „Der beigefügte Teilnahmebogen von A.U.G.E. macht es Ihnen leicht, eine Ökobilanz im eigenen Haushalt zu ziehen – uns hilft er, gezielte Maßnahmen für vorbeugenden Umweltschutz zu erarbeiten."

- Der Deutsche Bund für Vogelschutz veröffentlicht den Teilnahmebogen in „Naturschutz Heute", April 1989.

    In den folgenden Ausgaben wurden die Ergebnisse der Aktion veröffentlicht.

- *Prämierung*

    Neben den Hauptgewinnen im Gesamtwert von 350 000 DM wurden über 1000 Einsender interessanter Umwelttips mit je einem Präsentkorb hochwertiger Lebensmittel gesondert prämiert, 200 Teilnehmer erhielten ein Wassersparset. Weitere 200 Einsender besonderer Umwelttips wurden von A.U.G.E. mit einem Fahrrad prämiert, 300 umweltengagierte Haushalte erhielten Fachbücher zu Umwelt- und Gesundheitsthemen.

Insgesamt hat A.U.G.E. somit über 1700 umweltfreundliche Haushalte zusätzlich mit umweltfreundlichen Preisen ausgezeichnet.

- *Pressekonferenz* am 29. März 198 in Hamburg unter Teilnahme von Frau Loki Schmidt: Bekanntgabe der ersten Trends in den drei Teilbereichen: Wasser, Waschen und Energie.
- *Pressekonferenz* am 25. April 1989 in Bonn-Bad Godesberg mit Prof. Dr. Ulrich Steger, Institut für Ökologie und Unternehmensführung an der Europe Business School e.V.

  Bekanntgabe der Trends in drei weiteren Teilgebieten: Auto, Recycling und Verpackung.
- *SAT 1 Frühstücksfernsehen*

  In der Zeit vom 8. bis zum 13. Mai 1989 führte A.U.G.E. gemeinsam mit dem SAT 1 Frühstücksfernsehen an täglich zwei „Frühterminen" Umweltberatungen unter anderem zu den im Teilnahmebogen aufgeführten Themen durch.
- *Broschüre/Fragebogen in Schulen*

  Bundesweit wurde die Broschüre in zahlreichen Schulen als Unterrichtsmaterial für Umweltprojekte eingesetzt.
- *Auslage der Broschüre in Energieversorgungsunternehmen*

  29 Energieversorgungsunternehmen in der Bundesrepublik verteilten zum Teil im Rahmen separater Umweltschutzprojekte die Broschüre an Kunden und Interessenten.

Unternehmensinterne Maßnahmen

Procter & Gamble

Die Nachfüllpackungen für Wasch- und Reinigungsmittel wurden verstärkt auf dem Markt den Verbrauchern angeboten und tragen somit zu einer Schonung von lebensnotwendigen Ressourcen bei. Darüber hinaus wird sich bei konsequenter Anwendung dieser Verpackung das aufkommende Müllvolumen erheblich verringern. Ein neuartiges Waschsystem, bestehend aus einem Kompaktwaschmittel und einer speziellen Dosierhilfe, wurde unter der Markenbezeichnung „Ariel Ultra" auf den Markt gebracht. Dieses Waschsystem verringert den Einsatz von Waschmitteln um durchschnittlich ein Drittel, bei zumindest gleich hoher Waschleistung wie bei herkömmlichen Pulverwaschmitteln.

AEG Hausgeräte

AEG Hausgeräte wird in naher Zukunft eine Standnummer für private Anfragen zum Thema „Umweltverträgliche Geräte und Bedienung" schaffen, um somit dem Kunden konkretere Hilfestellungen beim Gerätegebrauch sowie Gerätekauf zu geben.

Das interne Vorschlagswesen wurde intensiviert, um Umweltschutz-Innovationen im eigenen Haus verstärkt zu nutzen.

co op/plaza

Jedes plaza-SB-Warenhaus, jeder Baumarkt (plaza Baumarkt, bau + hobby, depot Baumarkt) hat einen Mitarbeiter, der in Seminaren zum Umweltbeauftragten ausgebildet wird. Die ersten 40 Mitarbeiter sind bereits ausgebildet.

co op/plaza informierte über einen Umwelt-Telefon-Service 0130 zum Ortstarif.

Commerzbank

Neben der Bereitstellung von günstigen Umweltschutzkrediten für ihre Firmenkundschaft und ihre Förderung der Nationalparkidee hat die Commerzbank ihr umweltpolitisches Engagement auch in der Unterstützung der A.U.G.E.-Aktion bewiesen. Durch Überprüfung ihres eigenen Umweltverhaltens in den Bereichen Papierverwendung, Wasserverbrauch, Abfallbeseitigung und Fuhrpark unterstreicht sie die Ernsthaftigkeit dieser Aufgabe. Aufgrund ihrer Mitgliedschaft im B.A.U.M. steht ihr dafür sachverständige Beratung zur Verfügung.

OTTO Versand

In Ergänzung zur umweltfreundlicheren Gestaltung der Sortimente setzte OTTO Versand seine Bemühungen um umweltgerechte Arbeitsabläufe fort. Die Versandkartonage besteht aus Recyclingmaterial. Interne Formulare werden auf Recyclingpapier gedruckt. Jetzt macht es die gewachsene Akzeptanz der Kunden möglich, auch den Druck der Kundenformulare auf Recyclingpapier umzustellen.

Opel

Während der bundesweiten Kampagne teilte Opel als damals einziger Anbieter mit, ab sofort ausschließlich Benzinkraftfahrzeuge mit geregeltem Drei-Wege-Katalysator anzubieten.

Ergebnisse

Im Juli 1989 schloß A.U.G.E. das Projekt „Die umweltfreundlichen Haushalte 1989" mit 14 bundesweiten Pressekonferenzen und acht Preisverleihungsveranstaltungen erfolgreich ab.

Bis dahin wurden 23 Millionen Broschüren mit Sponsorennennung verteilt. Die Gesamthaushaltskontakte betrugen 48 Millionen. Über 350 000 ausgefüllte Teilnahmebögen aus allen Teilen der Bundesrepublik sowie weitere 140 000 separate Kommentare, Tips und Anregungen, die sich auch häufig konstruktiv-kritisch zu den beteiligten Unternehmen äußerten, gingen während des Aktionszeitraumes bei A.U.G.E. ein. Eine sehr erfreuliche Resonanz, die zeigt, daß ein deutliches Umweltengagement bei zahlreichen Bürgern vorhanden ist.

Für zahlreiche Teilnehmer stellt der Fragebogen gleichzeitig eine Hilfe für die Erstellung einer „privaten Ökobilanz" dar, die dazu beiträgt, die Verhaltensweisen im eigenen Haushalt umweltverträglicher auszurichten.

Die Erfolgsbilanz:

- Über 280 Presseartikel, über 50 Rundfunksendungen sowie zwölf Fernsehsendungen mit mehrfacher Nennung der Sponsoren wurden im Projektzeitraum publiziert.
- Neben den Hauptpreisen im Gesamtwert von 350 000 DM erhielten rund 1700 Einsender zusätzliche Preise in Form von umweltverträglichen Produkten.

- Zahlreiche projektflankierende Aktionen führten zu einem Imagegewinn für die Sponsoren und zu weiteren Aktivitäten, die ebenfalls die Ziele eines insgesamt umweltbewußteren Verhaltens in den privaten 27 Millionen Haushalten unterstützen.

- Zusätzliche Kontakte zu Multiplikatoren, Politikern und Meinungsmachern sind durch die Aktion für die beteiligten Unternehmen während des Projektverlaufes entstanden.

- Nach Ablauf der bundesweiten Kampagne war bei den Mitarbeitern der beteiligten Unternehmen eine verbesserte Akzeptanz für die Durchsetzung umweltorientierter Unternehmensstrategien festzustellen.

- Zahlreiche Anfragen von Verbrauchern direkt bei den Unternehmen brachten einen regelrechten „Schub", die Unternehmensstrategie in Richtung ganzheitlich orientierten Umweltschutz weiter zu intensivieren.

Erfahrungen und Erkenntnisse

Die Zahl der äußerst sensiblen und kritischen Konsumenten hat erheblich zugenommen, was auch durch die rund 140 000 zusätzlichen Kommentare und Umwelttips belegt wird. Wir konnten mit Freude feststellen, daß Aktionen dieser Art zu zahlreichen weiteren Aktivitäten führen, die ebenfalls die Ziele eines insgesamt umweltbewußteren Verhaltens in den rund 27 Millionen Haushalten unterstützen.

A.U.G.E. und B.A.U.M. werden heute von den Medien häufig gefragt, welche Unternehmen sich besonders umweltorientiert verhalten. Für genannte Unternehmen ergibt sich eine PR, die zu einem positiven Unternehmensimage beiträgt.

A.U.G.E. wird auch weiterhin in der Öffentlichkeit kritisch diskutierte Unternehmen unter bestimmten Voraussetzungen in zukünftige Projektvorhaben miteinbeziehen. Schon die durch Umweltschutzprojekte erzielbare innovative Innenwirkung im Betrieb ist eine wichtige Grundlage für die Umsetzung umweltorientierter Unternehmensstrategien.

Wir wissen, daß wir einen neuen Begriff des „Wachstums" schaffen müssen, mit einer neuen Qualität, einer intensiven Hinwendung zu einem qualitativen und umweltschonenderen Wachstum in allen Lebensbereichen. Wir brauchen den vorbeugenden Umweltschutz und ein ökologisch vernetztes Denken. Und damit auch den kritischen und konstruktiven Dialog mit der Wirtschaft.

Kinder-Umwelt-Klub-International (K.U.K.I.)

Ein aktuelles A.U.G.E.-Projekt ist die Gründung des Kinder-Umwelt-Klubs-International. K.U.K.I. wird zunächst in Deutschland eingeführt, später dann auch auf weitere europäische Länder übertragen werden. Der Klub soll die Zielgruppe der ca. zwölf Millionen Kinder und Jugendlichen auf spielerische Art und Weise für die Umweltproblematik sensibilisieren und – was besonders wichtig ist – konkrete praxisorientierte Hilfestellungen geben.

Besonders freuen wir uns darüber, daß wir den bekannten Kinder- und Jugendbuchillustrator Janosch als Konzeptionspartner gewinnen konnten. Janosch hat bereits eine Symbolfigur für K.U.K.I. gezeichnet und erklärte sich bereit, eine Buchreihe exklusiv über den Diogenes-Verlag für A.U.G.E. zu entwickeln.

Auch das Projekt K.U.K.I. wird A.U.G.E. mit interessanten Partnern aus der Wirtschaft gemeinsam realisieren, zum beiderseitigen Nutzen und für eine bessere Umwelt. So haben sich

- Bosch-Hausgeräte, München,
- Henkel, Düsseldorf, und
- Quelle, Nürnberg,

entschlossen, K.U.K.I. finanziell und organisatorisch zu unterstützen. In ihrer Begründung für die Mitwirkung bei K.U.K.I. schreiben die Unternehmen folgendes:

Bosch:

„Im Leitbild unseres Unternehmens ist folgender Satz nachzulesen: ,Wir fühlen uns in ganz besonderem Maße dem Schutz und der Bewahrung einer lebenswerten Umwelt verpflichtet. Deshalb suchen wir in allen Bereichen ständig nach Lösungen, die die Umwelt schonen.'

Dies betrifft natürlich in erster Linie technische Lösungen für Bosch-Hausgeräte, deren Realisierung mit energie-, wasser- und chemiesparender und damit auch wirtschaftlicher Arbeitsweise im Haushalt verbunden sind. Also Technologien, die umweltbewußtes Verhalten fördern oder überhaupt erst ermöglichen.

Die Robert Bosch Hausgeräte GmbH sieht sich aber auch der Gesellschaft gegenüber verpflichtet und damit auch unseren Kindern.

Der Kinder-Umwelt-Klub-International von A.U.G.E. ist eine gute Aktion, um umweltbewußtes Verhalten schon bei Kindern zu fördern und damit auch die Erwachsenen stärker zu sensibilisieren.

Wir sehen in der Unterstützung dieser vorbildlichen Idee einen wichtigen Beitrag des Hauses Bosch zu dem im Jahre 1989 selbstgesetzten Motto ‚Umweltschutz ist die Summe vieler Beiträge'.

Aus diesem Grunde unterstützen wir K.U.K.I. durch die Übernahme einer Hauptsponsorenschaft."

Henkel:

„Die Henkel KGaA, Düsseldorf, unterstützt die Aktionsgemeinschaft Umwelt, Gesundheit, Ernährung, A.U.G.E. e.V., Hamburg. Zu den Maßnahmen von A.U.G.E., 1985 gegründet, zählen bisher Umwelt-Meßprogramme, ein Umweltarchiv und die ökologische Beratung von Haushalten und Kommunen. Die jüngste Aktivität von A.U.G.E. ist der Kinder-Umwelt-Klub-International K.U.K.I., an dessen Aufbau sich Henkel maßgeblich beteiligen wird.

K.U.K.I. soll Kinder in ganz Europa auf kindgemäße Art für Umwelt und Umweltprobleme interessieren und Eltern und Lehrer bei der Umwelterziehung unterstützen.

Mit kinder- und jugendgerechtem Informationsmaterial, Lernprogrammen für Kindergarten, Vorschule und Schule, Wettbewerben, Umweltspielen, einem Umweltmobil, Patenschaften für bedrohte

Tierarten oder Exkursionen wollen Henkel und K.U.K.I. schon bei Kindern und Jugendlichen engagiertes und bewußtes Umweltverhalten initiieren."

Quelle-Gruppe:

„Die Quelle-Gruppe unterstützt ab sofort den A.U.G.E.-Kinder-Umwelt-Klub-International, da die Ziele dieser Organisation auch der Unternehmensphilosophie von Europas größtem Versandhaus entsprechen.

Bereits vor elf Jahren startete Quelle-Eigentümerin Grete Schickedanz ein Umwelt- und Pflanzenspiel mit bundesdeutschen Kindergärten und -horten, das 1990 auch auf die ehemalige DDR ausgedehnt wurde.

Mit diesem Pflanzenspiel sollte frühzeitig das Bewußtsein der Kinder für die Hege und Pflege der Umwelt sowie der Naturschutzgedanke pädagogisch sinnvoll entwickelt werden. Die Quelle-Eigentümerin investiert dafür Jahr für Jahr hohe Beträge."

K.U.K.I. – Geburtsstunde und Arbeitsprogramm

Die Gründung von K.U.K.I. wurde am 25. September 1990 im Wildpark Eekholt vollzogen. Im Rahmen eines großangelegten Kinderfestes lernten über 250 Kinder auf spielerische Art und Weise, wie sie sich aktiv und erfolgreich für eine verbesserte Umwelt einsetzen können. Im Rahmen einer Pressekonferenz, an der auch Dagmar Berghoff, Heinz Sielmann, Prof. Dr. Oeser, Dr. Hatlapa und Janosch sowie der A.U.G.E.-Vorstand, vertreten durch die Herren Pick und Dr. Gege, teilnahmen, erläuterten wir die konkreten Ziele und die geplanten Aktivitäten von K.U.K.I.

Pünktlich zur Gründungsveranstaltung lag das von Janosch geschriebene und illustrierte Buch „Emil und seine Bande" vor, ebenfalls ein von A.U.G.E. entwickeltes Buch für die K.U.K.I.-Reihe „Umweltschutz und Schule". Erste Lehreinheiten zum Thema Müllvermeidung wurden bereits in Kooperation mit dem Rot-

Grün-Gelb-Verlag erarbeitet und werden Eltern und Schülern sowie Lehrern zur Verfügung gestellt. Der Puppenspieler Kussani aus Saarlouis hat ebenfalls eine Kooperation mit K.U.K.I. geschlossen und wird im Rahmen seiner Veranstaltungen, an denen rund 350 000 Kinder jährlich teilnehmen, Umweltschutztips von K.U.K.I. vermitteln.

Da Umweltprobleme vor den Grenzen nicht haltmachen, wird K.U.K.I. nach erfolgreiche Realisierung in Deutschland ab ca. 1992 auch europaweit ausgedehnt werden, so daß die Eröffnung des EG-Binnenmarktes auch durch K.U.K.I. gewissermaßen „ökologisch" beeinflußt wird.

Ein umfangreiches K.U.K.I.-Arbeitsprogramm von 1990 bis 1995 unter dem Motto „Alles was wir heute tun, entscheidet, wie die Welt morgen aussieht" liegt vor und beinhaltet folgende Bereiche:

K.U.K.I.-Arbeitsprogramm im gesellschaftlichen Bereich

− Ökologie als Unterrichtsfach,

− sauberes, gesundes Trinkwasser,

− gesunder, vollwertiger Pausenimbiß,

− verstärkte Gesundheitserziehung mit Schwerpunkt Suchtprävention,

− Umwelt-Schulbuch-Materialien,

− gesundes und umweltverträgliches Bauen, Renovieren und Einrichten,

− Intensivierung der Gesundheitsvorsorge: Vorbeugung von Haltungsschäden,

− Umsetzung von Energieeinsparprogrammen und Einsatz alternativer Energien,

− Bau von Schulgärten und Biotopen,

− verstärktes Angebot umweltverträglicher, abfallarmer, gesunder Produkte.

K.U.K.I.-Arbeitsprogramm im politischen Bereich
- Frühwarnsystem für Ozon und geringere Grenzwerte,
- Senkung der Nitratgrenzwerte im Trinkwasser,
- Einstellung von Umweltberatern bei Kommunen,
- Verbot gefährlicher Stoffe wie Atrazin, Dioxin und ähnlicher Stoffe,
- Reduzierung des Einsatzes von Düngemitteln in der Landwirtschaft,
- intensive Förderung des kontrolliert-biologischen Landbaus,
- Verbesserung der Nahverkehrssysteme,
- finanzielle Unterstützung von geschlossenen, abfallarmen Produktionskreisläufen in der Wirtschaft, vor allem in der mittelständischen Industrie,
- Novellierung der Umweltgesetzgebung und Verschärfung der Umwelthaftung,
- Gründung eines bundes- und europaweiten „Kinder-Umwelt-Parlaments".

Zu jedem einzelnen Programmpunkt wurden von K.U.K.I. bereits detaillierte Aussagen getroffen und Lösungsansätze beziehungsweise Projektvorschläge entwickelt, die kurz- und mittelfristig umgesetzt werden. Das Programm kann ebenfalls bei K.U.K.I. abgerufen werden.

Wir sind sicher, daß neben Sport und Kultur auch das Öko-Sponsoring in der Zukunft eine wichtige Rolle bei der Finanzierung praxisorientierter Umweltschutzprojekte spielen wird und daß ganz besonders die Unternehmen der Wirtschaft durch eine Mitwirkung gewinnen werden, die in ihrer Unternehmensstrategie dem Umweltschutz eine hohe Priorität einräumen und dies auch glaubwürdig durch gezielte Maßnahmenprogramme verdeutlichen.

Alle diese Unternehmen sind zu einer Mitwirkung an K.U.K.I. herzlich eingeladen.

Teil 2

Umweltsponsoring aus Sicht der Unternehmen

„Zur Nachahmung empfohlen!" – unter diesem Motto kann man die hier aufgeführten Beispiele erfolgreicher Umweltsponsoring-Projekte subsumieren. Es mag vielleicht noch am wenigsten erstaunen, daß Brauereien das Anlegen von Biotopen fördern. Und auch, daß sich eine Fluglinie für den Schutz von Kranichen einsetzt, liegt noch einigermaßen nahe. Aber wenn ein Warenhauskonzern oder ein großes Versandhaus sein gesamtes Sortiment nach umweltschädlichen Produkten durchforstet, wenn eine große Geschäftsbank Umweltpraktika finanziert und wenn Automobilhersteller einen Beitrag leisten zur Wiederaufforstung sterbenskranker Wälder, dann wird deutlich, was man alles tun kann und wieviel noch zu tun ist. Und dabei zeigt sich dann auch, wie sinnvoll Sponsoring-Partnerschaften zwischen Unternehmen und Umweltverbänden sein können.

Commerzbank AG

Praktikum für die Umwelt

Die großen Privatbanken gehören zu den Vorreitern des Sponsorgedankens in Deutschland.

Neben ihrem Engagement als Förderer von Nachwuchsmusikern finanziert die Commerzbank seit 1989 ein Praktikantenmodell, das den Nationalparks in Deutschland nicht nur eine gezielte Nachwuchsförderung ermöglicht.

Bei flüchtiger Betrachtung hat ein Kreditinstitut wie die Commerzbank nichts mit Ökologie zu tun. Die Herstellung von Bankprodukten ist in der Regel nicht belastend für die Umwelt, und auch die Produkte selber sind frei von Schadstoffen.

Ein Dienstleistungsunternehmen ist kein klassischer Umweltverschmutzer, darum haben sich wohl auch noch keine Greenpeace-Aktivisten von einem Verwaltungshochhaus abgeseilt. Oder anders gesagt: Banken stehen (noch) nicht im Rampenlicht der Öffentlichkeit, wenn es um ökologische Fragen geht.

Dennoch spricht man auch bei der Commerzbank von einer ökologischen Herausforderung, der es mit verändertem Verhalten zu begegnen gilt.

Dieser Beitrag beschreibt zunächst die Voraussetzungen, die nach Meinung der Bank gegeben sein müssen, um sich glaubwürdig als Öko-Sponsor profilieren zu können. In einem zweiten Teil werden

Abbildung 11: Das Firmensignet der Commerzbank

die Überlegungen nachvollzogen, die zur Entscheidung für ein bestimmtes Sponsoring-Projekt geführt haben. Dieses Projekt mit dem Titel „Praktikum für die Umwelt" wird in einem dritten Abschnitt erläutert.

Voraussetzungen des Öko-Sponsorings

Einer nach Gewinnoptimierung strebenden Großbank wird altruistisches Handeln nicht geglaubt. Das Öko-Engagement wird hinterfragt, schlimmstenfalls unterstellen Medienvertreter, man wolle mit der bedrohten Umwelt nur für eine Kontoverbindung werben.

Andererseits ist man sich im Unternehmen bewußt, daß ein Betrieb von der Größe der Commerzbank nicht allein für seinen Einfluß auf das Wirtschaftsgeschehen Verantwortung trägt, sondern darüber hinaus der Allgemeinheit jederzeit ein Verhalten schuldig ist, das gesellschaftliche Probleme im Blick hat.

Traditionell fühlen sich Banken der Förderung von Künstlern und Wissenschaftlern verpflichtet und wirken oft im Verborgenen als Mäzene gemeinnütziger Organisationen. Der Natur- und Umweltschutz avancierte dagegen erst in den letzten 15 bis 20 Jahren von einer systemkritischen Außenseiterbewegung zur „Sorge der Nation", die sogar im Begriff ist, die Sorge um den Arbeitsplatz abzulösen. Parallel zu dieser Entwicklung stieg auch das Problembewußtsein bei Mitarbeitern und Management der Bank und führte in den vergangenen fünf Jahren dazu, daß dieses Thema in der Bank aufgegriffen wurde.

Umweltschutz im eigenen Haus

Öko-Sponsoring ist in diesem Zusammenhang erst an späterer Stelle zu nennen, denn bevor ein Unternehmen dieses Kommunikations-Instrument nutzt, sollte es darüber Rechenschaft ablegen können, wie es mit dem Umweltschutz im eigenen Haus bestellt ist. Erst wenn alle innerbertieblichen Kräfte zur Verbesserung des Umweltschutzes mobilisiert werden und dies für Mitarbeiter und Kunden spürbar ist, wirkt Öko-Sponsoring nicht als aufgesetzte

Masche. Denn die Glaubwürdigkeit des öffentlichen Öko-Engagements hängt unmittelbar von der konsequenten Verfolgung des Umweltschutzes in den eigenen „vier Wänden" ab.

Versäumnisse der Unternehmensführung in diesem Bereich können auch durch erstklassige PR- und Sponsoring-Konzepte nicht ersetzt werden, im Gegenteil: Hier lauert nicht nur die Peinlichkeit, daß der Etat vergeudet wird, sondern die Gefahr, daß eine Aktion sich gegen das sponsernde Unternehmen wendet und das Image negativ prägt.

Auf der Basis dieser Erkenntnis beginnen die Bemühungen der Commerzbank beim Umweltschutz im eigenen Haus, obwohl – wie eingangs erwähnt – ein Dienstleistungsunternehmen kein bedeutender Umweltverschmutzer ist. Aber Banken sind große Energieverbraucher.

Auf die Einsparung von Energie richtet sich daher auch das Hauptaugenmerk des Umweltschutz-Beauftragten, der mit seiner Abteilung, direkt dem Vorstand unterstellt, alle Maßnahmen der Hauptverwaltung Frankfurt am Main auf ihre Umweltverträglichkeit hin überprüft. Nur einige Stichworte seien zu seinem Arbeitsbereich genannt: bauliche Maßnahmen zur Energieeinsparung, Umstellung auf milde Büroartikel und Reinigungsmittel, Einschränkung des Wasserverbrauchs.

Doch nicht nur in der Zentrale, auch im Filialnetz wird umweltgerechte Unternehmenspolitik praktiziert. In Kooperation mit dem Bundesdeutschen Arbeitskreis für umweltbewußtes Management (B.A.U.M. e.V.) wurde in einer Filiale eine „ökologische Schwachstellenanalyse" durchgeführt, die Vorbildcharakter für alle anderen Niederlassungen der Bank haben wird. Wesentliche Denkanstöße hierzu kamen und kommen von den Mitarbeitern, die sich nicht nur im Rahmen des innerbetrieblichen Vorschlagwesens für den Umweltschutz engagieren.

Umweltorientierte Geschäftspolitik

Neben dem innerbetrieblichen Umweltschutz ist die Produktpolitik als ein wesentliches Zeugnis für ein integriertes ökologisches Management zu nennen: Den Firmenkunden wird für umweltfreundliche Investitionen das Commerzbank Mittelstandsdarlehen Umwelt (CBM Umwelt) angeboten, das zu besonders günstigen Konditionen herausgelegt wird, und zwar zu Lasten der Bankmarge.

Dieser Umweltkredit ist eine Kombination von Fördermitteln der öffentlichen Hand mit einem Kredit, dessen Konditionen insbesondere mittelständischen Unternehmen Umweltschutzinvestitionen erleichtern. Mit diesem Produkt trat das Unternehmen 1987 zum ersten Mal als umweltbewußte Bank an die Öffentlichkeit. Der Umweltkredit wurde in Anzeigen und Schaufenstern mit der Headline beworben: „Weil Reden allein der Umwelt nicht hilft, haben wir uns entschlossen zu handeln".

Dieses Versprechen versucht die Bank auch mit ihrer Öffentlichkeitsarbeit einzulösen: Seit Jahren ist das Thema Naturschutz Gegenstand eines jährlichen Kinder- und Jugendwettbewerbs. Werbemittel werden auf ihre Umweltverträglichkeit hin überprüft, Broschüren werden in zunehmendem Maße auf Recycling-Papier gedruckt. Das Jugendmagazin „Yellow" erscheint seit Anfang 1990 als eine der ersten Zeitschriften nach den Greenpeace-Nachrichten auf chlorfreiem Papier; das „Commerzbank Journal" für Kunden und die Mitarbeiterzeitschrift „Commerzielles" folgten kurz darauf in gleicher umweltfreundlicher Qualität.

Die genannten Umweltschutz-Bemühungen belegen, daß ökologisches Denken in der Bank bereits eine Tradition hat und in den letzten zwei bis drei Jahren zu einem Maßstab des Handelns geworden ist. Im Frühjahr 1990 hat das Engagement für umweltverträglichen Fortschritt als Charakteristikum für das unternehmerische Handeln der Commerzbank Eingang in die schriftlich fixierte Unternehmensphilosophie gefunden.

In Anbetracht dessen, was in der Vergangenheit zum Schutz der Umwelt getan wurde und was man auch bereit ist, in Zukunft zu investieren, sah sich die Bank gut vorbereitet, um als Öko-Sponsor aktiv zu werden.

Öko-Sponsoring bei der Commerzbank

Im Sommer 1989 machte die Bank ihre ersten Gehversuche mit einem klassischen Instrument des Öko-Sponsorings, indem sie sich an einer Maßnahme der Aktionsgemeinschaft Umwelt, Gesundheit, Ernährung – A.U.G.E. –, einer Fragebogenaktion zum Umweltschutz in privaten Haushalten, beteiligte. Unter den acht Hauptsponsoren war auch ein Automobilhersteller, der den Fragebogen unter dem Stichwort Verkehr maßgeblich mitgestaltet hatte. Wegen einer Frage nach der vom Verbraucher bevorzugten Form der Karosserie drohte die Aktion in Mißkredit zu geraten, weil sich in Teilen der Öffentlichkeit die Meinung durchgesetzt hatte, daß hier unter dem Deckmäntelchen des Umweltschutzes handfest Marktforschung betrieben werden sollte. Zwar konnte die Aktion fortgesetzt und äußerst erfolgreich zu Ende geführt werden, indem neue Fragebogen auf diese Frage verzichteten, doch ist dies ein beredtes Beispiel, um zu zeigen, welch sensibles Kommunikations-Instrument das Öko-Sponsoring ist.

Dennoch ist die Bank überzeugt, daß Öko-Sponsoring-Projekte geeignet sind, die Unternehmensidentität der Commerzbank nach innen und außen zu verdeutlichen.

Neben der obersten Bedingung für das Sponsoring-Engagement, nämlich, daß es auch tatsächlich in erster Linie der bedrohten Umwelt zugute kommt, sollte ein Konzept entwickelt werden, das einen besonderen Duktus hat. Idealerweise sind die Aktivitäten der Bank als Commerzbank-Aktivitäten zu erkennen, ohne daß der Name darauf steht. Dieses Ziel ist bei einem begrenzten Etat nicht zu erreichen, um so mehr ist jedoch Originalität und thematische Eingrenzung gefordert, um Mitarbeitern, Kunden und Aktionären die Umweltorientierung des Hauses überzeugend darzustellen.

Unter den verschiedenen Gefährdungsbereichen der Umwelt, wie Rohstoffverknappung, Verschmutzung oder die Zerstörung ökologischer Systeme, beschränkt sich die Bank auf den Naturschutz in Mitteleuropa. Diese Eingrenzung folgt weniger inhaltlichen als vielmehr kommunikativen Gesichtspunkten; denn als „Die Bank an Ihrer Seite" sollte die Commerzbank Projekte auswählen, die den Dialoggruppen nahe sind. Alle Personen oder Gruppen, denen das Umwelt-Engagement bekannt gemacht werden soll, leben in der BRD. Ihnen steht der Baum vor der eigenen Haustür (allein geographisch) näher als beispielsweise der Baum in Brasiliens Regenwald.

Aus diesen Überlegungen ergab sich eine Reihe von Kriterien für die Wahl eines Sponsoring-Partners:

– Der Partner soll durch Erfahrung und Kompetenz qualifiziert sein.

Da die Bank selber keine Fachkompetenz in Sachen Naturschutz hat, ist sie auf eine Gruppe, Organisation oder Institution angewiesen, deren Ziele anerkannt und deren Wege zur Erreichung dieser Ziele unumstritten sind.

Darum ist eine klare Arbeitsteilung Voraussetzung für die Zusammenarbeit: Die Inhalte werden ausschließlich von den Sponsoring-Partnern bestimmt und vertreten. Die Bank hilft personell und finanziell.

– Der Sponsoring-Partner muß Gewähr dafür bieten können, daß eine finanzielle Abhängigkeit von der Commerzbank nicht entstehen kann.

– Des weiteren wird vom Partner erwartet, daß er ein Image hat, das mit demjenigen der Commerzbank harmoniert und von dem die Bank profitieren kann. Denn kommunikatives Ziel der Sponsoring-Aktivitäten ist die Image-Stabilisierung und -Verbesserung in bezug auf die gesellschaftliche Verantwortung, der sich die Bank verpflichtet hat. Mit weniger kann man sich als Großbank nicht zufrieden geben; eine Steigerung des Bekanntheitsgrads allein ist uninteressant, denn die Personen, die man gerne zum Kundenkreis zählen würde, kennen den Namen der Commerzbank bereits.

– Ein weiteres Auswahlkriterium ist die Dialoggruppen-Affinität. Oder anders gesagt: Die Personen oder Gruppen, die mit dem Partner in Kontakt stehen, müssen die gleichen demographischen Merkmale aufweisen wie Kunden der Commerzbank oder

Personen, die als Kunden gewünscht werden. Denn Kern-Dialoggruppe seitens der Bank für ihre Sponsoring-Aktivitäten ist die vorhandene und potentielle Privatkundschaft.
- Und nicht zuletzt muß der Partner das Engagement der Bank begrüßen und zur Kooperation bereit sein. So muß unter anderem Einverständnis darüber erzielbar sein, welche Sponsoring-Instrumente eingesetzt werden sollen.

Als spezifische Commerzbank-Anforderung an den Sponsoring-Partner sei unter anderem noch aufgeführt:
- Eine möglichst flächendeckende Präsenz in Deutschland und im Hinblick auf den europäischen Binnenmarkt auch die Möglichkeit, gegebenenfalls mit Partnerorganisationen im europäischen Ausland zusammenzuarbeiten.

Zusammenarbeit mit den Nationalparks

Nach einer Gewichtung der Kriterien wurde den Nationalparks in Deutschland eine Zusammenarbeit angeboten. Ein erster Schritt ist im Sponsoring des Buchs „Die Nationalparks Europas" zu sehen, das 1989 erscheinen konnte.

In Westdeutschland gibt es fünf Nationalparks, drei entlang der Nordseeküste, nämlich Niedersächsisches, Hamburgisches und Schleswig-Holsteinisches Wattenmeer, sowie zwei bayerische Nationalparks, den Nationalpark Bayerischer Wald in einer Mittelgebirgslandschaft.

Neben den geographischen Besonderheiten bestehen Unterschiede in der Organisationsstruktur, im Maß der Förderung durch staatliche Stellen sowie, historisch bedingt, im Grad der Etablierung. Während der Nationalpark Bayerischer Wald bereits sein 20jähriges Bestehen feierte, ist der Nationalpark Hamburgisches Wattenmeer erst 1990 aus der Taufe gehoben worden.

Folglich haben diese Nationalparks und fünf weitere Parks in Ostdeutschland aufgrund ihrer örtlichen und organisatorischen Gegebenheiten sehr unterschiedliche Förderungsbedürfnisse.

Dennoch ließ sich ein gemeinsamer Nenner finden, denn alle Parks haben neben ihrer Aufgabe, die Natur zu schützen, auch die Aufgabe, Aufklärungsarbeit zu leisten. So heißt das gemeinsame Thema: Umweltbildung.

Alle Nationalparks verbindet, daß sie dem Menschen das Erlebnis ursprünglicher Natur ermöglichen, der Natur aber Vorrechte einräumen und den Menschen als Gast aufnehmen. Erst aus dem Verständnis der Natur wird jedermann deutlich, daß sie es wert ist, geschützt und erhalten zu werden. Darum ist Umweltbildung neben dem klassischen Schutz der Tiere und Pflanzen eine Aufgabe, die von allen Nationalparks wahrgenommen wird. Doch noch fehlt es an Mitteln, die Umweltbildung für Urlauber und Einheimische in gewünschtem Umfang durchzuführen.

In Gesprächen mit den Leitern der Nationalparks konnte eine Ideensammlung für Sponsoring-Instrumente erarbeitet werden, die folgende Kriterien erfüllen sollten:

– Das Projekt soll die Natur sinnvoll und nachhaltig schützen.

– Alle Nationalparks sollen, trotz ihrer Unterschiedlichkeit, durch dasselbe Sponsoring-Instrument gefördert werden.

– Inhaltlich soll ein Bezug zur Unternehmensphilosophie der Commerzbank herstellbar sein, ohne jedoch die Geschäftigkeit der Bank zu berühren.

Resultat dieser Überlegungen war die Auswahl eines Sponsoring-Instruments mit dem Titel: „Praktikum für die Umwelt".

Praktikum für die Umwelt

Mit dem Ziel, die Naturschützer vor Ort aktiv bei ihrer Umweltbildungsarbeit zu unterstützen, stellte die Commerzbank im Sommer 1990 Praktikanten ein, die sie in die Nationalparks entsandte. Mit den Nationalparks wurde zuvor ein Vertrag geschlossen, der diese verpflichtete, die Praktikanten anzuleiten, auszubilden und im Sinne der Umweltbildung einzusetzen.

Da die Kenntnis der Natur erste Voraussetzung ist, um ihre Schutzwürdigkeit zu erkennen, informierten die Praktikanten die Besucher – aber auch die einheimische Bevölkerung – über die komplexe Lebenswelt dieser Naturlandschaften und über „naturgerechtes" Verhalten. Angesichts der wachsenden Zahl der Erholungsuchenden in diesen Gebieten und eines zunehmenden Informationsbedarfs ist auch der Personalbedarf groß.

Die Praktikanten wurden drei bis sechs, in einigen Fällen bis zu neun Monate beschäftigt. Den Parks wurden gut zwei Dutzend Praktikantenplätze zur Verfügung gestellt, wovon zwei Plätze für Angehörige der Commerzbank reserviert wurden. Die Praktikanten waren überwiegend Abiturienten, Studenten oder Absolventen naturwissenschaftlicher Studiengänge, die vor Ort praktische Erfahrungen sammeln wollten.

Aber auch Studienrichtungen, die mit Ökologie nur entfernt zu tun haben, wie Zahnmedizin oder Betriebswirtschaft, waren unter den Praktikanten vertreten, und es zeigte sich, daß gerade im Austausch der Disziplinen ein besonderer Reiz des „Praktikums für die Umwelt" liegt. Menschen, die normalerweise nichts miteinander zu tun haben, begegnen sich auf diese Weise, lernen voneinander und arbeiten für ein gemeinsames Ziel.

Neben der angestrebten Image-Bildung sieht die Bank in diesem Projekt auch ein Instrument des Personal-Marketings, denn aktive Nachwuchsförderung ist ein integraler Bestandteil der Unternehmensphilosophie. Die kommunikativen Bemühungen richten sich deshalb auch an eigene Mitarbeiterinnen und Mitarbeiter. Auszubildende der Bank können nach Abschluß ihrer Ausbildung ein Umwelt-Praktikum absolvieren – als Chance, neue Perspektiven und Zusammenhänge zu entdecken. Ferner wird über das Projekt in den von der Bank herausgegebenen Publikationen berichtet.

Außer der Zusicherung einer kooperativen Zusammenarbeit mit Medienvertretern und einer Informationspflicht gegenüber der Commerzbank über Medienkontakte gibt es keine vertraglich festgelegte Gegenleistung der Gesponserten. Eine werbliche Verwendung des Öko-Sponsorings ist nicht geplant, lediglich im Rahmen der laufenden Presse- und Öffentlichkeitsarbeit kommt die Zusammenarbeit zur Sprache.

Das „Praktikum für die Umwelt" in der hier vorgestellten Form wird als Pilotprojekt verstanden, wobei ein Resumée der ersten Erfahrungen zeigen sollte, ob die Wahl der Partner richtig war, und ob das Projekt in der 1990 durchgeführten Form für die Nationalparks und für die Bank zufriedenstellend verlaufen ist.

Das Ergebnis ist eindeutig: Alle Praktikanten waren von ihrem Praktikum begeistert und befürworteten eine Fortsetzung des Projekts; alle Ausbilder, die einen Praktikanten vor Ort betreuen, waren mit der Zusammenarbeit zufrieden und wünschten sich eine Wiederholung.

Allein die Projekt-Beteiligten hinter den Kulissen, die mit der technischen Abwicklung befaßt waren, klagten über die zusätzliche Arbeitsbelastung. Eine – scheinbare – Binsenweisheit wurde den Nationalparks wie auch der Bank bei ihrer Auswertungstagung deutlich: Personalsponsoring ist personalintensiv. Dennoch konnte man sich dem eindeutigen Stimmungsbild der Naturschützer nicht entziehen, und mit einer verbesserten Logistik startete das „Praktikum für die Umwelt" 1991 erneut.

Ob damit der Weisheit letzter Schluß in Sachen Öko-Sponsoring einer Großbank gefunden ist, bleibt auch weiterhin abzuwarten. Da das Projekt jedoch sowohl zeitlich als auch inhaltlich entwicklungsfähig ist, kann davon ausgegangen werden, daß auch in Zukunft sowohl Angestellte der Commerzbank als auch externe Praktikanten oder Fachkräfte in die Nationalparks und gegebenenfalls auch zu anderen Umweltschutz-Organisationen entsandt werden können.

Auf jeden Fall wird die Bank ihr Engagement für den Naturschutz – was ihre Organisation, ihre finanzielle Unterstützung und ihre personelle Beteiligung betrifft – dauerhaft fortsetzen. Denn sie möchte ihre Teil dazu beitragen, daß vielen Menschen der Schutz der Natur zur Selbstverständlichkeit wird, damit letztlich die Grundlage allen Lebens bewahrt und die Lebensqualität gesteigert wird.

Deutsche Lufthansa AG

Finanz- und Sachmittel für den Vogelschutz

Die Deutsche Lufthansa AG hat schon in den siebziger Jahren die Bedeutung des Umweltsponsoring als image- und sympathiefördernde Maßnahme im Rahmen ihrer Kommunikationspolitik erkannt. Daß der Vogelschutz dabei einen Schwerpunkt bildet, dürfte bei der Fluggesellschaft mit dem Kranich-Emblem nicht überraschen.

Wie in zahlreichen Großunternehmen ist auch bei der Lufthansa „Umwelt" ein relativ junger Sponsorbereich neben den traditionellen Sponsoring-Schwerpunkten Sport und Kultur. Hier fördert die Fluggesellschaft zum Beispiel Tennis-, Reit- und Golfveranstaltungen und engagiert sich in der Förderung junger Künstler.

Neben vielen Gemeinsamkeiten innerhalb der verschiedenen Sponsoringdisziplinen Sport, Kultur und Ökologie gibt es einen ganz wesentlichen Unterschied zwischen Ökosponsoring und den anderen Bereichen:

Während weder im Sport noch in der Kunst von dem fördernden Unternehmen eine besondere eigene sportliche oder künstlerische Leistung erwartet wird, verlangt Ökosponsoring unbedingt eine vorbildliche Auseinandersetzung mit den Anforderungen an den betrieblichen Umweltschutz und mit der Umweltverträglichkeit der angebotenen Produkte beziehungsweise Dienstleistungen.

Abbildung 12: Das Kranich-Emblem der Deutschen Lufthansa AG

Das heißt nicht automatisch, daß das Unternehmen alle Umweltprobleme gelöst haben muß und frei von jedweder Kritik ist. Jedoch muß das Unternehmen glaubwürdig nachweisen, daß eine inhaltliche Auseinandersetzung mit den eigenen Umweltproblemen geführt wird und der ernsthafte Wille zu Verbesserungen erkennbar ist. Dieser ernsthafte Wille muß dann nicht zuletzt auch durch entsprechende interne und externe Kommunikation dokumentiert sein.

In Mitteleuropa und insbesondere in Deutschland ist die Sensibilität zum Thema Umweltschutz am stärksten ausgeprägt. Während lange Zeit in der deutschen Bevölkerung die Schaffung von Arbeitsplätzen als größte Herausforderung für die Zukunft an erster Stelle stand, wird heute der Erhaltung und dem Schutz unserer Umwelt eine ebensolche Bedeutung beigemessen. Unternehmen reagieren auf diese Forderung mit verstärkten Engagements im Umweltbereich. Viele haben somit auch zusätzliche Mittel für Ökosponsoring zur Verfügung gestellt.

Schon bevor der Begriff „Umweltsponsoring" aktuell wurde, finanzierte Lufthansa in Kooperation mit dem WWF Deutschland und dem Naturschutzbund Deutschland (ehemals Deutscher Bund für Vogelschutz, DBV) Kranichschutzprojekte in der Bundesrepublik. Die ersten Kontakte zu den Umweltschutzorganisationen ergaben sich durch die Zusammenarbeit bei verschiedenen Veröffentlichungen zum Thema Vogelschutz. Dabei lag es natürlich nahe, die Umweltorganisationen nicht nur bei publizistischen, sondern auch bei praktischen Aktionen zu unterstützen.

Kooperationsmodelle dieser Art will die Lufthansa auch in den nächsten Jahren fortsetzen. Bewährt haben sich hier mittelfristige, über zwei bis drei Jahre angelegte Formen der Zusammenarbeit.

Mit den bisherigen Kooperationspartnern hat das Unternehmen hier gute Erfahrungen gemacht. Denn ein seriöses und längerfristig angelegtes Sponsoring kann nur mit glaubwürdigen, professionell arbeitenden Partnern im Umweltbereich sinnvoll sein.

In der Publizierung ihres Umweltengagements zeigte sich die Lufthansa bislang eher zurückhaltend. Zwar ist Sponsoring Bestandteil des Kommunikationsmix, es wurde jedoch lange Zeit nicht in werbliche Aussagen und Strategien integriert.

Hier wird die Fluggesellschaft zukünftig offensiver vorgehen. Denn Umwelt ist auch für die Lufthansa zu einem wesentlichen Image- und Marketingfaktor geworden. Die Publizierung des Sponsoring-Engagements soll hier vor allem als Symbol für die generelle Umweltorientierung der Unternehmenspolitik verstanden werden.

Ein breiter angelegtes Sponsoring als flankierende Maßnahme im Rahmen einer Publizierung der umweltorientierten Unternehmenspolitik hat dabei auch die Funktion, die Summe von einzelnen, für die breite Öffentlichkeit kaum nachvollziehbaren wissenschaftlichen und technischen Umweltinnovationen zu versinnbildlichen.

Hier hat die Lufthansa durch eine gezielte Investitionspolitik in Forschung und Entwicklung zahlreiche Anstöße für eine umweltgerechtere Technik und Logistik gegeben. Nicht nur aufgrund einer gegenüber den Umweltbelastungen durch den Flugverkehr zunehmend kritischeren Öffentlichkeit, sondern auch aus wirtschaftlichen Überlegungen stehen Ziele wie sparsamer Energieverbrauch, geringere Schadstoffemission und Verringerung der Lärmbelastung heute im Vordergrund der Luftverkehrstechnik.

Da in den nächsten Jahrzehnten auch im Luftraum die Mobilität generell steigen wird, bemüht sich das Unternehmen außerdem um integrierte Konzeptionen mit anderen Verkehrsträgern, um auf der Basis ökologisch orientierter Energiebilanzen umweltgerechte Verkehrsverbindungen anbieten zu können, beispielsweise durch die Verlagerung der Verkehrsnachfrage bis zu 400 km auf die Schiene. Angestrebt wird außerdem eine optimierte Anbindung der Flughäfen an das Schienennetz, um auch hier einen Teil des Automobilverkehrs auf die umweltfreundlicheren Verkehrsmittel zu verlagern.

Motive für ein Engagement im Ökosponsoring

Imageverbesserung

Der Imagefaktor „Umweltverhalten" wird zukünftig verstärkt das Gesamtimage eines Unternehmens prägen. Für Lufthansa bedeutet dies, daß außer den Hauptleistungsmerkmalen Flugplan, Preis, Service und Zuverlässigkeit auch das Merkmal „Umweltverhalten" das Gesamtbild des Unternehmens beeinflussen wird. Ökosponsoring kann hier in geeigneter Weise das Umweltengagement einer breiteren Öffentlichkeit bekannt machen. Unbestritten sind Naturschutzthemen für die Medien interessanter und nehmen einen wesentlich größeren Teil der Berichterstattung ein als Nachrichten über betriebliche Umweltschutzmaßnahmen, auch wenn diese um ein Vielfaches teurer sind als Sponsoring-Projekte.

Marktwirtschaftlicher Faktor

Jeder zweite Verbraucher gibt heute an, weniger umweltschädliche Produkte als früher zu kaufen und beim Kauf stärker auf das Umweltverhalten eines Unternehmens zu achten. Verschiedene Studien bestätigen, daß das Kaufverhalten des Kunden sich tatsächlich zugunsten umweltfreundlicher Produkte und Dienstleistungen verändert hat.

Lufthansa hat sich daher mit dem Zielkonflikt zu beschäftigen, der sich einerseits aus dem angestrebten Wachstum und andererseits aus der erforderlichen Umweltverträglichkeit ergibt. Im schärfer werdenden Wettbewerb sollte der Kunde daher aufgefordert werden, auch bei der Wahl seiner Airline die Umweltverträglichkeit des einzelnen Anbieters zu einem wesentlichen Kriterium bei der Kaufentscheidung zu machen. Ökosponsoring wird durch seine auf breite Öffentlichkeit angelegte Wirkung hier die Beurteilung des Umweltverhaltens positiv beeinflussen können.

Werbung neuer Zielgruppen

Einhergehend mit den Wachstumsplänen der Fluggesellschaft und mit dem Wissen, daß die Primärzielgruppe (Geschäftsreisende) nicht im gleichen Verhältnis mitwachsen wird, müssen bei Lufthansa verstärkt neue Zielgruppen gewonnen werden. Hier sieht man innerhalb der Gruppe der Privatreisenden insbesondere Jugendliche und junge Erwachsene als eine der wichtigsten neuen Zielgruppen an. Jedoch ist durch die Marktforschung bewiesen, daß diese Gruppen erstens ein noch distanziertes Verhältnis zum Unternehmen Lufthansa haben und zweitens zu einem äußerst umweltkritischen Personenkreis zählen. Um sie an das Unternehmen heranzuführen und zu binden, wird man stärker auf ihre Forderungen und Erwartungen eingehen müssen.

Eine weitere Zielgruppe sind die Vertreter und Mitglieder der einzelnen Umwelt- und Naturschutzorganisationen. Sie sind in der Bundesrepublik noch überschaubar, auch wenn ihre Mitgliederzahl bei ca. dreieinhalb bis vier Millionen liegt und weiter stark zunimmt. Neben den örtlichen Bürgerinitiativen gehen vor allem von ihnen die Umweltdiskussionen aus.

Dialog mit den Umweltverbänden

Durch die enge Zusammenarbeit mit den Umweltverbänden tritt Lufthansa mit diesen in einen Dialog, der über die Förderung und Abwicklung des eigentlichen Sponsoringprojektes hinausgeht. Der kooperationsbereite Verband muß sich, um seine eigene Glaubwürdigkeit in der Öffentlichkeit nicht aufs Spiel zu setzen, sehr detailliert mit dem Unternehmen und seinem Umweltverhalten auseinandersetzen, dieses quasi einer Unbedenklichkeitsprüfung unterziehen und sich anschließend mit dem Umweltverhalten einverstanden erklären. Das heißt nicht, daß Lufthansa über jede Kritik erhaben wäre, aber eine für den Verband problematische Entwicklung beim Unternehmen würde zunächst im direkten Dialog mit dem Kooperationspartner besprochen. Auf beiden Seiten wird die Auseinandersetzung somit von vornherein versachlicht.

Lufthansa als Arbeitgeber

Auf die Mitarbeitermotivation und -identifikation wurde bereits eingegangen. Stärker als bei anderen nicht betriebsbezogenen Aktivitäten erwarten die Lufthanseaten, daß sich ihr Arbeitgeber vorbildlich um Angelegenheiten der Umwelt kümmert. Zum zweiten hängt die Glaubwürdigkeit des Umweltengagements von der Übereinstimmung mit den Meinungen der Mitarbeiter ab. Drittens kann die motivierende Wirkung auf die Mitarbeiter nicht hoch genug eingeschätzt werden, wenn diese auch noch die Möglichkeit haben, in das Engagement aktiv mit einbezogen zu werden, indem man zum Beispiel über die internen Medien den Mitarbeitern im Einzelfall die Möglichkeit einräumt, bei der Projektauswahl mitbestimmen zu können.

Schließlich kommt in einem immer härter umkämpften Arbeitsmarkt zukünftig auch auf Lufthansa verstärkt das Problem der Mitarbeiterrekrutierung zu. Längst sind die Zeiten vorbei, in denen ausschließlich das Gehalt oder sonstige materielle Bestandteile den Ausschlag für die Anstellung gegeben haben. Insbesondere beim Führungsnachwuchs wird heute eine große gesellschaftliche Akzeptanz des zukünftigen Arbeitgebers erwartet und ein entsprechendes Engagement vorausgesetzt.

Nicht aufgeführt ist in diesem Zusammenhang die sonst stets zitierte gesellschaftliche Verantwortung, die durch Sponsoringmaßnahmen dokumentiert werden soll. Dieser Begriff wird im Sponsoringbereich vielfach falsch verwendet und läßt oft den Eindruck entstehen, als wolle das Unternehmen selbst keinen Vorteil durch Sponsoring erzielen. Jedoch muß man sich von der Vorstellung verabschieden, daß ein Unternehmen, welches sich in erster Linie seinen Kapitalgebern und Mitarbeitern gegenüber zu verantworten hat, altruistische Verhaltensweisen an den Tag legt. Viel eher sind auch die weiter oben aufgeführten Motive Bestandteil gesellschaftlicher Forderungen, die ein Unternehmen zu erfüllen hat, will es weiter erfolgreich im Markt operieren.

Inhaltliche Schwerpunkte

Ein naheliegendes Projekt: Kranichschutz

Die zukünftigen Aktivitäten im Ökosponsoring der Lufthansa konzentrieren sich inhaltlich auf wenige Felder. Zum einen werden

Mittel zur Förderung des Vogelschutzes und insbesondere des Kranichschutzes eingesetzt. Alle 15 Kranicharten, die es heute auf der Welt gibt, sind bedroht. Der Kranich besitzt in der Bevölkerung einen hohen Sympathiewert, und sein Vorkommen signalisiert eine noch intakte Umwelt. Seine hohen Ansprüche an seinen natürlichen Lebensraum haben ihn zum Seismographen für ökologische Veränderungen werden lassen. Wo der Kranich vorkommt, gilt die Natur noch als unzerstört, und sein Lebensraum bietet somit auch für eine Vielzahl anderer bedrohter Tier- und Pflanzenarten die Chance zum Überleben. Vielleicht sind es auch diese Eigenschaften, die den Kranich auch in unzähligen Sagen, Mythen und Überlieferungen vorkommen lassen.

Lufthansa findet somit ein für ihren Wappenvogel außerordentlich günstiges Umfeld vor. Beide sind auf das Medium Luft angewiesen, ebenso wie Lufthansa ist der Kranich als Zugvogel überall auf der Welt zu Hause und steht für Mobilität und Internationalität. Hinzu kommt, daß der Kranich als Symbol für die Lufthansa in der Öffentlichkeit allgemein bekannt ist. Zumindest innerhalb der für das Unternehmen relevanten Zielgruppen kann man davon ausgehen, daß jeder weiß, von wem die Rede ist, wenn von der „Kranichlinie" gesprochen wird. Dies ist eine für das Ökosponsoring äußerst günstige Konstellation, die in kaum einem anderen Unternehmen so ausgeprägt vorgefunden wird. Die oft schwierige plausible Erklärung, warum sich ein Unternehmen gerade diesem oder jenem Projekt gewidmet hat, entfällt somit bei Lufthansa. Die Assoziation zwischen Förderer und gefördertem Projekt ist leicht hergestellt.

Sponsoring wissenschaftlicher Projekte

Ein anderes Betätigungsfeld wird die Unterstützung wissenschaftlicher Umweltprojekte auf dem Gebiet der zivilen Luftfahrt sein. Darunter sind nicht die großen Forschungsprojekte zu verstehen, die zum überwiegenden Teil ohnehin von der öffentlichen Hand finanziert werden, sondern vielmehr die von einzelnen Wissenschaftlern, Studenten, wissenschaftlichen Einrichtungen und Hochschulen in Eigeninitiative geplanten Projekte. Eine große öffentliche Wirkung wird hier nur bei spektakulären Ergebnissen zu erzielen sein, trotzdem wird Lufthansa sich hier engagieren, um gerade auch in dieser Zielgruppe die Ernsthaftigkeit zu dokumentieren, mit der eine höhere Umweltverträglichkeit des Luftverkehrs angestrebt wird.

Logistische Unterstützung von Umweltschutzgruppen

Das dritte Betätigungsfeld wird sich auf die Förderung internationaler Beziehungen und Projekte im Naturschutz konzentrieren. Hierunter ist in erster Linie die Unterstützung deutscher Verbände bei der Zusammenarbeit mit ausländischen Organisationen zu verstehen. Dem hohen Organisationsgrad der Umweltverbände in Deutschland steht oft ein auf Einzelinitiativen beruhendes Engagement im Ausland gegenüber. Durch die Erkenntnis, daß Umweltschutz kein nationales Problem ist, sind die deutschen Verbände in Zukunft verstärkt bemüht, ihr Wissen und ihre Erfahrung auch in ausländische Verbände einzubringen.

Lufthansa kann hier aufgrund ihres weltweiten Netzes logistische Hilfe anbieten und Kontakte herstellen. Die Wirkung eines solchen Consultings strahlt in erster Linie auf die Verbände ab und ist nicht mit großen finanziellen Zuwendungen verbunden.

Mögliche Kooperationspartner

Grundsätzlich kommen als Kooperationspartner alle Umwelt- und Naturschutzverbände in Deutschland in Frage, die ihre Projekte auch über Sponsoring finanzieren lassen. Voraussetzung ist eine professionelle Durchführung des Projektes und insbesondere der begleitenden Öffentlichkeitsarbeit sowie ein klares Bekenntnis zum Sponsor. Darüber hinaus muß auch die Integrität der handelnden Personen sichergestellt sein.

Formale Bedingungen für eine Unterstützung

Neben den inhaltlichen Kriterien, die bei der Vergabe von Fördermitteln zur Entscheidung herangezogen werden, gibt es darüber hinaus formale Bedingungen, die vom Kooperationspartner zu erfüllen sind. Hierzu gehört die Zusage, daß Lufthansa der Exklusiv- oder zumindest Hauptsponsor eines Projektes ist. Nicht akzeptiert wird eine Beteiligung, bei der Lufthansa als Sponsor nur eine Nebenrolle einnähme und somit auch in der Kommunikation kaum erwähnt würde. Hinzu käme, daß die Einflußmöglichkeiten auf die Kommunikationsstrategie begrenzt wären und zumindest die Initiativen, die vom Partner ausgingen, dann in aller Regel der Zustimmung oder zumindest Einbindung des Hauptsponsors oder aller anderen Sponsoren bedürften.

Ideal ist natürlich die Möglichkeit, ein Projekt völlig alleine und somit exklusiv zu unterstützen, da in solchen Fällen die Bedürfnisse und Erwartungen der Partner ohne Rücksicht auf andere Interessen und somit ohne Reibungsverluste aufeinander abgestimmt werden können. Kann eine solche Exklusivität nicht erreicht werden, ist eine Beteiligung nur noch dann möglich, wenn es erstens nur wenige andere Sponsoren gibt und zweitens Lufthansa Einfluß auf deren Auswahl hat.

Die Begrenzung auf die Anzahl weiterer Sponsoren liegt in der Erkenntnis, daß die Wahrnehmung des einzelnen Sponsors mit der Anzahl der Gesamtsponsoren zurückgeht. Dies hat unter anderem seine Begründung darin, daß in solchen Fällen auch die Rechte und Pflichten des einzelnen auf ein Minimum zurückgeschraubt werden müssen, so daß schließlich die Bedürfnisse einzelner Sponsoren nicht mehr berücksichtigt werden können.

Die Einflußnahme auf die Aufnahme anderer Sponsoren ist ein wesentliches Kriterium, welches der Partner der Lufthansa garantieren muß, da ein wesentliches Ziel einer jeden Sponsoraktivität der von allen Partnern erwünschte Imagetransfer ist. Dieser Prozeß spielt sich zwischen Förderer und Gefördertem ab und zeigt im Ideal eine für beide Seiten positive Wechselwirkung.

Entspricht nun das Image eines Sponsors nicht den Vorstellungen der Lufthansa, so könnte diese trotzdem nicht verhindern, daß bei der Imagebewertung des Geförderten bestimmte imagebildende Faktoren des anderen Sponsors das Projektimage mitbeeinflussen.

Für Lufthansa kommen daher nur solche Sponsoren als weitere Partner in Frage, die in wesentlichen strategischen Marketingansätzen eine vergleichbare Position beziehen wie wir. So beschränkt sich die Zulassung weiterer Sponsoren auf Unternehmen, deren Vorstellungen unter anderem von Produktqualität, Zielgruppen- und Kundenstruktur sich mit denen der Lufthansa decken, beziehungsweise deren Image nicht wesentlich vom eigenen abweicht. Selbstverständlich in diesem Zusammenhang ist der Konkurrenzausschluß, da der erwünschte Imagetransfer dazu dienen soll, sich von der Konkurrenz positiv abzugrenzen.

Leistungen der Lufthansa

Die Leistungen, die die Lufthansa dem Förderer zur Verfügung stellt, sind Barmittel, Sachmittel, Know-how, Logistik und die selbstinitiierten kommunikativen Begleitmaßnahmen.

Eindeutig ist die Bewertung von Barmitteln, die ein Unternehmen in ein Projekt zu investieren bereit ist. Nicht viel weniger eindeutig ist in aller Regel die Bewertung von Sachleistungen. Bei Lufthansa ist dies verständlicherweise die Bereitstellung von Flugtickets und Frachtkapazität. Dieser Teil der Leistung sollte jedoch nicht allein ausschlaggebend sein. Nicht minder wichtig ist es, wie ein Unternehmen darüber hinaus bereit ist, sich in dem bestimmten Projekt zu engagieren. So ist die Nutzung der Infrastruktur eines großen Unternehmens gerade für Umwelt- und Naturschutzorganisationen, die in aller Regel nicht über vergleichbare Einrichtungen verfügen, eine Hilfe, die bei der Abwicklung von größeren Projekten sehr gut genutzt werden kann.

Als ein weltweit tätiges Unternehmen verfügt Lufthansa über Büros, Kommunikationseinrichtungen und Transportmöglichkeiten in mehr als 80 Ländern, deren Nutzung gerade bei internationalen Projekten willkommen ist.

Durch die Konzentration auf Projekte wie den Kranichschutz ist Lufthansa auch in der Lage, für die Erforschung notwendiges Know-how bereitzustellen. So können über die Tochtergesellschaft Hansa-Luftbild wertvolle Erkenntnisse aus eigens für diesen Zweck hergestellten Luftbildaufnahmen gewonnen werden, die man den Partnern kostenlos oder für einen geringeren Preis zur Verfügung stellt.

Den größten Nutzen in der Kooperation mit Lufthansa haben die Geförderten jedoch in den vom Unternehmen selbst initiierten kommunikativen Begleitmaßnahmen. Diese reichen von der Durchführung von Journalistenreisen über die Produktion von Kommunikationsmitteln bis hin zur Berichterstattung in den eigenen Medien. Bei solchen Maßnahmen muß man sich dann der inhaltlichen Unterstützung durch die Experten aus den Verbänden sicher sein.

Projektbeispiele

Projekt „Natur ohne Grenzen"

Bis 1992 unterstützt Lufthansa das Projekt „Natur ohne Grenzen" der „Stiftung Europäisches Naturerbe". Die Stiftung betreibt Naturschutz europaweit, um so die Erhaltung des Lebensraumes Europa zu sichern.

„Natur ohne Grenzen" ist eine Aktion der Stiftung. Das Projekt wird über die Dauer von drei bis vier Jahren darstellen, daß Naturschutz grenzübergreifendes Engagement benötigt. So wurden beispielsweise Kranich-Überwinterungsplätze in Spanien durch Ankauf und Pacht gesichert. Weitere Natur- und Vogelschutzprojekte werden unter anderem in Griechenland, Jugoslawien, Frankreich und in der Bundesrepublik gefördert.

Zu diesem Projekt veranstaltet Lufthansa in einer gemeinsamen Initiative mit der Stiftung Informationsexkursionen in die autonome Region Extremadura in Spanien, einem Kranichrastplatz, der im Frühjahr von bis zu 50 000 Kranichen besucht wird.

Zu dieser Aktion ist auch ein gleichnamiger Bildband erschienen, der in einer Teilauflage als Lufthansa-Edition für eigene PR-

Maßnahmen und zur Abgabe an Mitarbeiter bestimmt ist. Darüber hinaus wird Lufthansa in sämtliche PR-Aktivitäten der Stiftung mit einbezogen.

Projekt Kranichschutz Deutschland

Die Umweltstiftung WWF-Deutschland und der Naturschutzbund Deutschland e.V. führen seit 1972 die Aktion „Rettet den Kranich" als flächendeckendes Biotopschutzprojekt für Moore, Sümpfe und Feuchtwiesen in der Bundesrepublik durch.

Die Kranichbestände in der Bundesrepublik Deutschland sind jedoch stark abhängig von den östlich angrenzenden Beständen. Dies erfordert daher flächendeckende Initiativen gerade auch in den neuen Bundesländern, da insbesondere dort zukünftig eine Zunahme des Tourismus und eine Intensivierung der Land- und Forstwirtschaft zu erwarten sind. Um diesen prognostizierten – aus ökologischer Perspektive negativen – Entwicklungen zuvorzukommen und frühzeitig zu handeln, ist dieses Projekt 1990 ins Leben gerufen worden.

Lufthansa wird hierbei unter anderem die Errichtung eines internationalen Kranichschutzzentrums unterstützen. Dieses Informationszentrum soll an dem wichtigsten Rastplatz der Kraniche in Mitteleuropa, in der Region Bock/Insel Rügen, errichtet werden. Es soll gleichzeitig Forschungszentrum wie auch Anlaufstelle und Informationshaus für Naturschützer und interessierte Bürger sein.

Projekt Elbniederungsgebiet „Höhbeck"

Seit 1982 unterstützt Lufthansa die Arbeit des Naturschutzbundes Deutschland im Bereich des Kranichschutzes. Für das Schutzgebiet Höhbeck wurden seit 1973 200 ha ökologisch wertvolle Biotope angekauft, Feuchtgebiete renaturiert und Schutzprogramme für besonders bedrohte Tier- und Pflanzenarten durchgeführt.

Lufthansa fördert diese Initiative durch Ankauf von Grundstücken, die wichtige Lebensräume für Kraniche bieten, sowie mit der Stiftung einer Kranichschutzstation, der Anfertigung von Hinweisschildern zum Kranichschutz und dem Kauf eines Transporters.

Projekt Vogelpark Walsrode

Der Vogelpark in Walsrode ist der größte Vogelpark der Welt. Er beherbergt ca. 900 Vogelarten mit über 5000 Exemplaren aus allen Kontinenten und Klimazonen und gehört damit zu den zehn artenreichsten zoologischen Gärten überhaupt.

Seine besondere Wichtigkeit liegt in der Erhaltung seltener und vom Aussterben bedrohter Vogelarten, zu denen auch der Kranich gehört. Zu diesem Zweck wurde 1976 der Wolf W. Brehm Fonds e.V. im Vogelpark Walsrode gegründet. Er ist für die Forschungsarbeiten und wissenschaftliche Betreuung dieser Tiere zuständig. Die Projekte des Fonds sind international ausgerichtet.

Lufthansa unterstützt hier die Errichtung einer Kranichanlage im Vogelpark und hilft beim Transport einzelner Tiere, die zu Zuchtzwecken und somit zur Arterhaltung oftmals in ferne Länder gebracht werdem müssen.

Projekt Umwelt-Workshop für Jugendliche

In Zusammenarbeit mit der Akademie für Natur- und Umweltschutz in Baden-Württemberg und der Deutschen Umwelthilfe e.V. veranstaltet Lufthansa eine Reihe von Workshops für Jugendliche zum Thema Umwelt.

Die Seminare richten sich an jugendliche Multiplikatoren, die bereits im Umweltschutz tätig sind und damit über entsprechendes Fachwissen verfügen – also Leiter von Jugendumweltgruppen verschiedener Verbände und Mitarbeiter von Jugendredaktionen. Ziel der Veranstaltungen ist die Darstellung von Umweltproblemen unter anderem im Bereich Luftfahrt sowie kreative Lösungsfindung und Umsetzung.

Die fachliche Vorbereitung aller Programme für die Workshops wird von der Akademie für Umwelt- und Naturschutz übernommen, ebenso die Aufbereitung und Bereitstellung von themenbezogenen Begleitmaterialien. Es referieren Experten der Lufthansa, Vertreter von Umweltorganisationen und anderer Wirtschaftsunternehmen, die im Bereich Umwelt tätig sind.

Hertie Waren- und Kaufhaus GmbH

Kooperation mit dem BUND

Als einer der größten bundesdeutschen Warenhauskonzerne hat auch Hertie 1989 damit begonnen, unter anderem seine Sortimentspolitik nach umweltorientierten Gesichtspunkten auszurichten. Denn der Handel als Mittler zwischen Industrie und Verbraucher kann nicht nur seine Marktposition gezielt zur Förderung umweltfreundlicher Produkte und Verpackungsmaterialien einsetzen, er kann auch den Kunden durch Sortimentsgestaltung, Displays und Werbemaßnahmen verstärkt zum Kauf der umweltgerechten Waren motivieren. Im Rahmen dieses komplexen Maßnahmenbündels ging das Unternehmen eine Kooperation mit dem Bund für Umwelt und Naturschutz Deutschland e.V. (BUND) ein.

Themen, die aus gutem Grund die Allgemeinheit besonders beschäftigen, müssen und wollen wir gebührend zur Kenntnis nehmen. Schließlich steht Hertie mit 62 Warenhäusern mitten in der Öffentlichkeit, lebt von ihr und für sie. Gerade auch für Handelsunternehmen gilt unserer Ansicht nach: Das Berücksichtigen der Ökologie ist keine Einschränkung, sondern vielmehr Grundvoraussetzung für das langfristige Überleben am Markt. Dabei setzen wir nicht nur, aber auch (und bislang erfreulicherweise mit Erfolg) auf Umwelt-Sponsoring.

„Umwelt" haben wir natürlich nicht „erfunden". Doch wir sind überzeugt, hier schon etwas mehr erreicht zu haben als manch anderes Unternehmen. Bewußt verzichten wir darauf, mit Öko-Themen PR-Effekthascherei zu betreiben, – dazu ist der Umweltschutz eine viel zu ernste Angelegenheit. Wir gingen schon vor ca. zwei Jahren Schritt für Schritt an das Thema heran. Zur Maxime haben wir uns dabei gewählt, daß der Handel sich niemals als Vormund des Kunden aufführen darf. Vielmehr geht es darum, dem Verbraucher die Entscheidung zugunsten umweltverträglicher Produkte zu erleichtern beziehungsweise zu ermöglichen.

Hertie Waren- und Kaufhaus GmbH

Abbildung 13: Das Firmenlogo von Hertie

Ziel: Bewußtseinsänderung

Ziel der verschiedensten Hertie-Aktivitäten auf diesem Gebiet ist unter anderem eine Bewußtseinsveränderung, und zwar gleichermaßen bei Kunden wie Lieferanten und Mitarbeitern. Im Februar 1990 veranstalteten wir bereits zum zweiten Mal in allen Filialen die bundesweite Aktion „Verantwortung Umwelt: Unsere Sache". Sinn dieser Veranstaltung war und ist, umweltschonende Ware im Sortiment besonders herauszustellen. Ein 16seitiger Prospekt in Millionenauflage, erstmals auf Recycling-Papier gedruckt, verknüpfte unser darin gezeigtes Angebot mit Umweltinformationen.

Interner Arbeitskreis

Seit Anfang 1989 kommt in der Frankfurter Hertie-Zentrale regelmäßig ein interner Arbeitskreis aus Mitarbeitern von Einkauf, Verkauf und Stabsstellen zusammen, der sich unter anderem mit dem Sichten des Sortiments befaßt. Das Resultat: Binnen eines Jahres wurden rund 2000 Artikel aus Umweltgründen gestrichen oder neu eingeführt. Um das Gewicht des Themas „Umweltschutz" hervorzuheben, berief der Vorstand einen der Einkaufsdirektoren offiziell zum Umweltbeauftragten. Die leitenden Mitarbeiter des Unternehmens werden im internen Informationsdienst regelmäßig mit Öko-Beiträgen „versorgt". Auch hinter den Kulissen ergriffen wir eine Reihe von Maßnahmen, die die Umwelt entlasten; Beispiele hierfür ebenso wie für Veränderungen im Sortiment und im Service-Angebot der Hertie-Warenhäuser sind nachfolgenden Übersichten zu entnehmen.

Beispiele für die Veränderung im Sortiment:

- Austausch FCKW-haltiger Sprays gegen Alternativen mit Pumpzerstäuber oder unschädlichen Treibmitteln.
- Schwämme und Haushaltstücher FCKW-frei.
- Haushaltswaren-Kunststoffartikel frei von Cadmium sowie FCKW.
- Umstellung von Blister-Verpackungen auf PVC-freien Kunststoff; ihr Einsatz wird reduziert.
- Breites Angebot an Lösungsmittel-reduzierten Farben und Aufnahme von lösungsmittelfreien Klebern ins Sortiment.
- Großflächiges Angebot an umweltschonenden Putz-, Wasch- und Reinigungsmitteln sowie an energie- und wassersparenden Elektrogeräten.
- Die Zahl solcher Artikel im Schreibwaren-Sortiment, die von Umweltbewußtsein zeugen, wurde stark erhöht. Neu hinzu kamen beispielsweise Blei- und Buntstifte aus unlackiertem Naturholz sowie Karteikarten aus Recycling-Karton. Zusätzlich bieten wir Zeichenblöcke aus weißem Recycling-Papier und Malblöcke aus grauem Recycling-Papier an. Interessant sind daneben unter anderem die sogenannten Dry-Memo-Marker (Holz-Buntstifte mit Neonmine, die Flüssigmarker mit Plastikgehäuse ersetzen).
- Seit kurzem führen wir ausschließlich Uhu-Klebefilm, der kein PVC enthält. Dasselbe gilt genauso für die Verpackungsfolie.
- Einführung von Korbwaren, die mit umweltfreundlichen Farben gespritzt sind.
- Neueinführung von ohne Bleichmittel vorgewaschenen (bio-washed) Jeans.
- Rauhfaser-Tapete aus Recycling-Papier.

Beispiele für Service-Angebote:

- Information zum Thema Umweltschutz mindestens einmal im Jahr auf Sonderflächen durch Vorträge, Broschüren, Produktdemonstrationen und Expertenbefragung.

- In Hobby-/Heimwerkerabteilungen Angebote von Artikeln zur Reduzierung des Wasserverbrauchs.
- Rücknahme und kontrollierte Entsorgung von Alt-Batterien.
- Altöl-Sammelstellen.

Beispiele für Maßnahmen hinter den Kulissen:

- Einsparung von 2,7 Millionen Plastikbeuteln 1990 allein durch Verzicht auf Einzelfolien-Verpackung von Textilien beim Direkt-Import aus Fernost in vier Warengruppen.
- Firmenbriefbögen werden seit Anfang 1990 auf Recycling-Papier gedruckt. Mit Aufbrauch der Bestände erfolgt die gesamte Korrespondenz von Hertie auf Recycling-Papier. Dieses findet auch immer mehr Verwendung bei Katalogen und Zeitungsbeilagen.
- Alle auf Recycling-Papier druckbaren internen Formulare werden mit Aufbrauch der Bestände kontinuierlich umgestellt.
- Einsatz von Recycling-Papier bei Fotokopien.
- Dienst-PKW fahren mit geregeltem Drei-Wege-Katalysator.
- Die Kleinwagen-Nutzfahrzeuge sind bis Jahresende ebenfalls zu 100 Prozent mit geregeltem Drei-Wege-Kat ausgerüstet.
- Hertie-LKW verfügen über Motor-Lärmkapseln und abgasreduzierte Einspritztechnik.
- Sammeln und Recyceln von Transportverpackungen in den regionalen Verteil-Zentren: Holz, Pappe, Folie, Styropor etc.
- Dank neuer Wartungsverträge mit regelmäßiger Überwachung von CO_2-Gehalt und Abgastemperatur wurde eine Schadstoffreduzierung der Feuerungsanlagen aller Häuser erreicht.
- Altglas-Sammlung auch in der Zentrale.
- Wiederverwendung von Kunststoff-Krawattenaufhängern sowie -Schalbügeln.
- Recycling von Plastik-Kleiderbügeln.
- Ausgebrannte Leuchtstoffröhren werden gesondert gesammelt.

Beim Einkauf fängt es an

Alle Zentraleinkäufer wurden und werden für Öko-Themen sensibilisiert. Bei Messekontakten und sogenannten Jahresgesprächen mit Lieferanten in aller Welt geht es nicht mehr „nur" um Preise, Konditionen und Termine, sondern ebenso um die Umweltverträglichkeit von Produkten, ihrer Verpackung und Herstellung. Ein wichtiger Aspekt hierbei ist beispielsweise der Abbau unnötiger Überverpackung. Hierzu machen wir Vorschläge und unterstützen Tests zur Reduzierung von Verpackungsmaterial.

Sonderflächen für die Präsentation

Im Rahmen des Möglichen bieten wir darüber hinaus Herstellern an, in unseren Filialen Sonderflächen zur Präsentation zu nutzen, um umweltverträglichen Waren die Markteinführung zu erleichtern. Unser Ziel ist es, solche Produkte auch im Preis für den Kunden attraktiver zu machen; dabei sind wir allerdings auf die Unterstützung der Industrie angewiesen.

Kooperation mit dem BUND

Seit Anfang 1989 kooperieren wir bei unterschiedlichsten Gelegenheiten mit dem Bund für Umwelt und Naturschutz Deutschland e.V. (BUND). Diesen lernten wir dabei im Laufe der Zeit als ebenso kompetenten wie kritischen und selbstkritischen Partner kennen. Die Erfahrungen sind insgesamt positiv: Das gilt für bundesweite Aktionen ebenso wie für Aktivitäten einzelner Filialen mit BUND-Gruppen vor Ort. Generell kommt es nach unserer Ansicht bei solchen Kooperationen darauf an, daß beide Partner zueinander passen, glaubhaft sein und bleiben müssen. Ist diese Bedingung erfüllt, steht dem beiderseitigen Nutzen aus der Zusammenarbeit nichts im Weg.

Spenden für die Umwelt-Arbeit

Im Zusammenhang mit unserer ersten bundesweiten Umwelt-Aktion hatten wir den Kunden auf der Rückseite eines Katalogs ein kleines Gewinnspiel angeboten. Dabei galt es, das Motto „Verantwortung Umwelt: Unsere Sache" in einem Coupon zu ergänzen. Zu gewinnen gab es 77 Fahrräder. Für jeden Teilnehmer spendeten wir dem BUND eine Mark; es kamen somit DM 10 000 zusammen.

Es muß nicht immer Plastik sein ...
Als Alternative zur Plastiktüte bietet Hertie seit dem Sommer 1989 Baumwoll-Tragetaschen an. Bis Anfang 1990 waren bereits 110 000 verkauft. Hertie schreibt pro Tasche dem BUND eine Spende von 30 Pfennig gut. Für die bis dahin ausgegebenen Taschen nahm BUND-Referent Andreas Fußer Mitte Februar einen Scheck über DM 33 000 für die Umweltarbeit seiner Organisation in Empfang.

Bei der bundesweiten Verkaufsaktion „Faszination Technik" im Sommer 1989 stellten wir einmal mehr energie- und wassersparende Elektrogeräte heraus. Mit dem BUND zusammen wurde ein Faltblatt mit Umwelt-Tips für Käufer solcher Produkte entwickelt. Auch zur zweiten bundesweiten Aktion „Verantwortung Umwelt: Unsere Sache" Anfang 1990 enthielt der Katalog ein Gewinnspiel – als Preise winkten Zeitkarten der Bundesbahn. Pro zurückgeschicktem Coupon bekam der BUND eine „grüne Mark" – die Zahl der Einsendungen erreichte 25 000!

Spiel- und Lernschau für Kinder
Einen „prima" Start hatte Mitte 1990 in Bonn die Naturerlebnis-Ausstellung „KunterBUND" für Kinder ab drei Jahren. „KunterBUND" ist eine Ausstellung der BUND-Jugend. Diese Schau, von unserem Unternehmen finanziert, „wandert" nun durch größere Hertie-Filialen. Die Ausstellung für Kinder im Vor- und Grundschulalter soll Zusammenhänge im wahrsten Sinne des Wortes begreifbar machen und die kleinen Besucher den verantwortungsbewußten Umgang mit der Natur spielerisch üben lassen.

Interessant ist ein Absatz in der zu „KunterBUND" gehörenden Spielanleitung, in der sich die BUND-Jugend grundsätzlich zur

Zusammenarbeit äußert: „Bei der Suche nach einem Sponsor für die Ausstellung „KunterBUND" haben wir ein Unternehmen gesucht, das sich des Umweltschutzes und der damit verbundenen Probleme annimmt. Mit Hertie glauben wir ein Unternehmen gefunden zu haben, das diesen Ansprüchen gerecht wird ..." Außerdem unterstreicht die Umwelt-Nachwuchsorganisation an dieser Stelle, „daß Hertie mit seinen Aktivitäten im Umweltbereich auf dem richtigen Weg ist und so Vorbild für andere Unternehmen sein kann."

Deutsch-deutscher Förderkreis

Hertie gehört einer gemeinnützigen Stiftung. Als Hauptgesellschafterin besitzt die „Gemeinnützige Hertie-Stiftung zur Förderung von Wissenschaft, Erziehung, Volks- und Berufsbildung" 97,5 Prozent des Stammkapitals. Da liegt es nahe, daß Hertie bei aller Ökonomie die Ökologie nicht außer Acht läßt. Unsere vielfältigen Aktivitäten zum Umweltschutz in Sortiment, Service, hinter den Kulissen sowie gegenüber unseren Lieferanten belegen dies. Im Frühsommer 1990 wurde zusätzlich eine deutsch-deutsche Jugendinitiative gestartet.

Gegründet wurde der Verein „Förderkeis für Jugend-Umweltschutz e.V.". Neben Mitgliedern aus Jugendpflege, Umweltberatung und Naturschutz arbeiten darin auch Mitarbeiter von Hertie aktiv mit. Der unabhängige Verein – für 1990 mit DM 100 000 ausgestattet – unterstützt gemeinsame Umweltschutzprojekte in Ostdeutschland und vergibt Förderpreise. Als erstes konkretes Projekt bahnte sich eine gemeinsam von Gütersloher und Chemnitzer Jugendgruppen getragene Initiative für den Erhalt des „Umweltzentrums Chemnitz" an.

Adam Opel AG

Sponsorprojekt „Galapagos-Pinguine" in Kooperation mit dem WWF

Automobile und Individualverkehr zählen zu den umweltpolitisch heftig diskutierten Themen. Angesichts der wachsenden Umweltsensibilität der Bevölkerung entwickelte die Adam Opel AG Strategien einer umweltorientierten Unternehmenspolitik, die sich von der Forschung und Entwicklung über den Produktionsprozeß bis zu Kommunikation und Werbung an ökologischen Kriterien orientiert. Das serienmäßige Angebot von geregelten Katalysatoren in allen Wagenklassen sicherte dem Unternehmen nicht nur einen Marktvorteil, sondern förderte durch intensiven Wettbewerbsdruck auch die Sensibilität für Umweltthemen in der nationalen und internationalen Automobilindustrie. Die Sponsor-Partnerschaft mit dem WWF ist als Teil der Unternehmenskommunikaton Ausdruck dieser konsequenten Umweltorientierung.

Umweltsponsoring kann nur dann glaubwürdig und erfolgreich sein, wenn umweltbezogene Kommunikationsprogramme eine solide Basis in Form umweltbewußter Unternehmensführung und umweltverträglicher Produkte und Produktionsverfahren haben. Wer Umweltsponsoring betreiben will, muß zunächst in seinem eigenen Bereich für Umweltverträglichkeit sorgen. Eine andere Vorgehensweise wäre nicht nur verantwortungslos, sondern auch angesichts einer sensiblen und informierten Öffentlichkeit kontraproduktiv für das Unternehmens-Image.

Opel redet nicht nur über Umweltschutz, Opel handelt. Die vielbeachtete Entscheidung vom April 1989, alle Benzin-Modelle – ohne gesetzlichen Zwang – ausschließlich mit geregeltem Katalysator anzubieten, stellt nur ein Beispiel für das Umwelt-Engagement des Unternehmens dar. Die Kat-Offensive ist Ausdruck einer unabhängigen und langjährigen Unternehmensstrategie, die hohe Produktqualität, hohe Wirtschaftlichkeit und ein ausgeprägtes Verantwor-

Abbildung 14: Signet der Adam Opel AG

tungsbewußtsein gegenüber der Umwelt zu gleichrangigen Zielen erklärt. Damit übernimmt Opel seit Jahren eine Vorreiterrolle unter den europäischen Fahrzeugherstellern.

Opel-Ingenieure sind in allen Bereichen des Umweltschutzes aktiv. Beispielsweise auf dem Gebiet der Kraftstoff-Ersparnis: Dank moderner Motoren und ausgefeilter Karosserie-Aerodynamik erreichten die Techniker in den letzten elf Jahren eine 25prozentige Verringerung des Treibstoffverbrauchs. Gleichzeitig reduzierten sie die Geräuschemissionen der Opel-Modelle um die Hälfte.

Beim Einsatz neuer Werkstoffe und Produktionsverfahren leisteten Fachleute im Technischen Entwicklungszentrum in Rüsselsheim ebenfalls Pionierarbeit. So gelang ihnen bereits 1984 der praktisch vollständige Verzicht auf das umweltbelastende Schwermetall Cadmium. Schließlich ging auch der Verbrauch herkömmlicher Lacklösemittel deutlich zurück. Die Lackiereien der Werke in Bochum und Rüsselsheim zählen weltweit zu den modernsten Anlagen ihrer Art. Opel-Ingenieuren gelang es hier schon 1987, den Anteil chemischer Lösungsmittel in den Lacken auf ein Minimum zu reduzieren und erstmals in der Großserienproduktion Wasser als Verdünner einzusetzen.

1990 folgte der breite Einstieg in das Kunststoff-Recycling. Nach dem Opel-Konzept lassen sich Kunststoffteile bis zu sechs Mal wiederaufbereiten, ehe sie zu Rohstoffen oder zur Energiegewinnung weiterverwendet werden. Das Coupé Calibra ist bereits serienmäßig mit Rezyklat-Kunststoffteilen ausgerüstet.

Öko-Sponsoring – ein Teil der Unternehmenskommunikation

Trotz dieses breitgefächerten Einsatzes für umweltgerechte Produkte und umweltverträgliche Produktionsverfahren erkennt Opel als Automobil-Unternehmen die Verantwortung, in noch stärkerem Maße zum Schutz von Umwelt und Natur beitragen zu müssen.

Zugleich sieht die Adam Opel AG in ihren Leistungen zur Entlastung der Umwelt nicht nur die Grundlage, sondern auch die Legitimation für das Umweltsponsoring.

Opel nutzt deshalb gezielt die Möglichkeiten des Umweltsponsoring für die Unternehmenskommunikation. Die Förderung von Naturschutzprojekten unterstreicht die Ernsthaftigkeit des Opel-Engagements auf ökologischem Gebiet. Sie verschafft zusätzliche Glaubwürdigkeit und demonstriert die Dialog- und Kooperationsbereitschaft eines Automobilproduzenten mit engagierten Umweltschutz-Organisationen.

Diese partnerschaftliche Zusammenarbeit macht deutlich, daß Industrie und Naturschutz keine Widersprüche mehr sein müssen.

Markenprofil – neue Akzente durch gezieltes Sponsoring

Als Sponsor ist die Adam Opel AG seit Jahren vor allem im Bereich der dynamischen Ballsportarten wie Tennis, Tischtennis oder Fußball tätig. Das Unternehmen setzt dabei auf Sportpartner der Spitzenklasse und prägt mit ihrer Hilfe ein neues Markenprofil. Das Streben nach sportlichen Höchstleistungen drückt Leistungsbereitschaft, Dynamik und Bekenntnis zum Wettbewerb aus. Solche Attribute schaffen das Kommunikations-Umfeld für eine erfolgreiche Automarke, die fortschrittliche Modelle produziert.

Gleichermaßen erfreut sich das Umweltengagement der Adam Opel AG hoher Akzeptanz. Opel wird heute in Deutschland von rund 70 Prozent der Bevölkerung als führend in Sachen Umweltschutz angesehen und liegt damit in weitem Abstand vor allen Wettbewerbern.

Daß die Kunden das Umweltengagement „ihrer" Automarke honorieren und unterstützen, beweist die hohe Beteiligung an der Winter-Check-Aktion, die das Basisprogramm des Öko-Sponsorings der Adam Opel AG bildet. Seit über zehn Jahren laden die Opel-Vertragswerkstätten ihre Kunden vor Beginn der Wintersaison ein, die Fahrzeuge winterfit zu machen. Das Erkennungszeichen dieser Aktion ist der Pinguin: Als lustige Comic-Figur erscheint er auf Plakaten, Einladungskarten oder Aufklebern und dient als sympathischer „Verkäufer" des Winter-Check-Programms.

Patenschaft für die Galapagos-Pinguine

Deshalb lag es nahe, diese Leitfigur in das Umweltschutzkonzept des Unternehmens einzubinden. Dies gelang durch ein Kooperationsprojekt: Mit der deutschen Sektion des „World Wide Fund for Nature" (WWF) vereinbarte Opel vor nunmehr zwei Jahren eine Kooperation, die eine Patenschaft zugunsten der bedrohten Pinguine auf den Galapagos-Inseln vorsieht. Jeder Opel-Kunde, der zwischen dem 1. Oktober und dem 31. März im Rahmen der Winter-Check-Aktion einen Kühlsystem-Test seines Wagens vornehmen läßt, trägt damit zugleich zum Erhalt der Lebensräume der seltenen Galapagos-Pinguine bei: Für jedes Prüfzertifikat, das eine Opel-Werkstatt nach dem Kühlsystem-Check ausstellt, überweist die Adam Opel AG eine Mark an den WWF-Deutschland.

Eine halbe Million für den Naturschutz

In den letzten beiden Jahren nutzten rund 500 000 Opel-Fahrer den Kühlsystem-Check. Auf diese Weise kam ein stattlicher Betrag von einer halben Million Mark zusammen, mit dem der WWF die Charles-Darwin-Forschungsstation auf der Galapagos-Insel Santa Cruz unterstützt. Das wissenschaftliche Zentrum ist nach dem britischen Biologen Charles Robert Darwin benannt, der auf den

1000 Kilometer westlich von Ecuador gelegenen Inseln seine Evolutionstheorie entwickelte. Darwin fand auf dem zwei bis drei Millionen Jahre alten Lava-Archipel, das stets ohne Landverbindung war, bis dahin unbekannte Riesenschildkröten, Meerechsen und Vögel, die sich in Größe und Art von ihren Verwandten auf dem Festland deutlich unterschieden.

Die einmalige Tier- und Pflanzenwelt hatte sich den harten Lebensbedingungen angepaßt – natürliche Auslese bewirkte, daß sich stets nur die überlebenstüchtigsten Nachkommen vermehrten. Die Grundprinzipien der Entwicklung des Lebens auf der Erde erkannte Darwin auf den Galapagos-Inseln: Isolation, Mutation und Selektion.

Zu den Ur-Einwohnern des Archipels zählt auch jene Pinguin-Art, die sich ebenfalls erst im Laufe von Jahrtausenden ihrer Umwelt und Umgebung angepaßt hat. Denn Pinguine sind normalerweise nur in arktischen Gewässern beheimatet – der Galapagos-Pinguin ist der einzige seiner Art, der am Äquator lebt und brütet. Der kalte Humboldtstrom, der an den Inseln vorbeiströmt, bildet die Lebensgrundlage der Pinguine. In den Gewässern finden die Tiere Nahrung – bleibt der Strom aus, droht ihnen der Hungertod. Dies geschah zuletzt in den Jahren 1982 und 1983, als sich wärmere Gewässer mit dem Humboldtstrom vermischten. Damals verhungerten rund 80 Prozent der Galapagos-Pinguine.

Auch der Restbestand von nur noch rund 2000 bis 3000 Tieren ist – wie viele andere Galapagos-Tierarten – vom Aussterben bedroht. 150 Jahre menschlicher Besiedelung haben das empfindliche biologische Gleichgewicht auf den Inseln gestört – die natürlichen Lebensräume der Pflanzen und Tiere sind in Gefahr. Schuld daran tragen auch die rund 30 000 Touristen, die Jahr für Jahr über die Insel pilgern und die Tiere stören.

Das Engagement für die Pinguine wird fortgesetzt

Der Arbeit der Wissenschaftler in der Charles-Darwin-Forschungsstation ist es zu verdanken, daß größere Schäden verhindert werden. Mittlerweile sind 90 Prozent der Galapagos-Inseln als Naturpark ausgewiesen. Nur ein kleiner Teil des Naturschutzgebietes darf noch von Touristen betreten werden.

Trotzdem besteht kein Grund für Erfolgsmeldungen. Weiterhin ist großes Engagement erforderlich, um Flora und Fauna auf den Galapagos-Inseln zu schützen. Die Adam Opel AG und die Umweltstiftung WWF-Deutschland setzen deshalb ihre erfolgreiche Zusammenarbeit fort.

AEG Hausgeräte AG

Kunstpreis Ökologie

Umweltsponsoring hat neben der Unterstützung praktischer Umwelt- und Naturschutzprojekte immer auch eine Vertiefung des ökologischen Bewußtseins zum Ziel. Einen ganz neuen Weg geht hier die AEG Hausgeräte AG mit Ihrem „Kunstpreis Ökologie": Das Medium Gegenwartskunst wird in den Dienst der Kommunizierung des Umweltgedankens gestellt. Dabei geht es jedoch nicht um plakative „Propagandakunst", sondern die aktuelle künstlerische Verarbeitung der mit den Umweltproblemen verbundenen existentiellen Fragen. Mit dem 1988 erstmals verliehenen Preis ist AEG Hausgeräte somit ein einmaliges „Doppelsponsoring" gelungen: eine großzügige Förderung junger Künstler und eine Darstellung ökologischer Themen unter neuen Perspektiven.

Ökologie und Kunst: Tradition bei AEG

Mit der auf den ersten Blick erstaunlichen Verknüpfung von Kunst, Industrie und Ökologie versucht die AEG, ihre Tradition als einer der Begründer der neuzeitlichen Industriekultur mit ihren innovativen Strategien im Umweltbereich zu verbinden.

Bereits zu Anfang dieses Jahrhunderts gehörte die AEG zu den ersten deutschen Unternehmen, die ästhetische und funktionale Kriterien auch bei der Massenfabrikation von Gebrauchsgütern zum Maßstab machte. Walter Rathenau, Sohn des AEG-Gründers Emil Rathenau, berief 1907 Peter Behrens als „künstlerischen Beirat" in den Aufsichtsrat des Unternehmens. Behrens gestaltete für die AEG nicht nur eine Reihe formschöner und zweckmäßiger Produkte, die heute noch als Vorbilder des modernen Gebrauchsgüter-Designs gelten, sondern zum Beispiel auch Fabrikgebäude, Arbeitsplätze, Ausstellungsräume, Katalogumschläge und Preislisten.

Die von Behrens entworfene AEG-Turbinenhalle in Berlin wurde zum Vorbild für moderne, ergonomisch ausgerichtete Industriear-

AEG

Abbildung 15: Firmenschriftzug der AEG

chitektur. Damit entwickelte die AEG ein ihrer Philosophie entsprechendes „Corporate Design", lange bevor es diesen Begriff überhaupt gab.

Ähnlich innovativ zeigte sich das Unternehmen auch im Bereich Umweltpolitik. Schon Anfang der achtziger Jahre – also Jahre bevor das „bescheidene" Geschäftsfeld Hausgeräte mit Ökologie in Verbindung gebracht wurde – begann die konsequente Orientierung der Unternehmenspolitik an umweltgerechten Qualitätsprodukten.

Ein Anlaß für diese Modifikation der Produkt- und Kommunikationspolitik war die Absatzkrise, mit der in den achtziger Jahren beinahe alle Gebrauchsgüterhersteller zu kämpfen hatten: Die Produkte der sogenannten „Weißen Ware" waren im Lauf der Zeit immer austauschbarer geworden. Preis, Leistung und Aussehen hatten sich ebenso wie die kommunikativen Auftritte deutlich angeglichen. Hinzu kam, daß dieser Produktbereich einen weitgehend gesättigten Markt vorfand, der hauptsächlich auf Ersatzkäufer angewiesen war. Neben anderen Faktoren war diese Absatzkrise einer der Gründe, welche die AEG in die roten Zahlen kommen ließ.

Die Antwort auf diese Krise konnte natürlich nicht Resignation, sondern nur Innovation sein: Schon 1976 hatte AEG Hausgeräte die erste Waschmaschine mit Energie-Sparprogramm entwickelt. In den achtziger Jahren folgte eine Reihe von Produktinnovationen, die Haushaltsgroßgeräte mit eindeutigen Umweltvorteilen brachte: 1980 eine Energiespartruhe und 1983 eine Waschmaschine mit elektronischem Sanftanlauf zur Gewichtsreduktion. 1986 brachte AEG Hausgeräte mit dem „Öko Lavamat" die erste Waschmaschine auf den Markt, die weniger Waschmittel benötigt und außerdem energie- und wassersparend arbeitet – in einer Zeit, als sich die heute allgemein üblichen phosphatfreien Waschmittel noch nicht einmal im Entwicklungsstadium befanden.

Damit sicherte sich die AEG nicht nur einen klaren Marktvorsprung, sondern auch eine deutliche Positionierung im Bereich umweltgerechter Haushaltsgroßgeräte. Denn die Verbraucherwünsche zeigten schon 1986 eindeutig einen Trend zu umwelt- und ressourcenschonenden Haushaltsgeräten: Laut „Dialoge 2" (Gruner + Jahr, 1987) spielten Umweltgesichtspunkte für rund ein Drittel der Bevölkerung eine Rolle bei Kaufentscheidungen. Heute liegen die Zahlen allen Umfrageergebnissen nach wesentlich höher: Umweltfreundlichkeit ist ein „must" geworden.

Entsprechend der klaren Marktpositionierung der AEG Hausgeräte als umweltfreundliche, innovative Qualitätsprodukte wurde eine Kommunikationsstrategie entwickelt, die den Markencharakter der AEG in den Vordergrund stellt. Dabei wurde jedoch nicht – wie sonst in der Branche meist üblich – auf technische Details gesetzt, sondern auf erlebnisorientierte Motive und Themen.

Der Markterfolg gab der Produkt- und Kommunikationspolitik recht: AEG Hausgeräte sind heute ein Begriff für umweltfreundliche, technisch ausgereifte Produkte mit durchdachtem Design.

Kunstpreis Ökologie – ein voller Erfolg

Die Ausschreibung des „Kunstpreises Ökologie" sollte nicht nur den Kommunikationsmix der AEG Hausgeräte in Richtung Sponsoring erweitern, sondern auch neue Perspektiven auf das komplexe Thema Ökologie und Mensch eröffnen. Dabei standen zunächst die Mitarbeiter von AEG Hausgeräte, wo ökologisch und ökonomisch optimierte Geräte ja jeden Tag hergestellt werden, im Mittelpunkt. Im Rahmen der Öffentlichkeitsarbeit soll der „Kunstpreis Ökologie" außerdem die eindeutige Positionierung der AEG-Produkte unterstreichen.

Kunst ist dabei ein Medium, welches gerade das im Rahmen der Umweltproblematik notwendige ganzheitliche Denken und Begreifen auf den Weg bringen kann. Manager und Unternehmensführer sind in ihrem Handeln zwangsläufig stark von der Ratio geprägt. Ein emotionales, intuitives Verstehen solcher Zusammenhänge kommt dabei oft zu kurz. Obwohl die Industrie über die Management- und Wissenspotentiale verfügt, durch die eine Wende zum Besseren erst möglich wird.

Gerade in der Industrie setzt sich heute zunehmend die Einsicht durch, daß Fortschritt nicht nur in einer Verbesserung technischer Wirkungsgrade bestehen kann. Sonst droht der Glaube der Moderne, der Mensch könne durch den Einsatz von Material und Energie mit der Natur „fertig werden", wortwörtlich in Erfüllung zu gehen. Kunst ist hier nicht nur ein Indikator für ein neues Denken, sondern sie kann den notwendigen Umdenkungsprozeß auch beschleunigen und begleiten. Was nicht heißt, daß die komplexen Fragen und Probleme der Umwelt im Medium Kunst auf einen einfachen Nenner gebracht werden können. Nicht Vereinfachung oder versöhnende Simplifizierung, sondern Erweiterung und emotionale Vertiefung des Problembewußtseins sind hier gefragt.

Mit der Auslobung des „Kunstpreises Ökologie" sollten daher zum einen junge Künstler ermuntert werden, sich mit diesem für die Kunst heute zunächst etwas fremd anmutenden Themenbereich auseinanderzusetzen, zum anderen bot sich den Mitarbeitern der AEG Hausgeräte ebenso wie der interessierten Öffentlichkeit eine neue Chance zu Dialog und Kommunikation.

Ausgelobt wurde der Preis an Kunsthochschulen in der Bundesrepublik mit Berlin/West, um gerade den Nachwuchskünstlern eine Möglichkeit zur Publizität und – den drei Gewinnern – finanzielle Unterstützung zu bieten. Der erste Preis war mit DM 15 000, die zweiten und dritten Preise mit je DM 10 000 dotiert. Die Kriterien für die Teilnahme waren – neben allgemeinen formalen Voraussetzungen – weitgehend offen: Jede künstlerische Technik bzw. jedes

Medium konnte gewählt werden, ob Plastik, malerische Techniken, Video oder Installationen. Jedoch galt und gilt für den „Kunstpreis Ökologie": Die Qualität, der Einfallsreichtum und die Eigenständigkeit der Beiträge sind wichtiger als plakative Illustration oder vereinfachende Aussagen. Beurteilt werden die eingereichten Werke von einer neutralen, unabhängigen Jury. Mitarbeiter der AEG Hausgeräte sind hier nicht vertreten.

Schon die erste Auslobung brachte einen überraschenden Erfolg: Mit 150 Werken war die Resonanz auf einen themengebundenen Preis erstaunlich. Auch die Qualität der eingereichten Arbeiten übertraf, wie die Jury bestätigte, die Erwartungen.

Der Preis wird international

1989, bei der erneuten Ausschreibung des Wettbewerbs, wurden bereits 340 Arbeiten vorgestellt. Weil sich durch die Erweiterung der Ausschreibung auf Österreich auch dort ansässige Künstler beteiligten, wuchs der Rahmen, aber es wuchsen auch die Anforderungen an AEG Hausgeräte.

Bei der Planung der diesjährigen Ausschreibung wurde auch Ostdeutschland einbezogen – hier hat die politische Entwicklung zwar die Pläne überholt, nichts jedoch an dem Interesse der Kunststudenten am „Kunstpreis Ökologie" aus den alten und neuen Bundesländern geändert: Immerhin gingen 1990 bereits 500 Werke ein, obwohl die Rahmenbedingungen des Wettbewerbs gestrafft worden sind.

Schon heute steht fest, daß 1991 der Wettbewerb auch in der Schweiz ausgeschrieben wird; im olympischen Jahr 1992 könnte der „Kunstpreis Ökologie" auch in Spanien stattfinden, also spätestens dann zu einem wahrhaft internationalen Wettbewerb werden, der mit beträchtlichem Preisgeld für die drei Gesamtsieger und einem für jedes Land einzeln zu vergebenden Sonderpreis versehen wäre.

1992 steht allerdings nicht nur für Olympia, sondern vor allem für den europäischen Gedanken. Dieser ist in diesem Wettbewerb gleich dreifach enthalten: durch die drei typischen „Megatrends" in Europa – Ökologie, Kultur und Jugend. Die Jugendlichen unter den 320 Millionen Verbrauchern in Europa mit einem wesentlich breiteren und selbstloseren Umwelt- und Kunstverständnis finden im „Kunstpreis Ökologie" ein Forum für den grenzüberschreitenden Austausch ihrer Ideen, Wünsche und Zielsetzungen.

Wie auch nach der ersten Ausschreibung 1988 werden die ausgewählten Werke durch eine Wanderausstellung in zahlreichen deutschen und europäischen Städten zu sehen sein. Diese soll nicht nur für die Ideen und die Inhalte werben, sondern auch Publizität für die jungen Künstler schaffen. Deshalb stellt AEG Hausgeräte auch jeweils einen relativ aufwendigen und durchaus vorzeigbaren Katalog mit einem Verzeichnis aller Bewerber und Teilnehmer her.

Privatbrauerei Diebels GmbH

Neue Kommunikationsstrategie mit RTL plus

Daß sich Umweltsponsoring nicht auf die Finanzierung von Umweltaktionen und -verbänden beschränkt, sondern auch die Publizierung und Propagierung umweltbewußten Verhaltens einschließen kann, wird am Beispiel des Engagements der Privatbrauerei Diebels deutlich. Neben der Gründung des „Diebels Freundeskreis Niederrhein", der unter anderem zahlreiche Baumpflanzaktionen durchführte, sponsert das Unternehmen seit Anfang 1990 die „Umwelttips" im Privatsender RTL plus.

Das Thema „Umwelt" ist in aller Munde, ist längst als das beherrschende Thema der neunziger Jahre ausgemacht. Das gilt für die Medien wie für die Politik. Dem wachsenden Umweltbewußtsein stellt sich nun auch die Industrie. Man hat erkannt, daß Produkte und Produktionsverfahren, die der Umwelt schaden oder die Umwelt mehr als unbedingt nötig belasten, von Verbrauchern zunehmend abgelehnt werden.

Insbesondere die großen Markenartikler haben sich auf diese neue Erwartungshaltung der Konsumenten eingestellt. Der kritische Verbraucher der neunziger Jahre wird zunehmend darauf achten, daß es sich hierbei nicht um Lippenbekenntnisse und reine Imagekorrekturen handelt. Fundierte, ernstgemeinte Handlungsbereitschaft wird von der öffentlichen Meinung gefordert.

Die Medien, die sogenannte veröffentlichte Meinung also, bauen einerseits starke Erwartungshaltungen gegenüber der Wirtschaft auf, andererseits sind aber die Verbraucher selbst in immer stärkerem Maße gefordert. Verbraucherinitiativen, Umweltgruppen, Naturschutzverbände und nicht zuletzt die Politiker fordern von den Konsumenten die Änderung von Einstellungen und Verhaltensweisen zugunsten der Umwelt. Der Verbraucher von morgen soll seinen Konsum und damit sein Kaufverhalten bewußt steuern, zugunsten umweltfreundlicher Produkte und Verfahren.

Abbildung 16: Emblem der Privatbrauerei Diebels GmbH

Die Appelle, sich umweltfreundlich zu verhalten, bleiben dennoch, häufiger als für die Umwelt gut ist, ungehört. Genauer gesagt: Viele Verbraucher sind zwar bereit, sich aktiv am Umweltschutz zu beteiligen, trotzdem bleibt es oft beim „schlechten Gewissen". Es fehlen ihnen konkrete Hinweise und Handlungsanleitungen, wie Umweltschutz in die alltägliche Praxis umzusetzen ist.

Aus dieser Konstellation – auf der einen Seite kritische, aber zum Teil ratlose Verbraucher und auf der Unternehmensseite wachsender Handlungswille sowie steigendes Verantwortungsbewußtsein – entstanden die „Diebels Umwelttips".

„Handeln statt reden"

Dieses Motto ist bei Diebels traditioneller Bestandteil der Firmenphilosophie. Wie sonst hätte es die Privatbrauerei innerhalb von nur zehn Jahren geschafft, von 800 000 hl auf fast 1,6 Mio. hl Ausstoß im Jahre 1989 zu kommen. Diebels ist mit weitem Abstand Marktführer im Altbiermarkt der Bundesrepublik Deutschland und nimmt die damit verbundene Verantwortung gegenüber dem Verbraucher ernst.

Gerade deutsche Brauereien haben sich durch das Reinheitsgebot von 1516, das nur Hopfen, Malz, Hefe und Wasser für das Brauverfahren zuläßt, zu ausschließlichem Gebrauch natürlicher Zutaten verpflichtet. Das Bewußtsein für die Natürlichkeit des hergestellten Produktes ist traditionell hoch. Die Erhaltung der landwirtschaftlichen Ressourcen ist für eine Brauerei wie die Privatbrauerei Diebels deshalb besonders wichtig.

Schon seit den fünfziger Jahren ist die Privatbrauerei aus dem niederrheinischen Issum aktiv im Bereich Umweltschutz tätig, zunächst auf ureigenstem Gebiet. Nach und nach wurde die gesamte Produktion nach Umweltgesichtspunkten organisiert. Ob Abfallentsorgung, Abwasseraufbereitung oder Lärmschutz – bei Diebels war und ist man bemüht, der Umwelt und damit Mitarbeitern und Anwohnern jegliche vermeidbare Belastung zu ersparen. So ist die Privatbrauerei Diebels die wohl einzige Brauerei in der Bundesrepublik, deren Flaschenabfüllung zum Lärmschutz komplett „eingehaust" (also umbaut) ist – und das schon seit 1976.

Fast alle Produktionsabfälle werden direkt der Wiederverwendung (zum Beispiel als Viehfutter) zugeführt oder aufbereitet und recycelt. Der Wasserverbrauch und damit auch die Abwassermengen werden bewußt gering gehalten. Mit 0,38 Kubikmeter pro hl Bier hat Diebels einen Abwasseranfall, der weit unter dem Durchschnitt der bundesdeutschen Brauereien liegt.

Papier- oder Glasrecycling ist bei Diebels selbstverständlich. Selbst die sonst von Brauereien ausgehenden Sudhausschwaden, verbunden mit Geruchsemissionen, werden bei Diebels gebunden, so daß eine Belästigung der Anwohner fast völlig unterbleibt. Alle Anlagen und Gebäude sind so ausgelegt, daß sie möglichst wenig Energie, sei es Strom oder Wärme, verbrauchen.

Die umweltfreundliche Mehrwegflasche wird von Diebels als Gebinde bewußt Dosen oder Einwegflaschen vorgezogen. Die Issumer Brauspezialisten setzen auf enge Kooperation mit dem Getränkefachgroßhandel, den Mehrwegspezialisten. Einweggebinde werden restriktiv vermarktet und entsprechend restriktiv beworben.

Dies sind nur einige Beispiele dafür, wie bewußt die Privatbrauerei Diebels Umweltschutz auf ihrem ureigensten Gebiet betreibt: mit dem Bewußtsein, daß zu einem „reinen" Produkt wie Bier eben auch umweltverträgliche Produktionsverfahren gehören.

Naturschutz in der Region

Als Spezialist in Sachen „umweltfreundliche Bierproduktion" blickt man bei Diebels bereits seit Jahren über den eigenen Brauereischornstein hinaus und nimmt Umweltinteressen der Allgemeinheit wahr. So engagierte sich der von den Eigentümerfamilien Bösken-Diebels und Hasebrink-Diebels ins Leben gerufene „Diebels Freundeskreis Niederrhein" seit Jahren unter anderem auf dem Sektor „Natur und Umwelt". Beispielsweise mit umfangreichen Baumpflanzaktionen zwischen 1984 und 1989 half der Freundeskreis mit, die Umweltbedingungen in der Heimatregion aktiv zu verbessern.

2000 Bäume wurden für die Städte und Gemeinden am Niederrhein gestiftet. Neben dem praktischen Effekt ist man bei Diebels der Auffassung, daß die Symbolik solcher Initiativen dazu beiträgt, den Umweltschutzgedanken fester als bisher in unserer Gesellschaft zu verankern und zum Mit- und Nachmachen anregt.

Information an erster Stelle

Der Wille, eigenes Verhalten tatsächlich zu ändern, ist nur der zweite Schritt. Information ist der erste. Gesichertes Wissen fehlt jedoch oft oder muß erst mühsam zusammengesucht werden. Das tritt in öffentlichen Diskussionen häufig zu Tage.

Aber auch die Unternehmenserfahrung mit eigenen Umweltschutzmaßnahmen legte den Schluß nahe, daß bei praxisorientierter und verständlicher Information die Bereitschaft zur Mitarbeit am Umweltschutz steigt. Die Ansprüche an die Verbraucher und ihr Umweltwissen und -gewissen werden dagegen immer höher. Mangelhafte, zu komplizierte oder auch widersprüchliche Informationen erschweren das Handeln im Alltag. Viele Ratschläge sind schlichtweg nicht alltagstauglich. Und die ewigen Katastrophenszenarien motivieren nicht, sondern überfordern und entmutigen. Dabei können auch mit einfachen, sofort von jedem nachvollziehbaren Verhaltensänderungen wirkliche Effekte erreicht werden.

„Diebels-Umwelttips"

Vor diesem Hintergrund entschloß man sich 1989 bei der Privatbrauerei Diebels zu dem folgerichtigen Schritt, den Verbrauchern solches Alltags-Umweltwissen gut aufbereitet zur Verfügung zu stellen. Die Idee der „Diebels-Umwelttips" war geboren. Als Informationsmedium mit hinlänglicher Reichweite und Popularität kam nur das Fernsehen in Frage. In RTL plus wurde ein Sender gefunden, der sich von der unkonventionellen Idee, Umwelttips als sponsorfinanzierte, redaktionelle Beiträge in das Programm aufzunehmen, begeistern ließ.

Programmdirektor Dr. Helmut Thoma und Sendeleiter Nicolaus Geretshaus engagierten sich persönlich für diese publikumsnahe Form der Öffentlichkeitsarbeit zugunsten der Umwelt.

Der Privatbrauerei wurde eine Sendezusage für 30 verschiedene Umwelttips in Längen zwischen ein- und dreieinhalb Minuten erteilt. Die Umwelttips sollten 1990 zu wechselnden Sendezeiten ausgestrahlt werden. Wiederholungen einzelner Tips sollten möglich sein und waren sogar erwünscht.

Damit erhielt die Privatbrauerei grünes Licht für die Produktion. Marketingleiter Günter Molderings und Sigrid Baum als Leiterin der Presse- und Öffentlichkeitsarbeit fanden in dem erfahrenen Fernsehautor Pit Zuckowski den geeigneten Verfasser der Drehbücher. Die Konzeption der Tips folgt einem einheitlichen Gestaltungsschema mit hohem Wiedererkennungseffekt. Dem spielerischen, computeranimierten Vorspann, mit einer Erkennungsmelodie unterlegt, folgt eine lockere, oft witzige Anmoderation.

Als Moderator konnte man Iff Bennett gewinnen, der beim RTL-Publikum einen großen Bekanntheitsgrad und gute Sympathiewerte genießt. Er vermittelt das jeweilige Thema anregend, glaubwürdig, humorvoll und alltagsnah. Der Zuschauer findet sich und seine Lebenswelt sofort wieder, fühlt sich angesprochen und unterhalten. Letzteres ist entscheidend. Denn die Möglichkeit des schnellen Umschaltens per TV-Fernbedienung würde bei zu „trokkener" Präsentationsform der Tips viele Fernsehzuschauer auf andere Programmkanäle ausweichen lassen.

Der eigentliche Tip zeigt dann Alltagsszenen im Haushalt, beim Einkauf, im Straßenverkehr, im Garten etc., die von einer Sprecherin aus dem „off" erläutert und kommentiert werden. Nach Möglichkeit wurde dabei auf Negativszenarien und „abschreckende" Beispiele verzichtet. Statt dessen werden Hinweise auf unmittelbar nachvollziehbare und dabei sehr wirkungsvolle Verhaltensweisen gegeben. Das pädagogische Konzept arbeitet mit Beispiel und Vorbild. Besonderen Wert wurde dabei auf eine verständliche Darstellung und Sprache sowie die sorgfältige Umsetzbarkeit gelegt. Die Prüfung der Drehbücher durch das Umweltbundesamt sicherte die sachliche Richtigkeit der in den Umwelttips enthaltenen Informationen.

Themen der Umwelttips sind beispielsweise umweltbewußtes, verbrauchs- und abgasarmes Autofahren, der richtige Gebrauch von Haushalts- und Sanitärreinigern, Holzschutz, der Einsatz der Spülmaschine im Haushalt, Gartengestaltung, die Entsorgung von Sondermüll aus der Heimwerkstatt und dem Haushalt, die Orientierung beim Einkauf am „Blauen Umweltschutzengel" und die Verwendung von Mehrwegverpackungen.

Der jeweilige Spot wird abgerundet durch die originelle Abmoderation von Iff Bennett, in der Rückbezug auf die Frage- oder Problemstellung der Anmoderation genommen wird. Die Essenz des Tips wird nochmals augenfällig dargeboten. Darauf folgt der für alle Folgen einheitliche Abspann mit der Sponsornennung.

Für die Umwelttips wurde ein eigenes Logo entwickelt, das in den Farben und der Sechseckform auf das Signet der Hauptmarke „Diebels Alt" Bezug nimmt. In den Monaten Februar bis September 1990 wurden insgesamt 140 mal Umwelttips gesendet, bei Einschaltquoten bis zu 1,8 Millionen Zuschauern. Das sind fünf Prozent aller Haushalte. Weit über 100 Millionen Fernsehzuschauer haben insgesamt die Umwelttips gesehen.

Parallel zur Fernsehausstrahlung wurde auch die Presse auf diese neue Art der UmweltschutzArbeit aufmerksam gemacht. In der „hallo-RTL"-Zeitschrift des Senders erschienen monatliche Hinweise auf die Sendungen. Zahlreiche Zeitungen und Zeitschriften griffen das Thema auf und berichteten. Auch die Marketing- und PR-Fachpresse nahm sich des Themas an, handelt es sich doch um eine neue Form der Unternehmenskommunikation. Ungewöhnlich dabei ist das eingegangene Risiko, keinerlei direkten Bezug auf das Produkt oder die Marke zu nehmen. Statt dessen engagiert sich das Unternehmen für Interessen der Allgemeinheit auf einem Gebiet, das zwar unternehmensfremd ist, auf dem die Issumer Privatbrauerei selbst aber bereits Handlungskompetenz bewiesen hat.

Der Sprecher der Geschäftsführung, Hans Joachim Weiss, sieht das Engagement des Unternehmens so: „Wir wollen Verantwortungsbewußtsein und Kompetenz zeigen. Es liegt uns nichts an oberflächlichen Imageretuschen. Vielmehr ist Umweltschutz fester Bestandteil unserer Unternehmenspolitik. Als solcher ist er auch selbstverständlich Teil unserer Kommunikationsmaßnahmen."

Bei Diebels kann man sich nach dem Erfolg der Umwelttips gut vorstellen, ähnliche Aktivitäten auch in Zukunft zu starten. Sigrid Baum, Leiterin Presse- und Öffentlichkeitsarbeit: „Die Diebels-Umwelttips sind Teil unserer Kommunikationslinie. Je nachdem, ob wir geeignete Partner finden und befriedigende Präsentationsformen entwickeln können, stellen wir uns eine Fortsetzung dieser Initiativen vor. Umweltschutz wird bei Diebels praktisch und kommunikativ Thema bleiben."

Licher Privatbrauerei Ihring-Melchior KG

Sponsoring mit regionalem Schwerpunkt

Daß ein Unternehmen mit beinahe hundertjähriger regionaler Tradition mit einem großen regionalen Umweltverband eine Sponsoring-Partnerschaft eingeht, scheint auf der Hand zu liegen. Dennoch gibt es nicht viele Beispiele für eine so enge und erfolgreiche Zusammenarbeit wie die der Licher Privatbrauerei Ihring-Melchior und der Hessischen Gesellschaft für Ornithologie und Naturschutz (HGON).

Die Licher Privatbrauerei ist das größte Familienunternehmen in der hessischen Brauereibranche. Sie liegt in einer der schönsten Naturlandschaften Deutschlands: dem Hessischen Wettertal nordöstlich von Frankfurt.

Die Brauerei hat zwei Gründerväter. Der eine, Johann Heinrich Ihring, war ein Licher Gastwirt. Er hatte das Brauhandwerk erlernt und auf der Wanderschaft in anderen Brauereien weitere Erfahrungen gesammelt. Der andere, Christoph Jakob Melchior, gründete vier Jahre später im nahe gelegenen Butzbach die „Gambrinus-Brauerei". Durch Heirat schlossen sich die beiden Brauereien im Jahre 1922 zur Brauerei Ihring-Melchior mit Sitz in Lich zusammen.

Zu dieser Zeit hatte jede der beiden Brauereien einen Jahresausstoß von rund 30 000 Hektolitern Bier. Mit vereinten Kräften wurde die Brauerei in Lich erweitert und auf den neuesten technischen Stand gebracht. 1939 lag der Jahresausstoß der Brauerei bei etwa 80 000 Hektolitern.

Auch von einer mehrjährigen Vertriebseinschränkung nach dem Zweiten Weltkrieg konnte sich das Unternehmen wieder erholen: Die Amerikaner hatten die Brauerei verpflichtet, als „Army Brewery" nur noch Bier für die Angehörigen der Truppe herzustellen. Erst ab 1950 durfte wieder Bier für die eigene Kundschaft gebraut werden. Der Ausstoß im ersten Jahr nach der Zwangsverpflichtung

Abbildung 17: Firmensignet der Licher Privatbrauerei KG

betrug 92 000 Hektoliter. Vom Ende der sechziger Jahre bis 1990 konnte das Produktionsvolumen von rund 450 000 auf 1,39 Millionen Hektoliter gesteigert werden. Die Licher Privatbrauerei liegt damit auf Platz 16 unter den größten bundesdeutschen Brauereien.

Licher: ein „grünes" Unternehmen

Die regionale Verbundenheit des hessischen Familienunternehmens zeigt sich besonders in seiner Umweltorientierung. Die Licher Privatbrauerei fühlt sich dem Anliegen des Natur- und Umweltschutzes eng verbunden, wirbt sie doch seit mehr als 20 Jahren mit dem Slogan: „Licher Bier. Aus dem Herzen der Natur". Die

Licher Privatbrauerei ist laufend bemüht, ihre Produktionstätigkeit möglichst umweltgerecht und ressosurcenschonend zu gestalten.

So wurde schon in den fünfziger Jahren damit begonnen, den Wasserverbrauch pro Hektoliter Bier bis heute um rund zwei Drittel zu senken. Die anfallenden Abwässer werden seit Ende der sechziger Jahre in einem betriebseigenen Vorklärbecken aufbereitet. Nach einjährigen Versuchen wird derzeit eine eigene Kläranlage auf anaerober Basis – also ohne zusätzliche Belüftung – geplant, die zugleich energiesparend und umweltschonend arbeitet. Bei diesen Verfahren fällt rund 70 Prozent weniger Klärschlamm an als bei normalen Anlagen. Das dabei entstehende Methangas wird zur Energiegewinnung eingesetzt.

Durch gezielte Investitionen konnte außerdem der Wärmeenergieverbrauch in 30 Jahren um rund 70 Prozent gesenkt werden.

Daher war es nur konsequent, daß sich die Licher-Brauerei ab den 70er Jahren als „grünes" Unternehmen präsentierte: Grün ist als Firmenfarbe nicht nur in der Innen- und Außengestaltung der Brauerei zu finden, sondern auch in allen Drucksachen und Werbemitteln. Licher war damit eines der ersten Unternehmen, das seine Umweltverantwortung und Umweltorientierung in den Mittelpunkt der Kommunikationspolitik stellte.

Umweltsponsoring im Herzen Hessens

So ist auch Sponsoring seit Jahren Teil des Kommunikationsmix. Neben der Übernahme von Baumpatenschaften sowie dem aktuellen Projekt zur Wiederaufforstung hessischer Wälder bewies die Brauerei ein direktes Engagement für die Naturerhaltung mit dem anspruchsvollen Förderprojekt zum Schutz der Auen im „Auenverbund Wetterau". In der Hessischen Gesellschaft für Ornithologie und Naturschutz (HGON) hat die Licher Privatbrauerei einen anerkannt kompetenten Partner gefunden.

Denn die Licher Brauerei suchte:

– einen sachkundiger Partner

- mit nachweisbaren Erfahrungen und Erfolgen im Umwelt- und Naturschutz,
- mit Projekten, die regionalen Bezug haben,
- und dessen Verbandsarbeit nicht im Gegensatz zu den Zielen und der Unternehmensphilosophie der Licher-Brauerei steht.

Da bei einem Umweltsponsoring das Unternehmen und der Umweltverband auch in der Öffentlichkeit als Partner auftreten, ist ein differenzierter Abwägungsprozeß unerläßlich – nicht zuletzt aufgrund der engen Verbindungen der Brauerei mit ihrer traditionellen Klientel, die das Sponsoring als sinnvolle Ergänzung der Unternehmenspolitik akzeptieren soll.

In der HGON sah daher nicht nur das Unternehmen den idealen Sponsor-Partner, auch die HGON fand ihre Auffassung umweltorientierter Unternehmenspolitik bei der Licher Brauerei verwirklicht – ein wesentliches Kriterium, dessen Nichterfüllung die HGON schon mehrfach veranlaßte, Sponsorsummen anderer Unternehmen abzu-lehnen.

„Auenverband Wetterau"

Die in den siebziger Jahren gegründete Hessische Gesellschaft für Ornithologie und Naturschutz zählt zu den klassischen Naturschutzorganisationen, die ihren Schwerpunkt im konkreten Retten, Schützen und Bewahren der Natur sehen. Dabei geht es – wie schon der Name sagt – nicht nur um den Artenschutz, sondern auch um die Erhaltung natürlicher Lebensräume. Da Vögel als „Bioindikatoren" in ihrem Vorkommen einen direkten Hinweis auf die Qualität der Umwelt geben, war es auch für „gestandene" Ornithologen nur ein kleiner Schritt zum umfassenden Umwelt- und Naturschutz.

Ein zentrales Thema der HGON ist deshalb die Vorbereitung von Naturschutzgebieten. Auf zahllosen Anhörungsterminen setzte der Verband seit 1972, trotz mangelnder Unterstützung seitens Behörden, Kommunen und Eigentümern, die Ausweisung von bislang

259 Naturschutzgebieten in Hessen durch – das sind über 80 Prozent aller im Bundesland Hessen existierenden Naturschutzgebiete.

Das Projekt „Auenverbund Wetterau" ist ein in der Bundesrepublik einzigartig umfangreiches Biotopverbundsystem, das zur Rettung und langfristigen Sicherung kleinerer und mittlerer Flußauen dient – den letzten großflächigen, von der Natur noch weitgehend geprägten Lebensräumen der Kulturlandschaft Hessen.

Grundlage des Projektes sind 27 ausgewiesene und sechs projektierte Naturschutzgebiete – eingebettet in ca. 6500 ha Landschaftsschutzgebiet –, die so erstmals in der Bundesrepublik einen Verbund von Feuchtbiotopen auf großer Fläche darstellen. Um den notwendigen Beobachtungs- und Forschungsarbeiten einen festen Platz vor Ort zu geben, wurde schließlich das „Auenzentrum" in Echzell projektiert, dessen Errichtung die Licher-Brauerei mit 375 000 DM unterstützte. Neben einer breiten Resonanz in den Medien würdigte Bundesumweltminister Töpfer die Naturschutzinitiative der Licher Privatbrauerei und der HGON, als er 1989 zusammen mit Vertretern des Unternehmens und des Umweltverbandes den „Auenverbund Wetterau" besuchte.

Die Kompetenz der HGON, auf deren Aktivitätenliste neben dem Schutz auch Pflege, Gestaltung, Überwachung und Erforschung der Natur stehen, wird sowohl durch die Verleihung des Deutschen Umweltpreises 1988 für das Naturschutzprojekt „Auenverbund Wetterau" als auch durch dessen Wahl zum Europäischen Umweltschutzprojekt 1988 im November vorletzten Jahres in Dublin/Irland dokumentiert. Der Europäische Umweltschutzpreis wurde damit zum ersten Mal in die Bundesrepublik Deutschland vergeben.

Die Krönung dieser langjährigen Arbeit wird im Frühjahr 1991 mit der Eröffnung des ersten hessischen Auenzentrums in Echzell erfolgen.

Die Planung eines längerfristigen und finanziell umfassenderen Sponsorings durch die Licher Privatbrauerei hatte zum Ziel, die Finanz- und Sachmittel in den Dienst eines kontinuierlich angelegten

Naturschutzvorhabens zu stellen. Dabei spielte neben der regionalen und nationalen Bedeutung des „Auenverbundes Wetterau" als Lebensraum für zahlreiche bedrohte Tierarten auch die fach- und sachgerechte Betreuung des Projekts durch die engagierten HGON-Mitarbeiter eine Rolle.

Die Grundlage dieser für beide Partner erfolgreichen und harmonischen Sponsor-Kooperation ist zudem die pragmatische und ideologiefreie Einstellung des Unternehmens und des Umweltverbandes. Die Licher Privatbrauerei fühlt sich dem Umweltschutz verpflichtet und sieht ihr Sponsoring nicht nur als Marketingstrategie, sondern vor allem als Ausdruck des Selbstverständnisses der Brauerei. Dabei geht sie auch potentiellen Konflikten mit Teilen ihrer traditionellen Kundschaft nicht aus dem Weg. Denn die Ausweisung von Naturschutzgebieten führt häufig zu Interessengegensätzen mit den ansässigen Landwirten. Hier setzen Licher wie HGON jedoch nicht auf Konflikt, sondern auf Information, Dialog und die Politik der „kleinen Schritte" – mit Erfolg.

Alpirsbacher Klosterbräu Glauner GmbH

Umweltstiftung „Alpirsbacher Naturhilfe"

Die Alpirsbacher Klosterbrauerei kann auf über zehnjährige Erfahrung als Umweltschützer und Umweltsponsor zurückblicken.

Initiiert und geprägt wurde das Umweltengagement vor allem von dem damaligen Inhaber der Brauerei, Carl A. Glauner.

Die von ihm gegründete „Alpirsbacher Naturhilfe" förderte neben zahlreichen Naturschutzprojekten in der Schwarzwaldregion auch Publikationen und Studien zum Thema Umweltschutz.

Umweltschutz ist eine Frage der Zeit – bedauerlicherweise. Politik, Wirtschaft, jeder einzelne handelt zumeist erst dann, wenn das Problem nicht mehr zu umgehen ist. Der saure Regen wurde zum Schlagwort, als die Fichten mancherorts schon kahl waren. Unter dem Schutz des „gesellschaftlichen Umweltbewußtseins" kann jeder ohne große Gewissensbisse seine kleinen täglichen Umweltfrevel begehen.

„Mehr denn je werden Unternehmen nicht nur daran gemessen, wie gut ihre Produkte sind und welchen Beitrag sie zur Erhaltung der Arbeitsplätze leisten, sondern auch, wie sie der ökologischen Herausforderung unserer Zeit gerecht werden." So beschrieb der inzwischen verstorbene Inhaber der Alpirsbacher Klosterbrauerei, Carl Albert Glauner, bereits in den siebziger Jahren seine besondere Verantwortung als Unternehmer.

Das Engagement der Alpirsbacher Brauer für Umwelt- und Naturschutz begann in einer Zeit, da für die Gesellschaft wirtschaftliche Probleme im Vordergrund standen. 1980, im Gründungsjahr der Grünen, institutionalisierte zum Beispiel Carl A. Glauner anläßlich des hundertjährigen Firmenjubiläums die „Alpirsbacher Naturhilfe". Die Institution unterstützt Projekte des Umwelt- und Naturschutzes und ist einer der aktivsten Förderer ökologischer Belange in der Schwarzwaldregion.

Alpirsbacher Klosterbräu Glauner GmbH

Abbildung 18: Firmenlogo der Alpirsbacher Klosterbräu GmbH

„Unsere Taten sind natürlich nur ein Tropfen auf dem heißen Stein. Es ist aber wichtig, selbst aktiv zu werden und nicht immer nach der Hilfe vom Staat zu rufen", sagte Carl Glauner senior über sein damaliges Engagement. Seine vornehmste Aufgabe sah er darin, die Bedingungen mitzugestalten, unter denen Menschen gerne arbeiten und leben. Carl Glauner engagierte sich, auch zum Wohle seiner Mitarbeiter, für bildende Kunst, Musik und insbesondere für Natur- und Umweltschutz. „Public Relations" nannte er es nicht. Nicht Kalkül und Öko-Sponsoring zwecks Imagepflege trieben ihn an, sondern Idealismus und Engagement für eine von ihm als notwendig erkannte Sache.

Abbildung 18: Emblem der Alpirsbacher Naturhilfe

Die „Alpirsbacher Naturhilfe"

Das erste Projekt der „Alpirsbacher Naturhilfe" war die Finanzierung des Buches „Rettet die Wildtiere". Der von Horst Stern herausgegebene Band konnte durch diese Unterstützung zu einem vergleichsweise niedrigen Preis angeboten werden. Bis heute wurde der „Öko-Bestseller" über 100 000 mal verkauft. Vom Verkaufserlös profitierte der BUND – Bund für Umwelt- und Naturschutz Deutschland e.V. mit 50 000 DM.

Die 1980 anläßlich des hundertjährigen Firmenjubiläums gegründete „Alpirsbacher Naturhilfe" beruht auf einer freiwilligen Abgabeverpflichtung der Alpirsbacher Klosterbrauerei, dem sogenannten „Alpirsbacher Naturgroschen": Von jedem verkauften Hektoliter Bier fließen zehn Pfennige in die Naturhilfe – bislang bereits mehrere hunderttausend Mark. Mit diesem Geld konnte beispielsweise ein wertvolles Feuchtgebiet erhalten werden, in dem Laubfrösche und Kreuzkröten leben sowie seltene Pflanzen wachsen. 1984 kaufte die „Alpirsbacher Naturhilfe" die Kiesgrube Büsingen am Bodensee, um dieses Biotop zu bewahren. Von den insgesamt neunzehn in Deutschland lebenden und vom Aussterben bedrohten Amphibienarten finden zwölf hier einen optimalen und geschützten Lebensraum.

In den Jahren 1982 bis 1984 war die Zerstörung der Umwelt in der Schwarzwald-Region Thema Nummer eins. Das Waldsterben nahm im Schwarzwald ein erschreckendes Ausmaß an. Horst Sterns Zeitschrift „Natur" entwickelte daraufhin zusammen mit dem Industrieplaner Dieter Halbhuber einen Zwölf-Jahres-Plan, um zumindest die größten Schäden zu verhindern. Die „Alpirsbacher Naturhilfe" unterstützte das Projekt gemäß ihrer Zielsetzung vor allem in der Anfangsphase. Insbesondere wurden Zusammentreffen von Unternehmern, Bürgermeistern, Forstämtern und anderen Betroffenen beziehungsweise Sachverständigen zur Bildung von Arbeitsgruppen organisiert. In der Zwischenzeit hat die Landesregierung Baden-Württemberg diese Initiative aufgegriffen und führt sie weiter.

Für ihr Umweltengagement wurde der Alpirsbacher Klosterbrauerei 1985 von der Deutschen Umweltstiftung der „Umwelt-Ehrenbrief" verliehen. Der Initiator und Motor der Institution konnte diesen Tag nicht mehr erleben. Anfang 1985 war Carl Albert Glauner mit 53 Jahren allzu früh verstorben. Das Unternehmen wird heute im Selbstverständnis des Vaters von Carl W. Glauner weitergeführt: „Gerade die Brauwirtschaft, die ausschließlich Naturprodukte verarbeitet, ist besonders vom ökologischen System und dem Erhalt natürlicher Ressourcen wie reinem Quellwasser abhängig. Es ist daher ganz selbstverständlich, daß uns der Schutz der Natur am Herzen liegt."

Für einen umweltverträglicheren Tourismus

Die Alpirsbacher Klosterbräu gab für zwei Infratest-Studien über die Auswirkungen des modernen Tourismus auf die Natur und das ökologische System mehr als 100 000 Mark aus. Der wachsende Tourismus gefährdet die Umwelt im Schwarzwald ebenso wie in anderen Regionen. Der Schwarzwald als beliebtes Erholungs- und Wintersportgebiet ist besonders von dieser Entwicklung betroffen. „Deshalb", so erläutert Carl W. Glauner, „engagiert sich die Brauerei hier ganz besonders. Ziel der Studien ist es, die Attraktivität unserer Heimat für den Tourismus zu erhalten, das heißt durch ein an den ökologischen Gegebenheiten des Schwarzwaldes orientiertes Tourismuskonzept möglichst wenig in den natürlichen Kreislauf einzugreifen."

Die Ergebnisse der Projektstudie zum ökologisch vertretbaren Skilanglauf können sich sehen lassen. Auf Initiative der Brauerei wurden Langlaufloipen und Futterstellen verlegt. So konnten Forstschäden und Störungen für das Wild erheblich vermindert werden. Anregungen zu umweltbewußtem Wintersport finden sich in dem von Alpirsbacher Klosterbräu finanziell unterstützten Buch „Skilanglauf und Wildtiere". Die wiederum zusammen mit Rudolf Schreiber erarbeitete Studie ist 1984 als erster Band einer geplanten Schriftenreihe über „ökologisch orientierten Tourismus" erschienen. Die rege Nachfrage nach dem ökologischen Ratgeber ist um so beachtenswerter, als die Broschüre nicht über den Buchhandel vertrieben wird, sondern lediglich direkt bei der „Alpirsbacher Naturhilfe" zu beziehen ist.

Umweltschutz in der direkten Umgebung

Auch in Alpirsbach selbst engagiert sich die Klosterbrauerei. Erst 1989 wurde das unter Landschaftsschutz stehende Feuchtwiesengelände „Glaswiesen und Glaswald" der Alpirsbacher Gemarkung zum Naturschutzgebiet erklärt. Die Ergebnisse eines von der „Alpirsbacher Naturhilfe" in Auftrag gegebenen ökologischen Gutachtens hatten die Schutzwürdigkeit des Biotops deutlich gemacht.

„Heute ist es notwendig, ökologisch intakte und wertvolle Lebensräume vor weiteren Eingriffen zu schützen. Bei den Glaswiesen konnte ein Biotop erhalten werden, in dem neben zahlreichen seltenen Vogelarten über 30 Tagfalterarten nachgewiesen werden konnten," so Carl Glauner junior. Allein sieben Falterarten sind vom Aussterben bedroht.

Ein Zwischenergebnis

Zieht man nach mehr als zehnjähriger aktiver Unterstützung von Umwelt- und Naturschutz Bilanz, wird deutlich, daß das Engagement Chancen und Risiken gleichzeitig birgt. Ein zentraler Aspekt aller Sponsor-Aktivitäten der Alpirsbacher Klosterbräu ist die Glaubwürdigkeit. Schließlich vermutet die kritische Öffentlichkeit hinter unternehmerischem Engagement zugunsten von Natur und Kultur oft – und zuweilen auch nicht zu unrecht – Rechtfertigung oder nur oberflächliche Promotion. Carl A. Glauner wurde Ende der siebziger Jahre hin und wieder als „linker Spinner" bezeichnet. Inzwischen wurde der „Pionier von einst" von vielen nachgeahmt, häufig jedoch nicht mit dem gebotenen Maß an Ernsthaftigkeit.

Öko-Sponsoring, ernsthaft und glaubwürdig betrieben, ist immer wieder auch mit Risiken verbunden. Überspitzt gesagt bedeutet dies: Umwelt-Sponsoring geschieht nicht ungestraft! Die Rückwirkungen auf das Unternehmen und sein Verhalten sind beachtlich. Der unternehmerische Entscheidungsspielraum ist oft eingeschränkt. Daher ist die Einbindung in das gesamte Unternehmenskonzept unbedingt notwendig. Schließlich muß sich ein Unternehmen, das sich für den Naturschutz engagiert, auch beispielhaft verhalten.

Die Alpirsbacher Klosterbrauerei stellte aus diesem Grund 1985 den gesamten Betrieb von Öl auf Gas um. Dadurch wurde auch die Gemeinde Alpirsbach früher als geplant an die Gasversorgung angeschlossen. Reinigungsmittel im Betrieb werden nach ihrer Umweltverträglichkeit ausgewählt, Benzinfahrzeuge im Fuhrpark wurden frühzeitig mit Abgaskatalysatoren ausgestattet.

Von weit größerer Tragweite sind jedoch die Entscheidungen, die die Produkte des Unternehmens betreffen und sich so direkt auf die Wettbewerbssituation auswirken. Die Alpirsbacher Klosterbrauerei hatte Ende der sechziger Jahre als eine der ersten Brauereien Baden-Württembergs Dosenbier angeboten. Trotz der heute noch zunehmenden Bedeutung dieses Marktsegmentes wird die Alpirsbacher Klosterbrauerei diese Verpackungsart in Kürze völlig aus dem Programm nehmen. Ein regelrechter Zielkonflikt für die Unternehmensführung. Ganz ähnlich verhält es sich mit der Tendenz zu immer aufwendigerer Produktausstattung.

Die Alpirsbacher Klosterbrauerei versucht schon seit geraumer Zeit, diesem Trend gegenzusteuern und arbeitet konsequent mit umweltverträglichen Etiketten und Klebstoffen. In letzter Konsequenz geht man seit Anfang Oktober 1990 sogar noch weiter: Die 0,33-Liter-Pils-Fläschchen der Alpirsbacher Klosterbräu haben seit diesem Zeitpunkt keine Stanniol-Kappe mehr. Alpirsbacher Klosterbräu rüstet also verpackungstechnisch ab, „weil eine aufwendige Ausstattung die Qualität des Inhalts nicht verbessert, wohl aber die Umwelt belastet", so Carl W. Glauner. Deshalb muß sein Premium-Pils mit dem Handicap der unscheinbaren Optik ins Rennen um die Käufergunst gehen. Ein klarer Wettbewerbsnachteil, gleichzeitig aber auch ein weiterer Schritt in Richtung umweltverträgliche Unternehmenspolitik. Der Verzicht auf den umweltbelastenden Alu-Zierrat beweist einmal mehr die Ernsthaftigkeit des unternehmerischen Umweltengagements auch im Alltag.

Motor-Rennsport hat bekanntlich einen der höchsten Aufmerksamkeitswerte für Biertrinker. Trotz dieser hohen Zielgruppenaffinität verzichtet die Alpirsbacher Klosterbrauerei auf ein Engagement in diesem Sektor. Um der Glaubwürdigkeit des Naturschutz-Engagements willen werden also Wettbewerbsnachteile bewußt in Kauf genommen.

Trotz aller Handicaps bietet das Umwelt-Sponsoring der Alpirsbacher Klosterbrauerei die Chance, gesellschaftliche Verantwortung glaubwürdig zu übernehmen und dadurch Profil für Unternehmen und Marke zu gewinnen.

Otto Versand Hamburg GmbH & Co.

Sponsoring als flankierende Maßnahme einer umweltorientierten Unternehmensstrategie

Der Otto Versand hat schon in den siebziger Jahren damit begonnen, sein Sortiment sukzessive unter Umweltgesichtspunkten umzustellen. Alle hausinternen Arbeitsabläufe werden ständig optimiert und den Umweltbedürfnissen angepaßt. Maßstäbe setzen möchte der Otto Versand auch mit seinem Sponsoring-Engagement, bei dem unter anderem Natur- und Artenschutzprojekte realisiert werden.

Unternehmensziel

Die meisten kennen den Otto Versand als den größten Versandhändler der Welt. Die 1949 gegründete Unternehmensgruppe betreibt heute 24 operative Versandhandels-Gesellschaften in zwölf Ländern auf drei Kontinenten und erwirtschaftet mit rund 35 000 Mitarbeitern einen Umsatz von weltweit gut 16 Mrd. DM.

Der nachhaltige unternehmerische Erfolg des Otto Versand gründet sich auf eine Reihe von Grundsätzen, die den Charakter und das Selbstverständnis dieses Unternehmens von Anfang an geprägt und die Unternehmensstrategie bestimmt haben. Es waren und sind dies:

– Kundenorientierung,
– Innovations- und Leistungsorientierung,
– Mitarbeiter- und Lieferantenorientierung,
– Globalisierung und Know-how-Transfer.

Diese Grundsätze prägten fast vier Jahrzehnte lang die Unternehmenskultur des Otto Versand.

Mitte der achtziger Jahre ist ein weiteres Unternehmensziel hinzugekommen: die Umweltverantwortung.

Gründe für das Umweltengagement des Otto Versand

Bereits relativ frühzeitig, Mitte der siebziger Jahre, begann das Umweltengagement des Otto Versand. Dies geschah nicht in der visionären Erwartung, daß dieses Thema zu Beginn der neunziger Jahre ein bestimmender Faktor der Politik insgesamt sein würde. Es entstand ganz pragmatisch und gewissermaßen beiläufig aus ökonomischer Rationalität in Verbindung mit einem eher allgemeinen Gefühl gesellschaftlicher Verantwortung. Mit dem Einsatz von Recyclingkartonagen, durch außerordentlich effiziente Energie- und Wassersparmaßnahmen und vielfältige Detailoptimierung wurde bereits damals Beachtliches für die Ressourcenschonung und damit für den Umweltschutz geleistet.

Für die Entscheidung, den Umweltschutz zu einem ausdrücklichen Unternehmensziel und damit zu einem Element aller wichtigen strategischen und praktischen Entscheidungen im Otto Versand zu machen, waren eine Reihe von Erkenntnissen ausschlaggebend, die auf sachlichen Erfahrungen, aber auch auf persönlichen Kontakten und Erlebnissen beruhten.

Sachlich kam damals das Thema FCKW in die allgemeine Diskussion. Die bedrohliche Wirkung von FCKW und die absurde Diskussion um den Einsatz dieses Stoffes führte zu der Entscheidung, selbst aktiv zu werden und im Gegensatz zum damals üblichen Marktverhalten alle FCKW-haltigen Produkte umgehend aus dem Sortiment zu nehmen oder nur noch in stark FCKW-reduzierter Form anzubieten.

Von großer Bedeutung war darüber hinaus auch der langjährige persönliche Kontakt zu Pionieren der Umweltarbeit, etwa zu Professor Pestel, Mitbegründer des Club of Rome, aber auch später zu pragmatischen Umweltmanagern wie Dr. Winter und Dr. Gege, die damals gerade begannen, die Umweltschutzorganisation A.U.G.E und – mit Unterstützung des Otto Versand – B.A.U.M. auf die Beine zu stellen.

Dennoch ist man damals, zumindest aus heutiger Sicht, recht blauäugig an die Lösung der Umweltprobleme herangegangen. Unter

Hinzuziehung ausgewiesener Experten sollte das Sortiment durchforstet und umweltschädliche Produkte erkannt und ausgelistet werden. Für das Ganze setzte man sich eine Frist von zwei bis drei Jahren – dann sollte das Otto-Sortiment umweltgerecht sein.

Es stellte sich jedoch schnell heraus, daß niemand dazu in der Lage war, die Otto-Sortimente unter dem Gesichtspunkt der Umweltverträglichkeit erschöpfend zu beurteilen. Stattdessen mußte man erkennen, daß es zwar Experten für den Anbau von Tropenholz gibt, für die Beurteilung von FCKW und für die Bewertung der Herstellungsverfahren einzelner Komponenten von komplexen Artikeln wie Elektro- und Kühlgeräte. Diese Experten haben selbstverständlich Kenntnisse darüber, was auf ihrem Spezialgebiet unter Umweltgesichtspunkten akzeptabel ist oder nicht. Sie wissen aber meist nur, was nicht geht, kennen jedoch kaum Substitutionsmöglichkeiten. Und sie können noch weniger ganzheitlich beurteilen, wie umweltverträglich sich das Produkt im Ge- und Verbrauch verhält, geschweige denn bei der Entsorgung oder beim Recycling.

Stattdessen mußte man feststellen: Unter dem Gesichtspunkt einer ökologischen Gesamtbilanz, das heißt der ganzheitlichen Einbeziehung aller relevanten Faktoren bei Produktion, Ge- und Verbrauch sowie der Entsorgung, ist so gut wie nichts umweltverträglich. Ja, man mußte einsehen, daß unter den Bedingungen der Zivilisation des 20. Jahrhunderts die menschliche Existenz als solche umweltschädlich ist.

Abbildung 20: Firmensignet des Otto Versand Hamburg

Mit anderen Worten: Die angebliche Versöhnung von Ökonomie und Ökologie ist höchst relativ, die umweltfreundliche Fluglinie, den umweltverträglichen Chemiekonzern und das umweltfreundliche Handelshaus kann es gar nicht geben!

Um so mehr hat sich der Otto Versand verpflichtet, die Regenerationsfähigkeit der Natur aktiv zu unterstützen. Und dafür gibt es viele Möglichkeiten – auch für ein Handelshaus.

Grundlagen effektiver Umweltarbeit

Umweltschutz ist Chefsache

Zum Thema Wirtschaft und Umweltschutz sind in der Vergangenheit eine ganze Reihe von Formeln geprägt worden. Eine der gängigsten ist diese: „Umweltschutz ist Chefsache." Sicherlich ist sie auch eine der treffendsten!

Natürlich muß die praktische Umweltarbeit auf allen Ebenen eines Unternehmens geleistet werden. Um jedoch die etablierten Grenzen und tradierten Denkweisen zu überwinden, um im hierarchiefreien Raum Durchsetzungskraft zu entwickeln, bedarf das Umweltengagement eines Unternehmens der Schubkraft der höchsten Entscheidungsträger. Ein Vorstandsbeschluß schreibt daher für den Otto Versand eine „deutliche Umweltorientierung" der gesamten Unternehmenspolitik ausdrücklich fest.

Was man konkret darunter zu verstehen hat, ist fixiert in fünf Leitlinien zum Umweltschutz, die nicht nur Vorsatz sind, sondern Verpflichtung! Aus diesem Grund handelt es sich dabei auch nicht um ein starres Grundgesetz, das auf alle Zeiten Gültigkeit haben soll. Um die Formeln mit Leben zu füllen, werden sie immer wieder zur Diskussion gestellt – mit allen beteiligten Kräften des Hauses.

Jeder Mitarbeiter ist umweltverantwortlich

Die Integration der Mitarbeiter in eine Umweltstrategie ist für deren Erfolg unverzichtbar. Der Otto Versand hat eine Umweltmanagementstruktur entwickelt, die dieser Tatsache Rechnung trägt. Statt einer aufgeblähten Umweltabteilung mit Expertenfunktion koordiniert ein kleines Team, das direkt beim Vortandsvorsitzenden angesiedelt ist, im Haus vorhandenes Umwelt-Know-how in problembezogen arbeitenden Umweltarbeitsgruppen. Dieses Team stellt den Schnittpunkt zu externem Wissen dar, knüpft Kontakte zu entsprechenden Institutionen, spürt die für das Haus relevanten Trends auf und vertritt die Entscheidungen gegenüber der internen und externen Öffentlichkeit.

Der entscheidende Vorteil dieser Organisationsstruktur ist, daß die Verantwortung für das eigene Handeln in der Linie bleibt und nicht an eine anonyme (Alibi-)Abteilung abgeschoben werden kann.

Unverzichtbare Voraussetzung für einen durchschlagenden Erfolg sind natürlich Engagement und Initiative der Mitarbeiter. Bester Hebel dafür ist die Vorbild- und Identifikationsfunktion des Unternehmers, im Fall des Otto Versand Dr. Michael Otto, der Umweltverantwortung wirklich glaubhaft und aus Überzeugung vorlebt und damit kommunizierbar macht.

In direkter Ansprache, per Hausmitteilung, Umlauf, Hauszeitung oder Video, per Gesprächsrunde oder über das Bildungsprogramm, werden die Mitarbeiter ständig informiert und eingebunden. Denn nur, wenn man immer wieder Anregungen plazieren, Aufmerksamkeit erzeugen und Aha-Effekte produzieren kann, läßt sich die ganze Kreativität eines so großen Hauses wie des Otto Versand mobilisieren und für die Umwelt einspannen.

Glaubwürdigkeit

Dabei zählt vor allem auch die Glaubwürdigkeit des eigenen Engagements. Hier hält man es im Otto Versand mit Goethe, der sagt: Am Anfang war die Tat! Man kann es auch anders ausdrücken: Über Umweltschutz redet man nicht ungestraft. Wer hehren Ansprüchen und großen Worten keine konkreten Taten folgen läßt, der wird von einer kritischen Öffentlichkeit schnell der Scheinheiligkeit überführt und entsprechend abqualifiziert.

Die Möglichkeiten eines Handelshauses

Welche praktischen Möglichkeiten hat aber ein Handelshaus überhaupt, um Umweltarbeit zu leisten?

Im Gegensatz zur Industrie bestimmt der Händler nicht die Eigenart eines Produktes „an sich". Vielmehr nimmt er die Waren so ab, wie sie angeboten werden, und zwar die Waren, nach denen der Kunde verlangt. Aber in der gleichen Position, die diese Grenze markiert, stecken auch die Chancen: In der Mittlerfunktion zwischen Produktion und Verbrauch – der Gate-keeper-Funktion.

1. Sortiment

Bezogen auf das Sortiment bedeutet das: Umweltverträglichkeit wird zu einem Einkaufs- und zu einem Verkaufsargument gemacht, das Wechselspiel von Angebot und Nachfrage zugunsten des Umweltschutzes genutzt.

2. Hausinterne Maßnahmen

Ganz unmittelbare Möglichkeiten ergeben sich darüber hinaus natürlich bei den internen Arbeitsabläufen. Zum Beispiel bei der Gestaltung der Angebotsträger oder im Betriebsbereich liegen riesige Potentiale für den Umweltschutz.

3. Bewußtseinsbildung

Und als dritte Möglichkeit: Wer Öffentlichkeit schafft, schafft Bewußtsein. Das ist die Grundlage der Kommunikationsstrategie des Umweltthemas im Otto Versand. Ziel ist es, den eklatanten Widerspruch zwischen Anspruch und Wirklichkeit aufzulösen, der noch immer das Handeln der meisten Menschen in Deutschland prägt. Denn obwohl das allgemeine Umweltbewußtsein in den vergangenen Jahren rapide gewachsen ist, hat dies bis heute bestenfalls marginale Auswirkungen auf das Kaufverhalten des einzelnen.

Sortiment

Die Aufrichtigkeit des Engagements eines Handelshauses läßt sich vor allem an seinem Sortiment messen. Und das liegt buchstäblich auf der Hand. Anhand der Kataloge ist das gesamte Warenangebot des Otto Versand transparent und überprüfbar. Diese Transparenz bedeutet natürlich auch Angreifbarkeit: Vordergründige, isolierte Einzelaktionen, und wenn sie noch so publikumswirksam sind, wären als solche durchschaubar und angreifbar. Deshalb gilt grundsätzlich, duchgängig so viele umweltgerechte Produkte wie möglich anzubieten, also:

- unbehandelte Möbel,
- energie- und wassersparende Waschmaschinen,
- schwermatallfreie Batterien,
- FCKW-reduzierte Kühlgeräte,
- schadstoffarme Lacke und Farben.

Eingedenk der Komplexität einzelner Warengruppen ist es häufig jedoch gar nicht so einfach, die richtige Entscheidung zu treffen.

Vielmehr erweist sich: Je tiefer man in ein Thema einsteigt, desto größer wird der Problemberg, desto unlösbarer erscheint alles. Häufig läßt sich unter den Gesichtspunkten der ökologischen Gesamtbilanz die Vielschichtigkeit eines Produktes kaum mehr aufschlüsseln. So zum Beispiel der gesamte Bereich der Textilien.

Schon die Definition – was ist eine umweltverträgliche Textilie? – macht Schwierigkeiten. Die Probleme beginnen bereits bei der Rohstofferzeugung:

- den Monokulturen und der Bewässerung,
- dem Einsatz von Dünge- und Pflanzenschutzmitteln,
- den Ernteverfahren (zum Beispiel Entlaubung bei Baumwolle),
- der Reinigung des Rohproduktes und

setzen sich fort bei der Verarbeitung des Garns und der Ausrüstung und Veredelung des Tuches:

- den angewandten Verfahren,
- den verwandten Hilfsstoffen (Bleichen, Färben, Drucken),
- der Entsorgung der chemischen Abfälle.

Auch die Konfektionierung ist nicht frei von Umweltaspekten:

- Welche Materialien mit welchen Eigenschaften werden verwendet?

- Wie wird verarbeitet?
- Welche Hilfsmittel werden eingesetzt?
- Wie wird das fertige Produkt verpackt?

Alle diese umweltrelevanten Informationen werden nirgendwo dokumentiert, bleiben für den Endabnehmer – selbst für uns Händler – meistens im dunklen.

Deshalb hat man sich im Otto Versand daran gemacht, einen Kriterienkatalog zu entwickeln, der darüber Aufschluß gibt, was im einzelnen durch alle Lebenszyklen einer Textilie hindurch beachtet werden muß, um ihr das Prädikat „Öko-Textilie" geben zu können.

In einem ersten Schritt nimmt der Otto Versand das, was es auf dem Markt an relativ umweltgerechten Produkten bereits gibt, bevorzugt in die Otto-Kataloge auf, um auch auf diesem Sektor dem Kunden eine alternative Entscheidung zu ermöglichen.

Die Chancen des Umweltengagements des Händlers liegen hier in dem Bereich des Trendsetzens und -verstärkens, der Erweiterung oder Verengung des Marktsegments – in Teilbereichen auch ganz bewußt gegen kurzfristige betriebswirtschaftliche Erwägungen.

Aber hieraus ergeben sich auch die Grenzen dieses Engagements: Ein knochenharter Wettbewerb im deutschen Einzelhandel gibt einem einzelnen Unternehmen nur geringe Spielräume, die Wünsche der Kunden, wenn auch nur in einzelnen Bereichen, zu ignorieren beziehungsweise zu vernachlässigen. Die Ansprüche an ein konkurrenzfähiges Vollsortiment setzen voraus, daß der Kunde die ganze Palette der gewünschten Produkte zu attraktiven Preisen in den Otto-Katalogen findet.

Bewußtseinswandel

Unsere Gesellschaft ist viel zu komplex, die Beziehungen der Wirtschaftspartner zueinander sind viel zu verflochten, als daß sie isoliert oder gar im Gegeneinander zu verändern wären. Auf der Grundlage der bewährten Marktmechanismen müssen sich diese Beziehungen miteinander in Richtung mehr Umweltschutz entwikkeln. Als Mittler großer Warenströme zwischen den beiden Polen, die Angebot und Nachfrage bestimmen, hat der Otto Versand gute Möglichkeiten, das ausdrückliche Unternehmensziel Umweltverantwortung Schritt für Schritt voranzubringen.

Lieferanten

Gegenüber den Herstellern hat das Haus ganz klar Position bezogen. In einem Brief an alle Lieferanten im In- und Ausland wies Dr. Otto gemeinsam mit dem jeweils zuständigen Einkaufsvorstand darauf hin, daß für alle Einkäufer des Otto Versand die Umwelteigenschaften eines Produktes neben Preis, Qualität und Aktualität ein entscheidendes Einkaufskriterium sind. Umweltverträglichkeit als F&E-Anreiz und Wettbewerbsvorteil. Aber nicht nur, daß der Hersteller mit einem umweltverträglicheren Produkt bessere Chancen hat, es in den Otto-Katalogen zu plazieren. Zusätzlich stellen Marketing und Werbung das Produkt heraus – Kennzeichen ist ein grüner Umweltbaum – und kommunizieren den konkreten Umweltvorteil. Auch eine gezielte Produkt-PR multipliziert den Gedanken millionenfach und erhöht die Absatzchancen zusätzlich.

Kunden

Eine Schlüsselrolle spielt im Umweltschutz das Verhalten der Bevölkerung, die tägliche Konsumentenentscheidung des Endverbrauchers. Die aktiven und potentiellen Otto-Kunden werden primär über den Katalog und Mailings zum Umweltthema informiert. Das gemeinsam mit dem WWF herausgegebene Otto-Umweltbuch wurde den Otto-Kunden für stark subventionierte 10 DM angeboten, um Verständnis und um Bewußtsein für die Zusammenhänge der Natur zu wecken. Die Hamburger Schulbehörde setzt dieses Buch heute im Unterricht an allen Hamburger Schulen ein.

Hausinterne Maßnahmen

Bisher war viel die Rede von Lieferanten und Kunden und davon, wie der Otto Versand zwischen diesen beiden Polen im Sinne von mehr Umweltschutz wirkt. Was tut das Unternehmen aber vor der eigenen Haustür? Wie stellt es sich bei den täglichen Arbeitsabläufen auf die Bedürfnisse des Umweltschutzes ein?

Auch in diesem Bereich sind in der Vergangenheit zahlreiche Fortschritte erzielt worden. So zum Beispiel:

– Erhebliche Energie- und Wasserspareffekte – der relative Energieverbrauch wurde in den vergangenen Jahren um 50 Prozent gesenkt. Der vermehrte Einbau von Wassersparamaturen und eine Regenwasserrückgewinnungsanlage sollen uns helfen, entsprechende Ergebnisse beim Wasserverbrauch zu erzielen.

– In der Kantine die Umstellung von Einweg- auf Mehrweggeschirr.

– Bei der Hausreinigung der ausschließliche Einsatz von umweltschonenden Putzmitteln.

– Die Ausstattung eines Seminar- und Tagungsgebäudes nach streng baubiologischen Gesichtspunkten.

Ein Thema, das im Otto Versand naturgemäß eine besondere Rolle spielt, ist der gesamte Komplex „Papier". Mittlerweile ist es allen Otto-Mitarbeitern selbstverständlich geworden, den gesamten internen Schriftverkehr auf Recyclingpapier abzuwickeln. Auch die Fotokopierer und Laserdrucker arbeiten entgegen ursprünglichen Bedenken sehr gut mit dem grauen Papier. Auch die Otto-Kunden erhalten Briefe und Kontoauszüge aus Recyclingpapier.

In der Papierdiskussion gibt es eine neue Komponente, die Greenpeace sehr erfolgreich und folgenreich im Herbst 1989 populär gemacht hat. Das chlorfrei gebleichte Papier.

Der Otto Versand hat damals überall dort, wo es schon möglich war und im Rahmen der Papiermengen, die auf dem Markt zu bekommen waren, chlorfrei gebleichtes Papier eingesetzt: bei der Kundenzeitung, dem Geschäftsbericht, aber beispielsweise auch bei den in hoher Millionenauflage erscheinenden Kundenmailings. Akzeptanzprobleme gab es nicht.

Allerdings ist der technische Fortschritt bislang noch nicht so weit, daß auch die Kataloge auf chlorfrei gebleichtem Papier gedruckt werden konnten – das ist eine Frage des Gewichts und der Reißfestigkeit. In 51-Gramm-Qualität, wie man es hierfür benötigen würde, reißt es bei der gegenwärtigen Herstellungsmethode auf der Tiefdruckmaschine.

Aber das kann sich bald ändern und im Rahmen des „technisch Machbaren" wird der Otto Versand so schnell wie möglich seine Produkte „chlorfrei" anbieten. Dazu hat sich das Unternehmen ausdrücklich bekannt und verpflichtet. Allerdings hängt der Erfolg dieses Engagements davon ab, wie schnell die Hersteller sich auf die neuen Fertigungsverfahren einstellen und wieviel Papier dieser Qualität auf dem Markt verfügbar sein wird.

Verpackung

Seit über 15 Jahren gilt beim Otto Versand das Prinzip: Vermeiden, vermindern, verwerten. In diesem Sinne wurde vieles erreicht, etwa der Versand in extrem dünner Kartonage aus Recyclingmaterial, der Ersatz FCKW-geschäumten Füllmaterials, der Gebrauch von wiederverwendbaren Schuhbeuteln aus Baumwolle statt Kartons und vieles mehr.

Dennoch ist das Unternehmen mit rund 30 000 Tonnen Verpackungsmaterial per anno eine durchaus quantifizierbare Größe im Kreis der Verpackungsvertreiber. Und als solche stellt die Verpackungsverordnung durch den Bundesumweltminister, deren Zielrichtung ausdrücklich begrüßt wird, den Otto Versand vor beträchtliche Probleme. Kern dieser Verordnung ist es, daß Verpackungsvertreiber dieses Material künftig zurücknehmen und – in bestimmten, progressiven Quoten – der Wiederverwertung zuführen müssen.

Dabei dürfen sie sich freilich „Dritter" bedienen, wie es im Gesetzestext heißt. Dies soll auf der Grundlage eines breiten Konsens der deutschen Wirtschaft die „Duales System Deutschland für Abfallvermeidung und Sekundärrohstoffrückgewinnung mbH" sein. Diese Gesellschaft – das ist die simple Idee – wird ein Zeichen „verkaufen", – den grünen Punkt – der auf der Verpackung angebracht wird und eine privatwirtschaftliche Entsorgung garantiert.

Das klingt furchtbar einfach, ist aber in seiner Konsequenz ungeheuer kompliziert. Jeder, der sich mit den Folgen dieses Gesetzes beschäftigt, erkennt schnell, daß es sich dabei um eine der folgenreichsten Regelungen der letzten Jahre überhaupt handelt:

– Wie soll dem Verbraucher der Unterschied zwischen Um-, Verkaufs- und Transportverpackungen erklärt und die vom Gesetzgeber vorgeschriebene unterschiedliche Handhabungsweise nahegebracht werden?

– Wie bekommt man den grünen Punkt auf importierte Ware aus Vietnam oder Honolulu?

– Wie verrechnet man den grünen Punkt bei exportierter Ware?

– Wie wird der Verbraucher dazu bewogen, gekennzeichnetes Material auch in die dafür bereitstehende Tonne zu werfen, damit die Erfassungs- und Aussortierungsquoten erfüllt werden können?

– Was geschieht, wenn in 15 Bundesländern das Duale System funktioniert, nur in einem nicht und hier die – andernfalls geltende – individuelle Rücknahmeverpflichtung somit weiterbesteht?

Diese und unzählige andere Fragen ergeben sich aus der Verpakkungsverordnung. Sie alle zu beantworten und die Systeme auf die neuen Aufgaben einzustellen, wird zukünftig noch große Managementkapazitäten binden.

Sponsoringtradition und Umweltsponsoring

Die Übernahme gesellschaftlicher Verantwortung gehört ganz selbstverständlich zur Unternehmensphilosophie des Otto Versand. Einen Schwerpunkt bildet dabei die „Werner-Otto-Stiftung", die unter anderem ein Forschungsinstitut am Hamburger Universitätskrankenhaus Eppendorf zur Betreuung krebskranker Kinder unterstützt sowie – ebenfalls in Hamburg – ein Institut zur Pflege und Betreuung mehrfach behinderter Kinder.

Daneben spielt das Kultursponsoring als Teil lokaler und regionaler Publicity-Maßnahmen eine bestimmte Rolle. Dazu zählen beispielsweise Zuwendungen an Hamburger Museen, die Unterstützung von Ausstellungen sowie – als besonders „augenfälliges" Projekt – das größte Gemälde der Welt auf einem Dock im Hamburger Hafen, das der Otto Versand gemeinsam mit einigen anderen Sponsoren anläßlich des 800. Hafenjubiläums im Jahre 1989 stiftete.

Umweltsponsoring ist die jüngste Aktivität im Rahmen des Otto-Sponsorings. Beispielhaft seien einige Projekte kurz vorgestellt:

– Für den WWF finanzierte der Otto Versand das Projekt „Artenschutzkoffer" – 20 Koffer mit Unterrichtsmaterial, in denen vom Zoll beschlagnahmte Produkte von vom Aussterben bedrohter Tiere ausgestellt werden. Diese Koffer werden im naturwissenschaftlichen Unterricht von Schulen eingesetzt. Kinder lernen so Artenschutz „zum Anfassen".

– Mit A.U.G.E. wurde die Aktion „Umweltbewußte Haushalte" durchgeführt. Der Otto Versand übernahm den Versand von über drei Millionen Fragebögen. Die Auseinandersetzung mit dem Thema Umwelt bei der Beantwortung der Fragen förderte das Umweltbewußtsein; die Auswertung der Antworten durch A.U.G.E. führte zu wichtigen Erkenntnissen für die zukünftige Arbeit im Umweltschutz.

– Der Umweltschutzorganisation B.A.U.M. trat der Otto Versand schon unmittelbar nach dessen Gründung als erstes deutsches Großunternehmen als förderndes Mitglied bei. Nachdem sich B.A.U.M. auch aufgrund dieses Engagements rasch als Ansprechpartner in Sachen Umwelt in der deutschen Wirtschaft etablieren konnte, war es erneut der Otto Versand – erneut als erstes deutsches Großunternehmen –, der mit dem Auftrag einer unter ökologischen Gesichtspunkten vorzunehmenden

Schwachstellenanalyse B.A.U.M. die Möglichkeit gab, auf diesem Gebiet Erfahrungen zu sammeln und sich zu bewähren.

Die Zusammenarbeit des Otto Versand mit Umweltschutzorganisationen ist keine Einbahnstraße. Beispielsweise arbeiten verschiedene Bereiche des Hauses erfolgreich für beide Seiten mit dem WWF zusammen:

– Der Einkauf unterstützt den WWF durch den Verkauf von T-Shirts mit WWF-Motiven. Pro T-Shirt gehen 5 DM an die Umweltschutzorganisation.

– Die Verkaufsförderung konzipierte mit Hilfe des WWF ein Umweltbuch, das exklusiv bei Otto zu dem subventionierten Preis von 10 DM vertrieben wurde.

– im Bereich Öffentlichkeitsarbeit wird die gute Zusammenarbeit mit den Umweltschutzorganisationen publiziert und dient so sehr erfolgreich einer positiven Imagebildung beider Seiten.

Kriterien für Sponsor-Partner und Projekte

In der Bundesrepublik Deutschland gibt es zahlreiche Organisationen, die effizient, aber auf ganz unterschiedliche Art und Weise Umweltschutz betreiben.

Es kann nicht Sache eines Großunternehmens sein, in ideologischer Hinsicht Position zu beziehen. Nicht gesucht wird deshalb die Zusammenarbeit mit Organisationen, die bewußt provozieren, Grenzüberschreitungen um der öffentlichen Aufmerksamkeit willen kalkuliert in Kauf nehmen oder durch spektakuläre Aktionen gezielt vermeintliche oder tatsächliche Umweltsünder an den Pranger stellen. Mit dem Blick auf das Ziel, nämlich eine größtmögliche Zahl von Menschen zu erreichen, kann auch die Förderung kleiner, nur regional aktiver Umweltgruppen nicht den Schwerpunkt des Öko-Sponsorings des Otto Versand bilden.

Aus dieser Abgrenzung ergibt sich das Profil des idealen Partners: Es ist eine Organisation, die ideologisch ungebunden ist, rationale

Erwägungen zum Maßstab ihres Handelns macht, die einen hohen Bekanntheitsgrad in der Bevölkerung der Bundesrepublik Deutschland besitzt, positiv wertgeladen und damit für alle akzeptabel ist.

Bislang kooperiert der Otto Versand, neben kleineren Engagements mit anderen Umweltgruppen, insbesondere mit dem WWF Deutschland, der Aktionsgemeinschaft Umwelt, Gesundheit, Ernährung (A.U.G.E.), dem Bundesarbeitskreis umweltorientiertes Management (B.A.U.M.) sowie mit dem Naturschutzbund Deutschland (ehemals Deutscher Bund für Vogelschutz).

Die geförderten Projekte sollten folgenden Ansprüchen genügen: Sie sollten dem Bewußtseinswandel dienen, Multiplikator-Wirkung haben und in sich geschlossen sein. Es soll ein bestimmtes Ergebnis erzielt werden, das auf das Engagement des Otto Versand zurückzuführen ist.

Aufgrund der insgesamt positiven Erfahrungen mit Umweltprojekten und Vertretern von Umwelt- und Naturschutzorganisationen wird Sponsoring auch in Zukunft als eine wichtige flankierende Maßnahme im Rahmen einer umweltorientierten Unternehmenspolitik in den Kommunikationsmix des Otto Versand integriert bleiben.

Lotus Development GmbH

Sportlich aktiv für den Umweltschutz

Eine neue Form des „Doppelsponsorings" entwickelte die deutsche Niederlassung von Lotus Development: Die von dem Softwarehaus initiierten „All-Star Basketball Turniere" dienen nicht nur der gezielten Unternehmenskommunikation, sondern werden auch zur finanziellen Unterstützung der Umweltstiftung Oro Verde eingesetzt.

Lotus Development ist ein Tochterunternehmen des amerikanischen Softwarehauses Lotus, das seit seiner Gründung vor neun Jahren zum Marktführer für Tabellenkalkulations-Software geworden ist. Mittlerweile erzielt das Unternehmen mit 3300 Mitarbeitern einen Umsatz von rund 770 Mio. US-Dollar.

Soziales Engagement als Bestandteil der Unternehmensphilosophie

Von Anfang an war es ein fester Bestandteil der Unternehmensphilosophie von Lotus Development, einen Teil des Gewinns für wohltätige Zwecke einzusetzen. Die Lotus-Länder-Vertretungen können über die Mittelverwendung frei bestimmen.

Eingesetzt werden diese Beträge in der Regel für die Unterstützung sozialer Projekte und Einrichtungen vor Ort, zum Beispiel für Altenheime, Rehabilitationszentren oder auch für die schnelle Hilfe bei individuellen Notlagen. Dabei kümmern sich die Lotus-Teams, die über die Vergabe der Fondsgelder entscheiden, auch direkt um die sozialen Projekte, Einrichtungen und Personen. Denn das Ziel dieses „social fonds" ist nicht nur die finanzielle, sondern auch die persönliche Hilfestellung und Beratung. Dies laufende soziale Engagement des Software-Unternehmens wird weder publiziert noch zur Unterstützung von Marketing-Zielen eingesetzt.

Sportveranstaltungen als Forum für den Umweltschutz

Anders ist es beim Sport-Sponsoring, das direkt in die Kommunikationspolitik von Lotus Development eingebunden ist. Hier hat sich das Unternehmen auf die typisch amerikanische Sportart Basketball spezialisiert. Für das 1991 zum zweiten Mal veranstaltete „All-Star Basketball Turnier" wurden amerikanische Basketball-Profis in die Münchner Sedlmayer-Halle eingeladen, um in zwei Teams ein spannendes Spiel für die Gäste und Partner von Lotus Development zu bieten. Der Gesamterlös der Sportveranstaltung von rund 16 000 DM kam der Oro Verde Stiftung zur Rettung der Tropenwälder zugute, die damit ein Naturschutzprojekt in Ghana finanzierte.

Abgesehen von den Finanzmitteln bietet Lotus der Umweltstiftung auch ein breites Forum zur Publizierung der Stiftungsziele und der Tropenwaldproblematik. Durch die Koppelung einer attraktiven Sportveranstaltung mit der Darstellung von Umweltschutzprojekten werden so auch Zielgruppen erreicht, die sich für das Thema Tropenwaldschutz nicht unmittelbar interessieren.

Gemeinsame Öffentlichkeitsarbeit von Unternehmen und Umweltschutzorganisation war auch bei der Beteiligung von Oro Verde auf der alljährlichen Lotus Exhibition das Ziel. Bei dieser eintägigen „Hausmesse" des Unternehmens stellte die Umweltschutzorganisation ihre Arbeit unter anderem im Rahmen eines Standes

Abbildung 21: Firmenlogo von Lotus Development

vor. Eine Versteigerung von zeitgenössischen Kunstwerken brachte der Tropenwaldstiftung außerdem noch eine Finanzhilfe von rund 20 000 DM.

Auch für die künftige Kommunikationspolitik ist verstärkt ein gemeinsames Auftreten geplant. Denn schon jetzt zeichnet sich ein positives Feedback auch für das Engagement des Software-Herstellers ab. Insbesondere im Rahmen von Industriekontakten wurde die Kooperation mit Oro Verde als ein Kriterium angeführt, das bei zukünftigen Investitionsentscheidungen eine Rolle spielt.

Auswahl des Sponsoring-Partners

Umwelt-Sponsoring ist für Lotus Development ein relativ neues Sponsorgebiet. Die Zusammenarbeit mit Oro Verde ergab sich nicht durch eine neue Sponsoring-Konzeption, sondern durch persönliche Kontakte zu leitenden Vertretern der Organisation. Das Engagement der Oro Verde-Vertreter, die fachliche Kompetenz der Organisation sowie die Einsicht in die drängenden Probleme der Tropenwaldzerstörung waren ausschlaggebend für die seit 1989 bestehende Partnerschaft. Zur Zeit wird eine gezielte Kommunikations- und Öffentlichkeitsarbeit entwickelt, mit der die Sponsoring-Kooperation dargestellt werden soll. Ziel ist dabei nicht nur die Publizierung des Sponsorings als Teil der Unternehmensphilosophie von Lotus Development, sondern auch die Vertiefung des umweltpolitischen Problembewußtseins. Denn der Tropenwaldschutz ist erklärungsbedürftiger und komplexer als viele direkt vor Ort liegende Naturschutzprojekte. Hier spielen nicht nur zahlreiche noch wenig erforschte ökologische Zusammenhänge eine Rolle, sondern auch die sozialen und politischen Grundlagen müssen in die Projektplanung integriert werden.

Neben der unternehmensexternen Publizierung ist auch die verstärkte Information und Motivation der Lotus-Teams ein Ziel des erweiterten Kommunikationskonzepts. Ähnlich wie beim „social fonds", in dessen Konzeption die Mitarbeiter über spezielle Teams integriert sind, soll auch das Umweltsponsoring die gemeinsame

Identität unterstützen. Denn zur Mitarbeitergewinnung und -motivation reichen finanzielle Anreize heute nicht mehr aus. Hochqualifizierte und engagierte Mitarbeiter, wie sie ein High-Tech-Unternehmen braucht, fragen verstärkt nach der Philosophie und dem Geist des Unternehmens, mit dem sie sich identifizieren sollen.

Das Projekt: Schutz der Geisterwälder Ghanas

Das von Lotus Development unterstützte Umweltschutzprojekt ist ein deutliches Beispiel für die komplexen ökologischen und sozialpolitischen Probleme des Tropenwaldschutzes.

Einst waren rund 50 Prozent Ghanas vom Regenwald bedeckt. Von ursprünglich 110 000 ha Waldfläche verschwanden vorwiegend durch internationalen Holzhandel 100 000 ha! Die spärlichen verbleibenden 10 000 ha sind auf 200 kleine Wälder, die sogenannten „Fetish groves" (Geisterwälder) verteilt. Teilweise gehören sie zu den Nationalparks des Landes.

Diese Geisterwälder waren vor der Christianisierung durch die ehemaligen Kolonialherren aus religiösen Gründen für Eindringlinge tabu. Sie durften nicht betreten und nicht benutzt werden. Weder die Gründe für den traditionsbedingten Schutz noch Informationen über Größe, Lage und Artenspektrum von Flora und Fauna sind heute exakt bekannt.

Nur wenn es der ghanesischen Nichtregierungsorganisation „Friends of the Earth" gemeinsam mit Oro Verde gelingt, diese einmaligen Restwälder in ihrer bislang unerforschten Artenvielfalt zu retten, kann die lebensbedrohende Situation für Mensch und Ökologie in Ghana abgewendet werden.

Denn: Mit dem Verschwinden der Wälder verschlechtern sich die Überlebenschancen der stark anwachsenden ghanesischen Bevölkerung. Abholzung, Erosion, Verlust ehemals ertragreicher Anbauflächen und Absinken des Grundwasserspiegels sind Folgen des Raubbaus am Regenwald. Sie beschleunigen die Armutsspirale mit ihren katastrophalen Auswirkungen wie Hungersnöten, wiederansteigender Kindersterblichkeit, explosionsartigem Anstieg ehemals zurückgedrängter Krankheiten sowie sozialer und wirtschaftlicher Hoffnungslosigkeit.

Ziel des Oro Verde-Projekts ist, den für die Wälder tödlichen Interessenkonflikt zwischen Natur- und Ressourcenschutz und den sozialen, wirtschaftlichen und kulturellen Bedürfnissen der Bevölkerung Ghanas gleichzeitig gerecht zu werden. Dazu gehört auch eine wirksame Kontrolle des Ressourcentableaus.

Voraussetzung für eine spätere Wiederaufforstung bereits geschädigter Wälder ist die erstmalige Erfassung der Artenvielfalt von Fauna und Flora, die Untersuchung der Größe und Lage der schützenswerten Gebiete, der Aufbau einer Genbank zur Sicherung der bedrohten Arten und das Sammeln aller international verfügbaren Daten über den ökologischen, wirtschaftlichen, sozialen und kulturellen Wert der Wälder. Die Bevölkerung soll dabei durch speziell auf ihre Bedürfnisse zugeschnittene Maßnahmen aktiv in das Projekt integriert werden.

Lotus Development wird dieses jüngste Projekt von Oro Verde auch künftig durch Finanzmittel sowie durch Unterstützung bei der Kommunikationspolitik und Öffentlichkeitsarbeit fördern. Bislang ist es nur die deutsche Niederlassung von Lotus, die sich neben dem „social fonds" auch für den Umweltschutz engagiert. Aber das Unternehmen ist sicher, daß es nicht nur für die internationale Lotus-Konzernfamilie zum Vorbild und Vorreiter wird, sondern auch seine Geschäftspartner von der Notwendigkeit des Tropenwaldschutzes überzeugen kann.

Teil 3

Aspekte einer ökologisch orientierten Unternehmensstrategie

Umweltsponsoring ist nur glaubwürdig, wenn sich die betreffenden Unternehmen selbst umweltbewußt verhalten, sowohl was die Produktionsprozesse als auch die hergestellten Produkte betrifft. „Umweltorientierte Unternehmensführung" ist also angesagt. Dazu gehört nicht nur das „Gewußt wie", sondern auch das „Gewußt warum". Ökologische Unternehmensführung muß eingebettet sein in eine übergreifende Unternehmensethik.

Aspekte einer ökologisch orientierten Unternehmensstrategie legt Peter M. Horst (Leiter der Geschäftsstelle München des Bundesdeutschen Arbeitskreises für umweltbewußtes Management e.V., B.A.U.M.) dar. Herbert Strunz, Lehrbeauftragter an der Wirtschaftsuniversität, Wien, stellt Kriterien einer Umweltethik auf.

Umweltorientierte Unternehmensführung
von Peter M. Horst

Öko-Check für die Unternehmensstrategie

Die wachsende Umweltsensibilität verändert das betriebliche Umfeld und erfordert neue, unternehmensstrategische Zielsetzungen und eine konsequente operative Umsetzung. Der Schutz der Umwelt muß gleichberechtigtes Strategieziel werden. Hierfür gibt es auch eine Reihe ökonomischer Gründe. Peter M. Horst zeigt, warum aktive, umweltorientierte Unternehmer künftig wesentlich erfolgreicher sein werden.

Nur eine umweltverträgliche Wirtschaftsweise wird künftig noch allgemein akzeptiert werden. Die gestiegene Umweltsensibilität betrifft und beeinflußt das gesamte unternehmerische Umfeld. Alle Partner in- und außerhalb des Unternehmens sind in ähnlichem Maße wie die Gesamtbevölkerung umweltsensibel (vgl. Abbildung 23). Hieraus ergeben sich eine Reihe von Risiken, aber auch gute Chancen für umwelt-aktive Unternehmen.

Mitarbeiter geben in der Regel ihre Umweltsensibilität, die sie im privaten Bereich auch aktiv praktizieren, nicht am Werkstor oder der Bürotür ab. Haben sie das Gefühl, Umweltschutz werde im Unternehmen nicht ernst genug genommen, geraten sie in Loyalitätskonflikte bis hin zur inneren oder tatsächlichen Kündigung. Konfliktpotentiale mit der eigenen Familie und dem Freundeskreis werden bei Mitarbeitern aufgebaut, die in bekanntermaßen umweltproblematischen Betrieben oder Branchen arbeiten, ohne daß der individuelle Betrieb deutlich macht, daß er sehr aktiv und engagiert Umweltschutz im Unternehmen verwirklicht.

Auswirkungen im unternehmerischen Umfeld

Besonderes Augenmerk gilt auch den Führungsnachwuchskräften. Dieser Personenkreis gewinnt angesichts der Knappheit an qua-

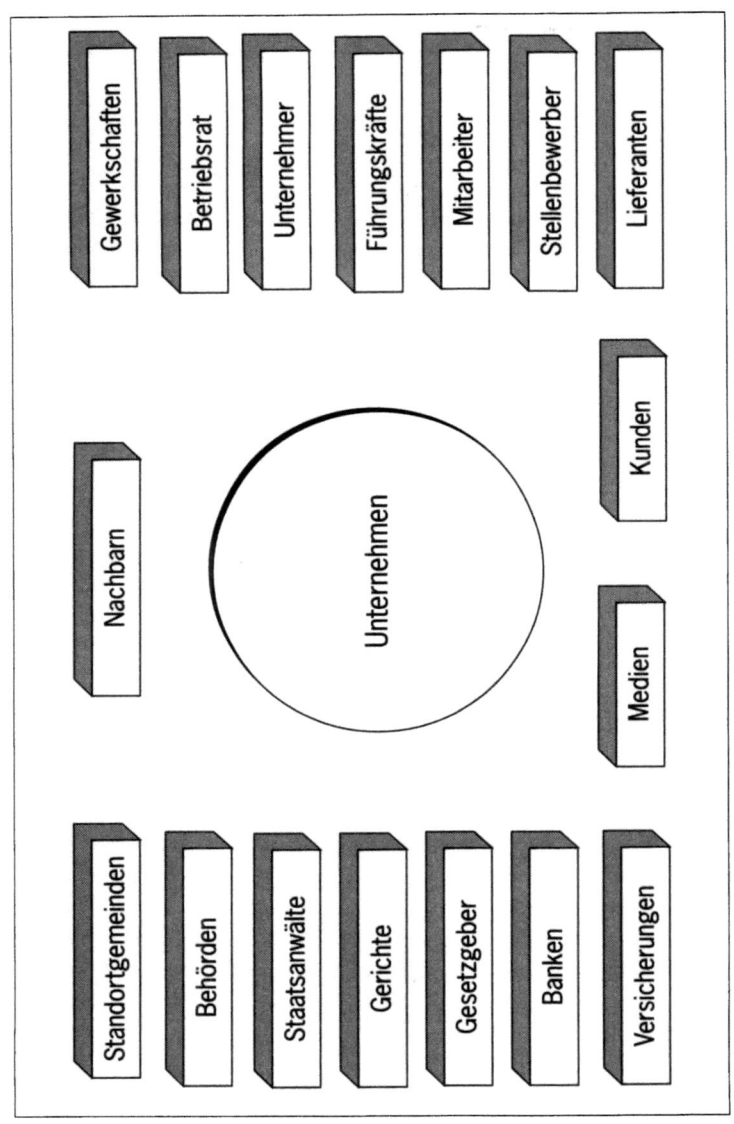

Abbildung 22: Ökosensibles Unternehmensumfeld

Umweltorientierte Unternehmensführung

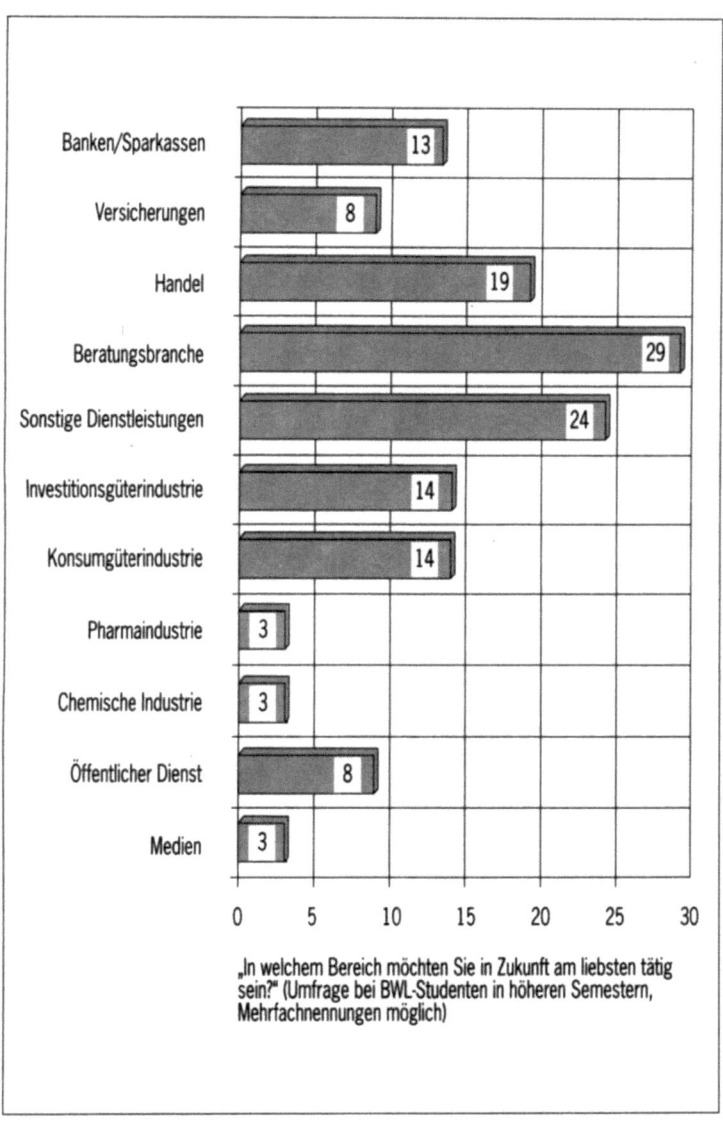

Abbildung 23: Stärkere Umweltorientierung der Stellenbewerber

lifiziertem und motiviertem Personal besondere Bedeutung. Eine Untersuchung der Apitz Image + Strategie GmbH, Düsseldorf, hat ergeben, daß – ausgehend von einem überdurchschnittlich hoch entwickelten Problembewußtsein bei Betriebswirtschaftsstudenten vor Eintritt in das Berufsleben – diese nur zu einem sehr geringen Teil noch in das produzierende Gewerbe oder speziell den Chemie- und Pharmabereich wollen. Denn dort vermuten sie ein hohes Umwelt-Konflikt-Potential (vgl. Abbildung 24). Stellenbewerber fragen sehr häufig eindringlich nach dem Umwelt-Profil des ausschreibenden Unternehmens.

Umgekehrt zeigt sich, daß Unternehmen, die umwelt-positiv sind, auch in Zeiten der Hochkonjunktur und des Nachwuchskräftemangels leichter qualifiziertes Personal finden, und sich das Umweltengagement des Unternehmens auch auf die Motivation und die Leistungsbereitschaft der Mitarbeiter positiv auswirkt.

Konsumenten-Wünsche: umweltverträgliche Produkte

Ein weiterer, besonders wichtiger Aspekt gerade im Bereich der konsumentenorientierten Güter und Dienstleistungen ist die Ökosensibilität des Verbrauchers. Beispiele wie der Umsatzeinbruch bei Shampoos, die mit Dioxan belastet waren, haben gezeigt, daß Umweltskandale bei Endverbraucherprodukten zu Umsatzeinbrüchen führen und letztlich sogar die Existenz des jeweiligen Unternehmens in Gefahr geraten kann.

Eine Marktforschungsstudie hat aufgezeigt, daß in Märkten, die vom Volumen her stagnieren, der Konsument mit Werbung im herkömmlichen Sinn immer schwieriger erreicht wird. Während die Aufwendungen für die Werbung überproportional steigen, nimmt der Grad der Wahrnehmung deutlich ab. Die Wahrnehmung der Werbung mit Umweltverträglichkeitsmerkmalen ist dagegen weit überproportional. Bereits mehr als 3300 Produkte sind wegen einzelner umweltverträglicherer Produkteigenschaften mit dem „Blauen Engel" ausgezeichnet worden. Der Trend geht künftig aber über solche, nur unter einzelnen Gesichtspunkten relativ umweltverträgliche Produkte zum ganzheitlich, das heißt in allen Lebensstadien umweltverträglicheren Produkt.

Öko-Marketing: Glaubwürdigkeit

Positivbeispiele aus dem Markt der Wasch- und Reinigungsmittel zeigen, daß in solch stagnierenden Märkten Firmen mit als (vermeintlich) umweltverträglich anerkannten Produkten weit überproportionale Umsatzzuwächse verzeichnen können! Das Instrument des Öko-Marketings wird also in Zukunft eine sehr wichtige Rolle spielen. Glaubhaftes Ökomarketing kann aber nur betreiben, wer „Öko" nicht als bloßes Werbeetikett versteht, sondern nachweist, daß das angebotene Produkt in allen Lebensstadien möglichst umweltverträglich gestaltet ist. Hier ist eine wichtige Schnittstelle zur Produktentwicklung, die entscheidende Weichen durch Rohstoffauswahl, Formen und Verbindungstechniken stellt. Gleichzeitig wachsen die Anforderungen an die Kommunikationsleistungen, weil es gilt, unsichtbare und immaterielle Produktentscheidungen dem Konsumenten plausibel zu machen. Hier steht die Marketing-Zunft erst am Anfang eines Umorientierungsprozesses. Besonderes Augenmerk gilt auch den wettbewerbsrechtlichen Aspekten einer plakativen Herausstellung von Umweltvertikalen, da hier das Risiko, wegen unlauterer Werbung unter Beschuß zu geraten, besonders hoch ist.

Aber auch bei Zwischenprodukten wächst die Ökosensibilität der Abnehmer. So verlangen zahlreiche Firmen von ihren Lieferanten bereits genaue Auskünfte über die in den Produkten enthaltenen Stoffe und Konzentrationen, um über eine ökologisch orientierte Materialwirtschaft Umweltprobleme möglichst schon bei der Stoffauswahl vermeiden zu können. Beispiele zeigen, daß wegen der stark verflochtenen, arbeitsteiligen Industriewelt und der durch die Just-in-time-Fertigung gewachsenen Abhängigkeit der Produzenten komplexer Güter von der pünktlichen Lieferfähigkeit ihrer Zulieferfirmen, die gewerblichen Zwischenabnehmer ein großes Interesse daran haben müssen, von Betrieben zu beziehen, die nicht durch ihr Umweltverhalten in Schwierigkeiten geraten können. Fällt beispielsweise in der Automobilindustrie nur ein Glied in der Kette der Zulieferfirmen aus, so können ganze Auto-Konzerne auf diese Weise stillgelegt werden. Hier ergibt sich ebenfalls ein vielversprechender Ansatzpunkt für „Öko-Marketing".

Umweltbewußtsein produziert Handlungserwartungen

In keinem anderen Bereich entwickelt sich die Gesetzgebung so dynamisch wie im Umweltrecht. Die öffentliche Meinung drängt zu strengeren Gesetzen, härteren Auflagen und konsequentem Vollzug. Dies hat bereits zu einer Reihe von Verschärfungen geführt, die sich in Zukunft auch verstärkt auf kleine und mittelständische Unternehmen auswirken werden. So wird die dritte Stufe der Umsetzung der Vorschriften der TA Luft gerade Klein- und mittelständische Betriebe erfassen. Im Abwasserbereich werden auf der Grundlage des § 7a WHG derzeit für Gewerbezweige mit besonders intensiv belasteten Abwässern Anforderungen nach dem „Stand der Technik" formuliert, die ebenfalls zu erheblichen Nachrüstungsanstrengungen führen werden. Das neue, seit 1. Januar 1991 gültige Umwelthaftungsrecht mit einer verschuldungsunabhängigen Haftung für Betreiber bestimmter umweltgefährlicher Anlagen hat Auswirkungen auf betriebliches Risk-Management im organisatorischen, technischen und versicherungstechnischen Bereich.

Mit der geplanten Umweltstrafrechtsnovellierung wird die strafrechtliche Haftung für das Management verschärft werden. Auch die Haftungsfrage für Altlasten beschäftigt zunehmend die Gerichte und wohl bald auch den Gesetzgeber.

Amtsträger in den Vollzugsbehörden und die mit Umweltstraftaten befaßten Richter und Staatsanwälte geben ihre Öko-Sensibilität nicht zu Dienstbeginn beim Pförtner ab. Parallel zur Zahl der angezeigten Taten ist auch die Zahl der Verurteilungen wegen Umweltstraftaten in den letzten Jahren angestiegen. Schwerpunkte sind die Gewässerverschmutzung, die umweltgefährdende Abfallbeseitigung sowie der ungenehmigte Betrieb genehmigungsbedürftiger Anlagen.

Ökosensible Banken und Versicherungen

Die kreditgebenden Banken erkennen, daß Umweltrisiken auch Umsatz- und Ertragsrisiken bedeuten und die Kreditwürdigkeit der Unternehmen gefährden können. Angesichts von rund 155 000 bestehenden Altlasten in Deutschland dürften auch viele Grundschulden nicht auf wertvollen Betriebsgrundstücken, sondern auf teuren, sanierungsbedürftigen Altlasten ruhen und deshalb im Verwertungsfalle nutzlos sein.

Die Betriebshaftpflichtversicherungen drängen auf Überprüfung bestehender Policen, die teilweise das Umwelt-Haftpflichtrisiko noch beitragsfrei einschließen. Gleichzeitig ergibt sich durch neuere gesetzliche Tendenzen, wie die Einführung eines Umwelt-Gefährdungs-Haftungs-Rechts, die Notwendigkeit, das abgedeckte Risiko zu überprüfen. Banken und Versicherungen werden deshalb künftig stärker als bisher auf ein effektives, organisatorisches und technisches Risiko-Management in den Unternehmen drängen. Hiervon sind alle betroffen.

Für Banken ergibt sich zudem im Bereich der Kapitalanlagen ein zusätzlicher Aspekt: „Ethical investment" wird zu einem immer bedeutenderen Thema. Spezialfonds, die ihre Gelder in Unternehmen der Umwelttechnik, aber auch in anerkannt umweltorientierte, saubere Unternehmen aller Branchen investieren wollen, sind gefragt und sprießen aller Orten. Auch erkennen Banken und Versicherungen, daß mit fachlich und wirtschaftlich fundiertem Öko-Sponsoring imageträchtige PR-Aktionen gestartet werden können.

Chancen einer integrierten umweltorientierten Führung

Eine integrierte umweltorientierte Unternehmensführung ist der richtige Lösungsansatz, um den Anforderungen des betrieblichen Umfeldes gerecht zu werden. Durch eine solche Unternehmensführung werden eine Reihe von Chancen genutzt und teilweise potentiell existenzbedrohende Risiken vermieden:

- Durch ein ökologisches Frühwarnsystem werden strafrechtliche und zivilrechtliche Haftungsrisiken sowie Probleme mit den Aufsichtsbehörden vermieden.

- Einführung einer angepaßten Organisationsstruktur, die Umweltprobleme und Chancen frühzeitig aufdeckt.

- Verbesserung der Mitarbeitermotivation und Attraktivität des Unternehmens für Nachwuchskräfte statt der Schaffung von Loyalitätskonflikten durch Umweltprobleme.

- Erschließung neuer Märkte durch verbesserte und neue Produkte und Sicherung bestehender Marktanteile statt Gefährdung von Märkten durch Umweltprobleme von Produktion oder Produkt.

- Kostensenkung durch vorbeugenden, integrierten Umweltschutz statt hoher Kosten für die nachträgliche Lösung von Umweltproblemen unter Vollzugs- und Zeitdruck.

- Akzeptanz in der Öffentlichkeit und positive PR.

- Wahrnehmung gesellschaftlicher Verantwortung und ein gesundes Selbstwertgefühl der Geschäftsleitung und aller Mitarbeiter statt Ansehensverluste in der Familie und bei Freunden.

Integrierte, umweltorientierte Unternehmensführung umfaßt sämtliche Funktionsbereiche des Unternehmens. Wichtigste Voraussetzung für die erfolgreiche Umsetzung ist die organisatorische und personelle Verankerung des Umweltschutzes.

Der Umweltverantwortliche sollte Informations- und Beratungsrechte in Umweltfragen aller betrieblichen Funktionsbereiche und bei umweltproblematischen Produktionen oder Produktentwicklungen – ähnlich dem Finanzchef – ein Vetorecht erhalten.

Umweltschutz in der Personalplanung

Der Personalbereich ist ein wichtiger Schlüsselbereich umweltorientierter Unternehmensführung, die davon lebt, den Mitarbeiter sehr stark bei der Suche nach Lösungen für ökologische Schwachstellen einzubinden. Niemand kennt den konkreten, individuellen Arbeitsplatz so gut wie der einzelne Mitarbeiter. Ihm die nötige Sensibilität und das nötige Know-how zu vermitteln, um ökologische Probleme erkennen und lösen zu können, ist deshalb eine vordringliche unternehmerische Aufgabe. Die Fortbildung sollte dabei auf allen Hierarchie-Ebenen – von der Geschäftsleitung bis zum Sachbearbeiter – zielgruppenorientiert ansetzen.

Für die Geschäftsleitung wurden mit Unternehmensplanspielen gute Erfolge erzielt. Letztlich gilt es, auf dieser Ebene deutlich zu machen, daß zwischen Fragestellungen des Umweltschutzes, der Rationalisierung, der Marktdurchdringung und der Akzeptanz im betrieblichen Umfeld enge Korrelationen bestehen. Auch die bei der Lösung von Umweltproblemen sehr wichtige systemische Ansatz- und Denkweise sollte auf der Managementebene besonders eingeübt werden. Auf der operativen Ebene sollten die entsprechenden Fachleute – ausgehend von einer allgemeinen Sensibilisierung für bestimmte Umweltprobleme – eine fachspezifische Schulung für den jeweiligen Aufgabenbereich erhalten.

Entwicklung ganzheitlich umweltverträglicher Produkte

Im Bereich der Entwicklung werden zusammen mit dem Bereich Produktdesign die Weichen für die Umweltverträglichkeit von Produktion und Produkt gestellt. Ziel ist die Schaffung von ganzheitlichen, das heißt in allen Lebensstadien, umweltverträglichen Produkten (vgl. Abbildung 25).

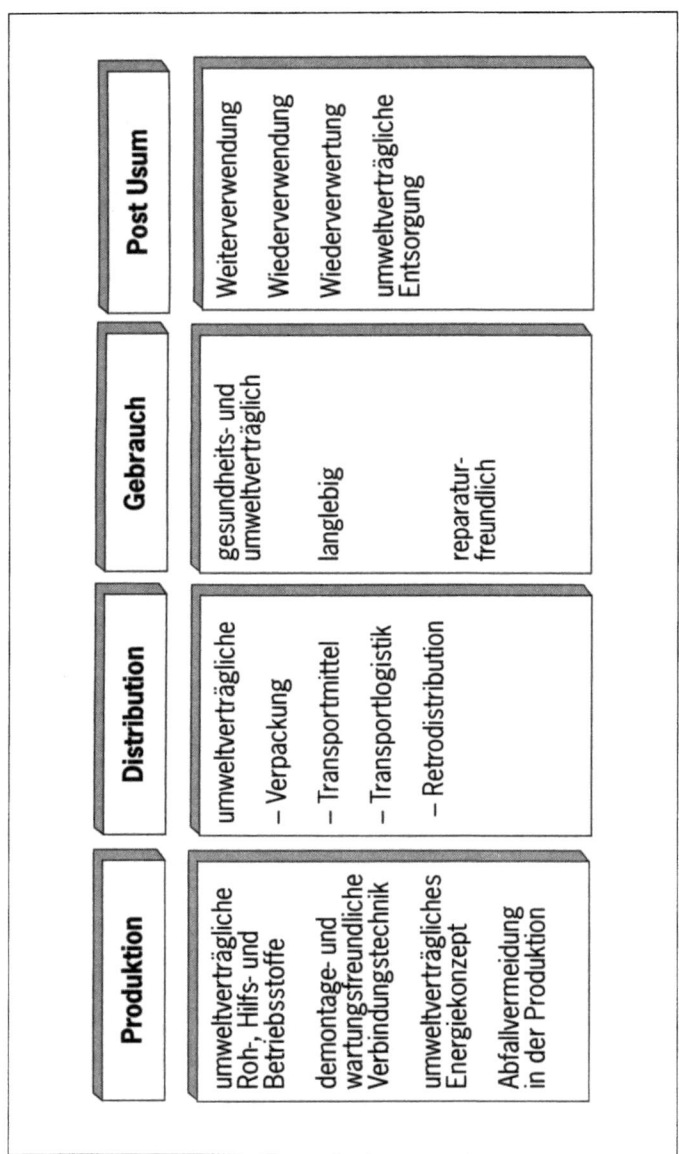

Abbildung 24: Umweltverträgliches Produktdesign

Als Vorgabe für Forschung und Entwicklung sollten deshalb umweltverträgliche Roh-, Hilfs- und Betriebsstoffe gefordert werden. Ein wichtiger Aspekt ist auch die Reduktion der Verpackung sowie der Einsatz umweltverträglicher Verpackungsmaterialen. Ferner sind umwelt- und gesundheitsverträgliche Gebrauchseigenschaften als Zieldefinition zu fordern und eine umweltverträgliche Recycling- oder Entsorgungsmöglichkeit des Produktes nach Gebrauch sicherzustellen.

Integrierter Umweltschutz: kosteneffizient

Ein wichtiger Bereich für die Verwirklichung konsequenten Umweltschutzes ist der Bereich der Produktion. Das Vorurteil, mehr Umweltschutz sei stets mit höheren Kosten oder geringeren Erlösen verbunden, läßt sich durch praktische Erfahrungen und wissenschaftliche Untersuchungen häufig widerlegen.

So ergab eine Untersuchung im Auftrag des Bundesumweltministers, daß in den befragten rund 600 Unternehmen 25 Prozent der realisierten Maßnahmen zur Umweltverbesserung auch zu Kostenvorteilen führten, weitere rund 50 Prozent sich auf die Kostenrechnung weder positiv noch negativ auswirkten. Lediglich 8 Prozent hatten erhebliche Investitions- und Betriebskosten zur Folge.

Maßgeblich für die Wirtschaftlichkeit von Umweltschutzmaßnahmen ist, ob Umweltschutzaspekte in die Verfahrensabläufe von Anfang an integriert sind oder ob am Ende bestehender, unveränderter Prozesse die entstehenden Emissionen durch nachgeschaltete Reinigungsanlagen lediglich wieder entfernt und einer getrennten Entsorgung zugeführt werden. Im zweiten Fall erhält man neben ökonomisch nachteiligen oft auch ökologisch unbefriedigende Lösungen, da die Probleme oft nur von einem Umweltmedium in ein anderes verlagert werden, also beispielsweise statt diffuser Luftemissionen konzentrierter Sondermüll in die Umwelt abgegeben wird. Für einen konsequenten, integrierten Umweltschutz spielen deshalb vor allen Dingen folgende Punkte eine wichtige Rolle:

– Energiemanagement zur rationellen Energieerzeugung und -verwendung,

- ökologisch orientierte Materialwirtschaft,
- umweltverträgliche Verfahrenstechnik,
- Einsatz nachgeschalteter Reinigungsanlagen und
- integriertes betriebliches Abfallwirtschaftskonzept (IBAK).

Energiemanagement

Im Bereich der Energienutzung liegen in vielen Betrieben noch erhebliche Möglichkeiten für Kostensenkung und verstärkten Umweltschutz brach. Viele der betrieblichen Energieeinsparungsmöglichkeiten sind auch ökonomisch effizient und zahlen sich schon nach kurzer Zeit aus.

Zur Abdeckung dieses Potentials ist ein effizientes betriebliches Energie-Management erforderlich. So sollte innerbetrieblich ein Energie-Beauftragter benannt und externe Energieberater mit entsprechendem Know-how hinzugezogen werden. Basis des Energiemanagements ist die Erstellung eines Energiekonzepts, in dem zunächst die Verbraucherdaten erfaßt und das Einsparpotential jedes einzelnen Verbrauchers sowie die hierfür erforderlichen Maßnahmen ermittelt werden. Anschließend können für jede einzelne Maßnahme eine Wirtschaftlichkeitsrechnung erstellt und anhand dieser Berechnungen Prioritäten für die Realisierung der Einsparpotentiale aufgestellt werden. Nach der Realisierung ist eine Erfolgskontrolle sinnvoll. Die Erfahrungen von B.A.U.M. (Bundesdeutscher Arbeitskreis für umweltbewußtes Management e.V.) in konkreten Beratungsprojekten zeigen, daß gerade im Energiebereich oft erhebliche Einsparpotentiale realisiert werden können.

Ökologisch orientierte Materialwirtschaft

Häufig können Umweltprobleme schon dadurch vermieden werden, daß umweltverträglichere Ersatzstoffe eingesetzt werden. Es ist deshalb im Rahmen einer ökologisch orientierten Materialwirtschaft sinnvoll, die Umweltverträglichkeit der jeweils eingesetzten Stoffe anhand von zum Beispiel Sicherheits-Datenblättern zu erfassen und zu bewerten. Hierbei sollten Prioritätenlisten in der Rangfolge des ökologischen Gefahrenpotentials aufgestellt und festgelegt werden, welche Stoffe künftig nicht mehr verwendet werden dürfen. Eine Beschaffungsmarktforschung mit dem Ziel der Ersetzung umweltschädlicher Produkte sollte konsequent unter allen Lieferanten durchgeführt, und es sollte verstärkt auf das Auswahlkriterium „Umweltverträglichkeit" hingewiesen werden, um so auch bei den Lieferanten den Prozeß der Suche nach umweltverträglichen Alternativen anzuregen.

Umweltverträgliche Verfahrenstechnik

Im Bereich der Verfahrenstechnik ist das Ziel, integrierten Umweltschutz statt End-of-the-pipe-technologies zu realisieren. Umweltprobleme sollten grundsätzlich dort gelöst werden, wo sie entstehen, da dort auch die geringsten Kosten für die Lösung aufgewendet werden müssen. Hierfür ist aber eine sehr enge Zusammenarbeit zwischen der Produktentwicklung, der Materialwirtschaft, der Verfahrenstechnik und dem Marketing notwendig, um die jeweiligen Anforderungen unter dem Aspekt der Umweltverträglichkeit abzustimmen und die geänderten Produkte auch frühzeitig in die Unternehmenskommunikation zu integrieren.

Integriertes betriebliches Abfallwirtschafts-Konzept (IBAK)

Die Bedeutung der Entsorgungskosten wird künftig stark zunehmen. Wegen fehlender Abfallbeseitigungskapazitäten und steigender technischer Anforderungen steigen die Kosten für die Abfallentsorgung überproportional an. Es gilt deshalb, das Vermeidungs- und Verwertungspotential bei Produktion und Produkten soweit wie möglich auszuschöpfen. Grundlage für ein solches Konzept ist die Erfassung der anfallenden Abfallarten und Abfallmengen.

Gleichzeitig geht es darum, das Abfallvermeidungspotential bei Produktion, Verpackung, Distribution und Produkt und die hierfür anfallenden beziehungsweise eingesparten Kosten zu ermitteln und nach ökonomischen und ökologischen Prioritäten umzusetzen.

Nicht vermeidbare Abfälle sollten möglichst sortenrein erfaßt und einer inner- oder überbetrieblichen stofflichen Verwertung zugeführt werden. Nicht verwertbare Abfälle sollten einer thermischen Behandlung beziehungsweise einer sonstigen geordneten Entsorgung zugeführt werden. Für problematische Produkte sollten Rückholsysteme geschaffen werden, die sicherstellen, daß der Verbraucher diese Produkte nach Gebrauch zur umweltverträglichen Entsorgung an den Hersteller oder von ihm Beauftragten zurückgeben kann.

Aktuelles Beispiel hierfür sind die Retro-Distributionssysteme für Personal Computer: einige Firmen wie IBM und Apple bauen bereits ein eigenes Entsorgungs-Modell für gebrauchte PCs auf, die eine Reihe von wertvollen Metallen enthalten, die allerdings in fachgerechter, umweltverträglicher Weise von den enthaltenen Schadstoffen getrennt werden müssen.

Das umweltfreundliche Büro

Ein weiterer, wichtiger Ansatzpunkt für umweltorientierte Unternehmensführung ist das betriebliche Verwaltungs- und Bürowesen. Hier gilt es, die in vielen Bereichen existierenden umweltverträglicheren Produktalternativen einzusetzen und durch diesen Nachfrageschub auch die Entwicklung weiterer umweltverträglicher Produkte anzuregen. Papierprodukte aus Recyclingmaterialien, nachfüllbare Füller und Kugelschreiber mit Wechselminen statt Einweg-Filzschreiber, Korrekturflüssigkeiten auf Wasserbasis statt solche mit organischen Lösungsmitteln, Aktenhefter aus Pappe statt aus Kunststoff sowie Karteikästen, Lineale und Stiftkästen aus Holz sind gebrauchstaugliche, langlebige und teilweise auch kostengünstigere Produktalternativen, die auch bei der Entsorgung wenig Sorgen bereiten. Gleiches gilt im Bereich der technischen Bürogeräte. So gibt es Kopiergeräte, deren Ozonausstoß gegenüber herkömmlichen Geräten reduziert ist und die mit Mehrweg-Kartuschen-Systemen für den Toner ausgestattet sind. Bei Personal-Computern stehen inzwischen eine Reihe strahlungsreduzierter Monitore zur Verfügung.

Abfallwirtschaft, Energiemanagement und der sparsame Umgang mit Wasser sind im Büro-Bereich ebenso wichtig wie im Bereich der Produktion und können nach den gleichen obengenannten Prinzipien optimiert werden.

Rechnungswesen und Controlling: Ökologisches Frühwarnsystem

Umweltschutz und umweltorientierte Unternehmensführung müssen sich auch im Rechnungswesen und Controlling niederschlagen. Ein erster Schritt sind Umweltverträglichkeitsprüfungen für Produktion und Produkte in Form von ökologischen Schwachstellenanalysen. Auch der gesonderte Ausweis von Umweltschutzkosten und durch Umweltschutz eingesparten Aufwendungen beziehungsweise zusätzlichen Erlösen im betrieblichen Rechnungswesen hilft, die Wirtschaftlichkeit einzelner Umweltmaßnahmen besser herauszuarbeiten und damit eigenständige Begründungen für ökologische Optimierungsmaßnahmen zu schaffen. Im Hinblick auf die kommende verschärfte Verantwortlichkeit im Umwelt-Haftungsrecht und -Strafrecht sollten auch in sensiblen Bereichen ökologische Frühwarnsysteme installiert werden, die eine kontinuierliche Messung und Dokumentation des jeweiligen Betriebszustandes erlauben und so zur Klärung bei Ansprüchen oder Vorwürfen beitragen können. Endstufe eines Umwelt-Rechnungswesens könnten die Einrichtung eines kompletten Öko-Controlling-Systems und die regelmäßige Erstellung einer Öko-Bilanz sein, in der die betrieblichen Umweltauswirkungen quantifiziert und qualifiziert dargestellt werden. Auf dem Wege dorthin sind allerdings durch weitere Pilotprojekte noch wissenschaftliche Fragen zu klären und zusätzliche Erfahrungen zu sammeln.

Neue Märkte mit umweltverträglichen Produkten

Verbraucher werden bei ihren Kaufentscheidungen immer umweltsensibler. 62 Prozent wollen grundsätzlich umweltbewußt einkaufen, bereits 36 Prozent sind umwelt-aktiv, das heißt, sie nehmen sogar einen Mehrpreis hierfür in Kauf.

Nach einer Umfrage des Gallup-Instituts in den USA würden 90 Prozent der Verbraucher dort Produkten den Vorzug geben, die in umweltverträglicher Weise produziert und verpackt sind, gebraucht und entsorgt werden können.

Die Bedeutung des Öko-Marketings wird deshalb in Zukunft noch weiter zunehmen. Dieser Begriff darf allerdings nicht mißverstanden werden: Es geht nicht darum, bereits bestehende Produkte mit schmückenden Vorsilben wie „Bio", „Öko" oder „Natur" zu versehen und das vorhandene und steigende Umweltbewußtsein durch eine rein kosmetische Änderung auszunutzen. Diese Strategie, die in der Vergangenheit in vielen Fällen von kurzfristigem Markterfolg gekrönt war, wird künftig durch eine effiziente und bessere Information der Verbraucher und immer wach-

---

Integrierte umweltorientierte Unternehmungsführung

- Umweltschutz als gleichberechtigtes Ziel der betrieblichen Strategie definieren und die Zieldefinition an die Mitarbeiter bekanntgeben, um damit deutlich zu machen, daß die Geschäftsleitung hinter diesem Ziel steht.

- Umweltschutz organisatorisch auf der Geschäftsleitungsebene verankern.

- In einer Bestandsaufnahme ökologische Schwachstellen von Produktion und Produkten aufdecken.

- In einem Umwelt-Aktionsplan Ziele, Prioritäten, Maßnahmen und Fristen zur Beseitigung der aufgedeckten Schwachstellen im Produktionsprozeß festsetzen.

- Für umweltschädliche Produkte möglichst ganzheitlich umweltverträgliche Alternativen entwickeln.

- Die Mitarbeiter in die Realisierung des Umwelt-Aktionsplanes weitestmöglich einbinden, sie für Umweltschutz motivieren und speziell fortbilden.

- Den Umwelt-Aktionsplan schrittweise in allen Funktionsbereichen des Unternehmens umsetzen.

- Das Engagement schrittweise und entsprechend der erzielten Erfolge nach innen und außen publizieren.

samere Mitbewerber und Wettbewerbsschutzverbände immer weniger zum Erfolg führen. Öko-Marketing kann deshalb in Zukunft nur bedeuten, bestehende oder neue Produkte ganzheitlich unter dem Aspekt der Umweltverträglichkeit – vom Rohstoff bis zur Entsorgung – zu überprüfen, gegebenenfalls anzupassen oder neu zu definieren und die Umweltvorteile genau definiert zu kommunizieren. Wer ein solch glaubwürdiges Produkt anbieten kann, hat sich hervorragende Marktchancen für die Zukunft gesichert.

Mit Öko-PR mehr Akzeptanz

Ein wichtiger Punkt für die Akzeptanz von Unternehmen in der Öffentlichkeit ist eine umfassende, offene und glaubwürdige Öffentlichkeitsarbeit im Bereich des Umweltschutzes. Werden vorhandene Umweltprobleme vertuscht oder bagatellisiert, so schlägt das früher oder später auf die Glaubwürdigkeit des Unternehmens zurück. Umgekehrt trägt aber eine positive Berichterstattung über Umweltschutz-Erfolge zu einem nachhaltigen PR-Erfolg bei. In keinem anderen Bereich zeigt sich so deutlich und so nachhaltig wie im Umwelt-Bereich, daß das Image des Unternehmens stets der Realität folgt und nicht umgekehrt. Deshalb ist Geld, das in Maßnahmen zur Verbesserung der Umweltsituation investiert wird, besser angelegt als in aufwendigen PR-Aktionen. Besteht allerdings ein ganzheitliches, integriertes Umweltschutzkonzept, in das auch die Mitarbeiter stark eingebunden sind, so steigt das Ansehen – es verbessert sich die Corporate Identity des Unternehmens nach innen und außen nachhaltig.

(Dieser Beitrag wurde GABLER'S MAGAZIN, Juni 1991, S. 10ff., entnommen.)

Kriterien einer Umweltethik
von Herbert Strunz

Öko-Verantwortung in Handeln umsetzen

Umweltethisches Verhalten wird in Zukunft bei allen wirtschaftlichen Aktivitäten eine größere Rolle spielen. Dazu müsen aber umweltethische Grundsätze bei der Zielsetzung und der Entscheidungsfindung einbezogen werden. Herbert Strunz leitet anhand verschiedener Ebenen und Dimensionen menschlichen und wirtschaftlichen Handelns Kriterien ab, die als Grundlage für ein umweltethisches Verhalten dienen können.

Die Verheißung moderner Technik – bei allen Vorteilen – auch in eine Bedrohung umgeschlagen und hat damit die größte bisherige Herausforderung für den Menschen geschaffen. Rückgriffe auf Erfahrungen sind dabei nicht möglich, die Wissenschaft in ihrem derzeitigen Stand kann kaum Hilfsmittel liefern. Das bisherige Wissen der Menschen und ihre Macht waren zu begrenzt, um die entferntere Zukunft in das Bewußtsein eigener Kausalität einzubeziehen. Die heute gegebenen Handlungsmöglichkeiten greifen jedoch mit einer beispiellosen kausalen Reichweite in die Zukunft. Der Philosoph Hans Jonas faßt die dadurch begründete Verpflichtung im „Prinzip Verantwortung", das zum Zentrum einer „Ethik für die technologische Zivilisation" wird.

Zur Erhaltung des Gemeinwohls scheint vor diesem Hintergrund auch die Forderung nach einer Umweltethik legitim, da die Erhaltung des Gemeinwohls durch eine „partnerschaftliche Beziehung" zwischen Mensch und Natur keine ausreichende ethische Motivation bietet. Umweltethik ist dabei als – bisher vernachlässigter – Anwendungsbereich allgemeiner Ethik in bezug auf Umwelt und Ökologie zu verstehen. Die Bedeutung fundamentaler umweltethischer Normen wird bewußt, wenn man die Möglichkeit in Betracht zieht, daß die Verursachung von tiefgreifenden und nachhaltigen Schäden am Gesamtsystem der Biosphäre (an Klima, Atmosphäre, Wasserhaushalt oder Vegetation usw.) durchaus möglich ist.

Die Frage nach einer speziellen Umweltethik entstand aus der Erkenntnis der Gefährlichkeit handlungsbedingter ökologischer Veränderungen und einem daraus resultierenden Umweltbewußtsein sowie dem damit in enger Verbindung stehenden Bedürfnis nach Umweltschutz (Teutsch, G.M., Göttingen/Düsseldorf 1985).

Öko-Grundkonsens

Die Notwendigkeit konsensstiftender Normen für allgemein akzeptierte Leitideen und Wertmaßstäbe zeigt sich insbesondere dann, wenn, wie derzeit häufig zu beobachten ist, der notwendige Grundkonsens – hier beim Umweltschutz – gefährdet scheint. Den Grund dafür sieht Steger darin, daß sich die gesellschaftlichen Normen und Werte tendenziell auseinander entwickeln, was zu unterschiedlichen Wahrnehmungsmustern führt (Steger, U., Wiesbaden/Frankfurt 1988). Zur Bewältigung der sich stellenden Herausforderungen ist verantwortungsbewußtes, umweltethisch orientiertes Handeln auf allen Ebenen der Gesellschaft notwendig. Die Einbeziehung der unterschiedlichen Werte und Einstellungen der Beteiligten spielt dabei eine wesentliche Rolle.

Möglichkeiten für umweltethisches Handeln

Die Handlungsebenen

Auf der Mikro-Ebene interessieren die umweltethischen Handlungsmöglichkeiten des Individuums, zum Beispiel als Konsument, Arbeitnehmer oder im privaten Haushalt. Es wird die Frage gestellt, was das Individuum tut oder tun kann, um seine Verantwortung in bezug auf die Erhaltung der Umwelt wahrzunehmen.

Die Meso-Ebene ist im wesentlichen das Forum der Tätigkeit von Organisationen, das sind insbesondere Unternehmen, aber etwa auch Verbände wie Konsumentenorganisationen. Allerdings tritt hier vor allem die Frage der Umweltethik des Unternehmens auf. Durch den hohen Organisationsgrad der heutigen Gesellschaft ist die Bedeutung umweltorientierten Handelns auf der Meso-Ebene entsprechend groß.

Die Makro-Ebene bildet die Plattform für die Gestaltung der gesamtwirtschaftlichen Rahmenbedingungen der Wirtschafts- und Umweltpolitik.

Die Wertedimensionen

Individuelle Werte und Einstellungen sind als Summe sozialisationsbedingter Normen und Werte eines Individuums zu betrachten und beeinflussen die Handlungen einer Person stark.

Kollektive Werte und Einstellungen sind von der Gesellschaft meist in langen und komplexen Prozessen ausgebildet worden und

		WERTEDIMENSIONEN		
		Individuelle Werte/ Einstellungen	Kollektive Werte/ Einstellungen	Allgemeine Verbindlichkeiten
H A N D L U N G S E B E N E N	Mikro-Ebene INDIVIDUUM	1	2	3
	Meso-Ebene ORGANISATION	4	5	6
	Makro-Ebene GESELLSCHAFT	7	8	9

Abbildung 25: Kriterien der Umweltethik

treten dem Individuum als geltende Werte etwa in Form von Handlungsanweisungen (Gebote und Verbote) gegenüber. Kollektive Werte prägen dabei die individuellen Werte und Einstellungen des einzelnen nachhaltig.

Allgemeine Verbindlichkeiten ergeben sich für Individuum und Kollektiv aus gesellschaftlichen Erfahrungen und Bemühungen zur Gestaltung von „Grundregeln" des gesellschaftlichen Lebens, ausgerichtet an einem bestimmten Menschen- und Weltbild.

Die Kriterien

Die Handlungsebenen und Wertedimensionen sind durch vielfältige Dependenzen gekennzeichnet. Diese werden in der nebenstehenden Abbildung ersichtlich, mit deren Hilfe die umweltethischen beziehungsweise ökologieorientierten Aspekte menschlichen Handelns erfaßt werden können. Die Analyse geht dabei von den Problemen der jeweiligen Ebene aus und versucht, die Möglichkeiten umweltethischen Handelns in Form von Kriterien zu erfassen, diese den gewählten Ebenen und Dimensionen entsprechend zu kategorisieren und zu diskutieren.

1. Bedürfnis einer Person zur Bewahrung der natürlichen Lebensgrundlagen durch Erziehung und Erkenntnis:

   Freiwilliges umweltfreundliches Verhalten in der jeweiligen Rolle (zum Beispiel als Familien- oder Organisationsmitglied, Staatsbürger).

2. Ökologisch verantwortlicher heißt bewußterer Lebensstil:
   - Kauf von Nahrungsmitteln und Konsumgütern,
   - Umgang mit Müll und Schadstoffen,
   - Energieverbrauch,
   - Individualverkehr und -tourismus.

3. Entwicklung eines neuen ökologischen Bewußtseins zur Begründung eines neuen ökologischen Handelns:

   Wahrnehmung ökologischer Verantwortung auf Basis dieses Bewußtseins und der entsprechenden Handlungen durch das Individuum als entscheidende Instanz einer Umweltethik.

4. Ökologieorientierte Organisationsphilosophie, „offensives Umweltmanagement" als Teil der Unternehmenspolitik:

   Freiwillige Integration des Umweltschutzes in alle Funktionsbereiche der Organisation (zum Beispiel umweltfreundliche Produkte und Herstellungsverfahren).

5. Anpassung an das allmählich wachsende Umweltbewußtsein durch entsprechende Ausrichtung der unternehmerischen Aktivitäten:

   – Erfüllung der gesetzlichen Auflagen für den Produktionsprozeß (zum Beispiel Schutz der Luft und Gewässer, Sicherheit),
   – optimaler, das heißt möglichst schonender Einsatz der natürlichen Ressourcen.

6. Aktiver, statt wie bisher meist reaktiver betrieblicher Umweltschutz als Resultat der Wahrnehmung ökologischer Verantwortung:

   Nutzung der Chancen, die durch Umweltschutz geboten werden (zum Beispiel Entwicklung neuer – umweltfreundlicher – Produkte, Erschließung neuer Märkte, Entwicklung bisher unbekannter Werkstoffe und Verfahren).

7. Umweltbezogenes Verhalten der Gesellschaft, Verankerung des Grundrechts auf eine intakte natürliche Umwelt:

   Freiwillige Schaffung entsprechender politischer und wirtschaftlicher Rahmenbedingungen durch den Staat (zum Beispiel Umwelt- und Wirtschaftspolitik).

8. Vorsorge zur Vermeidung von Umweltschäden statt nachträglicher Beseitigung von Schäden:

   – Haftung für Schäden nach dem Verursacherprinzip,
   – Völkerrechtliche Verträge zwecks grenzüberschreitender Zusammenarbeit bei Umweltproblemen,
   – Beachtung der Einbringbarkeit von Abfällen in den Naturkreislauf,

- Förderung der Sparsamkeit beim Einsatz natürlicher Ressourcen, insbesondere wenn diese nicht regenerierbar sind,
- Förderung der Erforschung erneuerbarer und umweltverträglicher Energie.
9. Verbindliche Beachtung des Vorranges:
   - der weiterreichenden Sicherung der Lebensgrundlagen vor darauf aufbauenden Ansprüchen,
   - der Gesetzmäßigkeiten der Ökologie vor Gesetzmäßigkeiten der Wirtschaft,
   - des Einsatzes regenerierbarer Ressourcen vor nicht erneuerbaren,
   - reversibler Schäden vor irreversiblen – oder Langzeitfolgen bei unvermeidbarer Inkaufnahme von Konsequenzen.

Mikro-Ebene (Individuum)

Die individuellen Werte und Einstellungen einer Person sind deshalb von besonderer Bedeutung, da diese die entscheidende Instanz einer ökologischen Ethik sind. Hier werden gleichzeitig die starken Interdependenzen zwischen den verschiedenen Handlungsebenen und Wertedimensionen ersichtlich: Der einzelne ist durch Institutionen und Strukturen geprägt, aber: Organisationen und Gesellschaft werden von Individuen getragen, kollektive Werte und Einstellungen basieren auf jenen der Individuen. Erziehung und Erkenntnis bilden folglich die Basis des Umweltbewußtseins. Einsichtig dürfte sein, daß ohne Änderung des Verhältnisses des einzelnen zur Umwelt auch gesellschaftlich keine durchgreifenden Änderungen zu erwarten sind.

Ein ökologischer Lebensstil und die Entwicklung eines neuen ökologischen Bewußtseins zur Begründung eines anderen ökologischen Handelns sind als verbindlich anzusehen. Nachdem das Individuum als entscheidende Instanz einer vernünftigen Umweltethik zu betrachten ist, führt die echte Wahrnehmung ökologischer Verantwortung ausschließlich über ein solches Bewußtsein und die daraus resultierenden Handlungen.

Meso-Ebene (Organisation)

Die Bedeutung der Meso-Ebene auch in bezug auf Probleme des Umweltschutzes ist durch den hohen Organisationsgrad der heutigen Gesellschaft begründet. Das Verhalten von – insbesondere produzierenden – Wirtschaftsunternehmen ist dabei von hoher Umweltrelevanz.

Hier stellt sich die Frage, in welcher Weise Organisationen beziehungsweise speziell (Produktions-)Unternehmen von den Postulaten einer Umweltethik betroffen sind. Konkret heißt das, wie umweltethisches Verhalten von Mitarbeitern und Führungskräften wahrgenommen werden kann. Grundvoraussetzung dafür ist die Einbeziehung des Umweltschutzgedankens in die unternehmerische Zielsetzung, das heißt in die Unternehmensphilosophie und -politik. Dies sollte über die ledigliche Erfüllung staatlicher Auflagen allerdings weit hinausgehen. Echtes, das heißt verantwortungsbewußtes und freiwilliges, umweltorientiertes Verhalten unterscheidet sich von Lippenbekenntnissen durch konkrete Maßnahmen in allen betrieblichen Funktionsbereichen. Diese so wichtige Integration des Umweltschutzes auf der Basis ethisch geleiteten Verhaltens umfaßt – beispielhaft und ohne Anspruch auf Vollständigkeit – folgende Unternehmensbereiche und Maßnahmen (vgl. hierzu auch H. Strunz):

Betrieblicher Umweltschutz, zusätzliche Kosten?

Die Akzeptanz des betrieblichen Umweltschutzes war aufgrund dieses betriebswirtschaftlich unangenehmen und im Alltag von Unternehmen tatsächlich belastenden Umstandes lange Zeit entsprechend bescheiden, und ist es noch: Die (traditionellen) erwerbswirtschaftlichen Grundsätze werden dadurch auch wesentlich beeinträchtigt. Ein klassischer Zielkonflikt ist die Folge. Lösbar ist dieser Zielkonflikt letztlich nur durch die Rezeption der notwendigen neuen (gesellschaftlichen) Entwicklung seitens der Unternehmen. In diesem Sinn wird die nachhaltige Einbeziehung umweltethischen Handelns beziehungsweise des Umweltschutzes in die langfristige Zielsetzung von Organisationen notwendig. Doch nicht nur Forderungen stehen in diesem Zusammenhang zur Diskussion. Gerade die längerfristige Perspektive eröffnet Unternehmen zahlreiche Chancen: Umweltorientiertes Verhalten könnte dann – nicht hauptsächlich Kosten verursachen, sondern – etwa die Entwicklung neuer Produkte, die Erschließung neuer Märkte oder den Einsatz bisher unbekannter Werkstoffe und Verfahren – mit ertragsteigernder Wirkung – ermöglichen.

Zudem beugt freiwilliges verantwortungsbewußtes Handeln in Sachen Umweltschutz nicht zuletzt allzu restriktivem künftigen Verhalten des Staates vor. Die größte Chance liegt allerdings im Beitrag zur Sicherung des Überlebens durch rechtzeitige und sinnvolle Aktivierung des Umweltbewußtseins.

Organisatorische Weichenstellung

Alle übrigen Aktivitäten umweltethischen Verhaltens in (von) Organisationen leiten sich aus diesen „Weichenstellungen" ab. Im Rahmen von Planung und Entscheidung ist die Erarbeitung von Leitbildern und Strategien im Gefolge der grundsätzlichen Zielsetzung notwendig. Besonders die Motivation der Mitarbeiter zu umweltorientiertem Verhalten ist dabei anzusprechen. Aufklärung und auch Überzeugungsarbeit – etwa durch das Personalwesen – stehen als begleitende Maßnahmen damit in Zusammenhang. Durch organisatorische Gestaltung ist die Einbindung des Umweltschutzgedankens in alle Hierarchieebenen sicherzustellen. Speziell ausgebildete Umweltschutzbeauftragte mit dedizierter Ver-antwortlichkeit koordinieren derartige Maßnahmen. Die Funktion von Forschung & Entwicklung liegt in der umweltorientierten Innovation von Produkten und Prozessen (zum Beispiel integrierte Verfahren). In der Produktion ist der Schwerpunkt die Optimierung des Ressourcenverbrauchs und Minimierung der Abgabe von Reststoffen. Logistik und Lagerwesen sollen nach ökologiegerechten Sicherheitskonzepten ausgerichtet sein. Geeignete Maßnahmen ökologieorientierten Marketings („Öko-Marketing-Mix") dienen dem Ziel, daß umweltfreundliche Produkte vom Konsumenten auch präferiert werden.

Finanzierung der Maßnahmen

Ausreichende und kostengünstige Kapitalbereitstellung für Investitionen ist dafür Voraussetzung. Hier muß nicht zuletzt auf die zur Verfügung stehenden betrieblichen Finanzierungsinstrumentarien zurückgegriffen werden. Aber auch öffentlichen Förderungen – wie etwa Zuschüssen und steuerlichen Anreizen – kommt dabei große Bedeutung zu. Zur Legitimierung des Handelns in Organisationen und zum Nachweis umweltethischen Verhaltens ist neben begleitenden Maßnahmen zur Kontrolle die Erfassung der Wirkungen von umweltbezogenen Maßnahmen auf Kosten und Erträge durch das Rechnungswesen notwendig. Darüber hinaus ist eine adäquate gesellschaftsbezogene Umweltrechnungslegung zur externen Information von öffentlichem Interesse.

Beachtung des Bewußtseins

Zusammenfassend ist über das freiwillige ökologieorientierte Verhalten von Unternehmen hinaus die Anpassung an das allmählich wachsende allgemeine Umweltbewußtsein als Gebot der heutigen Zeit aufzufassen. Dies bedeutet die Notwendigkeit der Ausrichtung sämtlicher unternehmerischer Aktivitäten an ökologischen Gegebenheiten und Erfordernissen. Der Bewahrung öffentlicher Güter ist in diesem Zusammenhang der Vorrang vor einzelwirtschaftlichen Interessen zu gewähren. Langfristig ist ein sinnvolles umweltethisches Verhalten seitens der Unternehmen nur dann gesichert, wenn von den Unternehmen ein aktiver – nicht wie bisher meist reaktiver – Umweltschutz als Resultat der Wahrnehmung ökologischer Verantwortung praktiziert wird. In diesem Rahmen ist es durchaus möglich und wünschenswert, daß die Unternehmen die Chancen nützen, die durch den Umweltschutz geboten werden.

Makro-Ebene (Gesellschaft)

Ohne strukturelle Änderungen werden die Bemühungen auf individueller Ebene nicht ausreichend zur Geltung kommen. Seitens des Staates sind im Dienste des Umweltschutzes – ausgerichtet an umweltethischen Grundsätzen – politische und wirtschaftliche

Rahmenbedingungen zu schaffen, wobei hier eine entsprechende Umwelt- und Wirtschaftspolitik gemeint ist. Zur Manifestierung des Strebens nach gesamtgesellschaftlich umweltorientiertem Verhalten erscheint auch die Forderung der Verankerung des Grundrechts auf eine intakte, natürliche Umwelt nicht ungerechtfertigt.

Der Vorsorge zur Vermeidung von Umweltschäden und Belastungen ist besonders im Hinblick auf die nachträgliche und mühsame, aufwendige und meist nur bedingt wirksame Beseitigung von Schäden entsprechende Aufmerksamkeit zu widmen. Nach dem Verursacherprinzip sind die Verursacher von Umweltschäden rechtlich haftbar zu machen. Da Umweltprobleme und -schäden grenzüberschreitend auftreten, kommt der zwischenstaatlichen Zusammenarbeit besondere Bedeutung zu. Völkerrechtliche Verträge müßten zur Überwindung räumlich eingeschränkter Regelungen beitragen. Die Selbstregenerierung der Natur ist nur dann gewährleistet, wenn auf die Wiedereinbringbarkeit von Abfällen und Schadstoffen in den Kreislauf der Natur ausreichend geachtet wird. Da immer weniger regenerierbare Ressourcen zur Verfügung stehen, ist die Sparsamkeit im Umgang damit ein dringliches Gebot der Stunde. Forschung beziehungsweise Investitionen auf dem Gebiet erneuerbarer und umweltverträglicher Ressourcen – insbesondere Energie – sollten verstärkt Gegenstand von Förderungen werden.

Grundsätzlich muß dem Schutz und der Pflege jener Grundlagen, die die Basis menschlichen Lebens bilden, Vorrang gegenüber jenen, die darauf aufbauen, gewährt werden. Insbesondere ist damit der Vorzug für die Verwirklichung und Respektierung jener Ansprüche gemeint, die sich vom Öko-System Mensch/Erde ableiten vor jenen, die sich lediglich aus menschlichen Sozialsystemen ergeben. Dementsprechend sind die Gesetzmäßigkeiten der Ökologie vorrangig vor den von menschlichen Interessen geschaffenen Gesetzmäßigkeiten der Wirtschaft ein- beziehungsweise unterzuordnen. Der Einsatz regenerierbarer Ressourcen hat Vorrang vor der Verwendung nicht erneuerbarer Rohstoffe. Reversible Schäden sind bei unvermeidbarer Inkaufnahme von Konsequenzen irreversiblen Schäden oder Langzeitfolgen vorzuziehen.

> **Umweltethisches Verhalten**
> - Wesentlich stärker umweltethisch orientiertes Verhalten auf allen Ebenen der Gesellschaft ist angesichts der gegenwärtigen Umweltsituation notwendig.
> - Diese Forderung setzt allerdings einen umfassenden Werte- und Einstellungswandel voraus, der im Moment sicherlich noch nicht ausreichend vollzogen ist.
> - Speziell produzierende Wirtschaftsunternehmen sind bei Zielsetzung und Entscheidungsverhalten zur verbindlichen Einbeziehung umweltethischer Grundsätze aufgefordert.
> - Umweltorientierte Maßnahmen sind dabei in allen Funktionsbereichen des Unternehmens vorzusehen.
> - Die Auswirkungen umweltorientierten Verhaltens lassen sich im einzelnen auch konkret in den Funktionsbereichen wie insgesamt nachweisen.

Die thesenartig, eher am „Sollte-sein" als am „Ist" orientierten, ohne Anspruch auf Vollständigkeit vorgenommenen Überlegungen zum umweltethischen Verhalten auf allen Ebenen der Gesellschaft zeigen ebenso starke Interdependenzen der Kriterien auf wie eine derzeit noch gößere Differenz zwischen den skizzierten Kriterien und den gegenwärtigen – mehr oder weniger fest verankerten – umweltspezifischen Werten und Einstellungen. Die Überwindung dieser Differenz scheint dabei hauptsächlich eine Frage des Wertewandels zu sein, letztlich also eine Frage der Zeit. Umweltethische Normen können mit Hilfe des aufgezeigten Rasters der Handlungsebenen und Wertedimensionen aus den zugeordneten Kriterien – deren Gebotscharakter unübersehbar ist – relativ leicht abgeleitet werden. Eines muß dabei jedoch stets klar bleiben: „ ... der Mensch und alle noch so wichtigen sozialen Gebilde des Menschen haben nur Zukunft, wenn auch die außermenschliche Schöpfung Zukunft hat." (G. Virt, Salzburg 1988.)

(Dieser Beitrag wurde GABLER'S MAGAZIN, Juni 1991, S. 30ff., entnommen.)

Musterverträge

Die folgenden Dokumente sollen eine kleine Auswahl dessen sein, welche Art von Verträgen im Umweltsponsoring zwischen Umweltverbänden und Unternehmen möglich sind und wie diese Verträge gestaltet werden können – zum Beispiel die Partnerschaftsvereinbarungen eines Umweltprojektes oder ein Lizenzvertrag.

Vereinbarung

zwischen
Umweltstiftung WWF-Deutschland,
Hedderichstraße 110, 6000 Frankfurt/Main 70

und

    vertreten durch

über die finanzielle Förderung des Umweltprojekts

_____

1. Umweltstiftung entwickelt z. Z. das Projekt mit der Kurzbezeichnung
„_____".
Der Gesamtkostenaufwand für die Realisierung dieses Vorhabens wird ca. DM _____ für _____ betragen.

2. _____ sichert die Finanzierung des Projekts durch eine Spende über DM _____. Die Spende soll bis zum _____ auf dem folgenden Konto der Umweltstiftung eingehen: Stadtsparkasse Frankfurt/Main, BLZ 500 501 02, Konto-Nr. 2000.
Eine Spendenquittung wird erteilt.

    Die Spende ist zweckgebunden für das o. g. Projekt zu verwenden. Bei Nichtdurchführung des Projektes wird die Summe zurückgezahlt.

3. _____ darf die Tatsache der Spende in angemessener Weise der Öffentlichkeit zur Kenntnis bringen. Soll in Druckwerken darauf hingewiesen werden, so ist die geplante Veröffentlichung vorab der Umweltstiftung zur Genehmigung vorzulegen.

    Diese Vereinbarung berechtigt nicht die Verwendung bestehender Schutzrechte.

Frankfurt am Main, den   _____

Umweltstiftung WWF-Deutschland   xY

Dokument 1: Beispiel für die vertragliche Vereinbarung eines Umweltprojektes
Quelle: WWF – Deutschland

Partnerschaftsvereinbarung

zur finanziellen Förderung des Umweltschutzprojektes

„Projektbezeichnung" ...

zwischen

Oro Verde-Stiftung zur Rettung der Tropenwälder
Bodenstedtstraße 4
6000 Frankfurt am Main 70

und

„Sponsorpartner"

1. Oro Verde konzipiert und führt das oben genannte Umweltschutzprojekt durch.

   Die Gesamtkosten für die Realisierung des Umweltschutzprojektes betragen insgesamt ca. DM ... für den Zeitraum von ... bis ...

   Die Kosten teilen sich bei mehrjährigen Projekten zeitlich folgendermaßen auf:

   1. Jahr

   2. Jahr

   3. Jahr

   Folgejahre:

2. *„Sponsor-Partner"* sichert die Finanzierung des Projekts durch eine Spende im oben als Gesamtkosten bezeichneten Umfang. Die Spende wird in jährlich gleichen oder den unten aufgeführten Raten gezahlt.

   Die erste Zahlung erfolgt bis zum _____ 19___ in Höhe von DM _____ .

   Weitere Zahlungen:

   „Datum/Betrag"

   auf eines der folgenden Konten von Oro Verde:

   Dresdner Bank AG München
   Konto 3255 70000 # BLZ 700 800 00
   Bank für Sozialwirtschaft Köln
   Konto 8310 000 # BLZ 370 205 00

   Frankfurter Sparkasse
   Konto 208 801 # BLZ 500 501 02
   Münchner Bank eG
   Konto 2184 940 # BLZ 701 901 00

Dokument 2: Beispiel für eine Partnerschaftsvereinbarung zur Förderung eines Umweltschutzprojektes

Quelle: Oro Verde

Eine Spendenquittung wird erteilt; die Spende ist zweckgebunden für das oben genannte Projekt zu verwenden.

3. „Sponsor-Partner" darf die Tatsache der Spende in angemessener Weise der Öffentlichkeit zur Kenntnis bringen.
4. Soll in Druckwerken auf die Spende hingewiesen werden, so sind Text und Layout vor Veröffentlichung Oro Verde vorzulegen.

   Insbesondere die Verwendung des Namens und des Bildzeichens von Oro Verde erfolgen nur nach vorheriger Abstimmung.
5. Analog wird verfahren, wenn auf Oro Verde-Materialien Name und/oder Logo von „Sponsor-Partner" Verwendung finden soll.
6. In Zusammenhang mit Ziffer 4 werden folgende Maßnahmen durchgeführt:

   _____

   _____

7. „Sponsor-Partner" erhält zweimal jährlich einen Zwischenbericht über getroffene Maßnahmen und Fortgang des Projekts.
8. „Sponsor-Partner" wird keine Aktivitäten unternehmen, die für das Ansehen von Oro Verde schädlich sind, oder den Zielen der Stiftung entgegenlaufen.

Frankfurt am Main, den _____

_____   _____
Oro Verde-Stiftung   „Sponsor-Partner"
zur Rettung der Tropenwälder

Lizenzvertrag

zwischen

der Panda Fördergesellschaft für Umwelt mbH,
Hedderichstraße 110, 6000 Frankfurt 70
– nachfolgend Lizenzgeber genannt –

und

– nachfolgend Lizenznehmer genannt –

1. Der Lizenzgeber ist aufgrund Gestaltung des World Wide Fund For Nature (früher: World Wildlife Fund), Gland/Schweiz (nachfolgend WWF Int. genannt) und der Umweltstiftung WWF-Deutschland (nachfolgend WWF-D genannt) berechtigt, die Lizenzrechte im Vertragsgebiet zu nutzen.

2. Der Lizenzgeber gestattet dem Lizenznehmer nach Maßgabe dieses Vertrages die Benutzung der Lizenzrechte für die Vertragswaren innerhalb des Vertragsgebietes.

3.1. Lizenzrechte sind die in Anlage A dieses Vertrages aufgeführten Warenzeichen, Urheberrechte, Urhebernutzungsrechte, Namen, Geschäftsabzeichen, Titel und Figuren.

3.2. Vertragswaren sind die in Artikel 4.1. aufgeführten Waren und Dienstleistungen.

3.3. Vertragsgebiet ist die Bundesrepublik Deutschland einschließlich Berlin (West) vorbehaltlich etwaiger Regelungen in Art. 4.5.

4. Besondere Vereinbarungen

4.1. zu Vertragswaren (Art. 3.2.):

4.2. zu Lizenzrechte (Art. 3.1. und 5.1.):

4.2.1. Benutzung der Kennzeichenrechte WWF

Bildzeichen Panda, Wortzeichen Panda, Namen Umweltstiftung WWF-Deutschland, WWF (Word Wide Fund for Nature)

4.2.2. Urhebernutzungsrechte:

4.2.3. Benutzungsform der Lizenzrechte:

4.2.4. Dreidimensionale Nutzung der Lizenzrechte:

4.3. Vom Lizenzgeber noch zu stellende Motive/Formen und Texte etc.:

4.4. Zusätzliche Absprachen:

4.5. Zu Vertragsgebiet (Art. 3.3.):

4.6. Art der Lizenz (Art. 6.):

Dokument 3: Lizenzvertrag der Umweltstiftung WWF-Deutschland zur Nutzung des Panda-Bären

4.7.	Schutzrechtshinweise (Art. 7.):
4.8. bis 4.11.:	Sonderregelungen entfallen in diesem Falle
4.12.	Zu Lizenzgebühren (Art. 12.):
4.12.1.	Garantielizenz:
4.12.2.	Lizenzgebühr:
4.12.3.	Sonstige Entgelte:
4.12.4.	Gesondert zu zahlende Lizenzgebühren/Nutzungsentgelte:
4.12.5.	Zeitpunkt der Übersendung der Lizenzabrechnung:
4.13.	Vertragsdauer (Art. 13.):
4.13.1.	Vertragsbeginn:
4.13.2.	Vertragsende:
4.14.	Sonderregelungen entfallen in diesem Falle
4.15.	Sonderregelungen entfallen in diesem Falle
4.16.	Abverkauf (Art. 16.):
5.	Lizenz
5.1.	Der Lizenznehmer wird nach den Bestimmungen des Art. 4 zu einer oder mehreren Nutzungsarten der Lizenzrechte ermächtigt:

    (1) Die Vertragswaren einschließlich deren Verpackung und Werbematerialien unter Verwendung der Warenzeichen und sonstigen Kennzeichen nach den Anlagen A und/oder B zu kennzeichnen.

    (2) die Vertragswaren unter Verwendung der Lizenzrechte – auch dreidimensional – herzustellen oder für sich herstellen zu lassen und/oder zu vertreiben.

    (3) die Lizenzrechte in der Werbung und Verkaufsförderung für die Lizenzwaren einzusetzen.

5.2. Soweit vom Lizenzgeber im Falle der Nutzung anderer als der in den Anlagen A und B aufgeführten Lizenzrechte an den Urheber oder dessen Beauftragten Lizenz- oder Nutzungsentgelte zu zahlen sind, sind diese vom Lizenznehmer zu tragen und werden nicht durch die Lizenzgebühr nach Art. 4.12. abgegolten. Das gleiche gilt, wenn dem Lizenzgeber durch die Zurverfügungstellung solcher anderer Lizenzrechte Kosten entstehen.

5.3. Vereinbaren die Vertragsparteien, daß der Lizenznehmer weitere Motive, Zeichnungen, Bilder und/oder Texte erstellt (Art. 4.3.) und/oder herstellen läßt, so gewährt der Lizenznehmer dem Lizenzgeber ein kostenloses, räumlich und zeitlich unbegrenztes Nutzungsrecht an diesen Werken einschließlich des Rechtes der Bearbeitung, Veränderung und der Erteilung von Nutzungsrechten an Dritte.

6. Art der Lizenz

Die Lizenz wird als einfache Lizenz erteilt. Ohne schriftliche Zustimmung des Lizenzgebers dürfen keine Unterlizenzen erteilt werden.

7. Pflichten des Lizenznehmers

7.1. Der Lizenznehmer verpflichtet sich, die Lizenzrechte zum Vorteil der Vertragsparteien in bestmöglichem Umfang zu benutzen. Der Lizenznehmer erkennt an, daß die Nutzung der Lizenzrechte ausschließlich dem Lizenzgeber bzw. dem WWF zu Gute kommt und die Lizenzrechte in deren alleinigem Eigentum stehen, und verpflichtet sich, alle Handlungen zu unterlassen, die die Lizenzrechte im Vertragsgebiet gefährden könnten.

7.2. Der Lizenznehmer wird im Falle der Benutzung der lizenzierten Warenzeichen nach Anlage A an geeigneter Stelle den Vermerk: # = Warenzeichen des WWF Int. oder # = reg. WZ des WWF Int. auf den Vertragswaren und/der deren Verpackung und den Werbematerialien hierfür anbringen.

7.3. Der Lizenznehmer wird in gleicher Weise im Falle der Benutzung der unter Copyright stehenden Lizenzrechte den Vermerk verwenden: # = Copyright des WWF Int.

7.4. Im Falle der Nutzung der Lizenzrechte nach Anlage C wird der Lizenznehmer die vom Lizenzgeber im Einzelfall vorgeschriebenen Schutzrechtshinweise (Art. 4.8.) verwenden.

7.5. Im Falle der Benutzung der Kennzeichenrechte nach den Anlagen A und B ist der Lizenznehmer verpflichtet, ggf. nach Weisung des Lizenzgebers geeignete Aufzeichnungen über den Umfang der Benutzung der Lizenzrechte zu führen, insbesondere nach Art, Anzahl, Umsatz und Benutzungsdauer der Kennzeichen für die Vertragswaren. Sie sind mindestens einmal pro Kalenderjahr, spätestens drei Monate nach dem Ablauf des Kalenderjahres, dem Lizenzgeber zu übergeben bzw. im Falle der Vertragsbeendigung drei Monate nach Ablauf des Vertrages. Diese Aufzeichnungen können mit den Abrechnungen nach Art. 12.5. verbunden werden.

7.6. Der Lizenznehmer wird seinen Unterlizenznehmern, Vor- und Sublieferanten, Auftragnehmern und Vertriebsbeauftragten die dem Lizenznehmer obliegenden Verpflichtungen aus diesem Vertrag auferlegen und insbesondere Sorge dafür tragen, daß diese Vertragspartner die Lizenzrechte nicht außerhalb ihrer Tätigkeit zugunsten des Lizenznehmers im Rahmen dieses Vertrages nutzen.

8. Nachfolgerechte

8.1. Sollte der Lizenznehmer durch den Gebrauch der Lizenzrechte irgendwelche Benutzungsrechte oder eigene gewerbliche Schutzrechte erwerben (insbesondere Warenzeichenrechte oder Ausstattungsrechte), so verpflichtet er sich, so erworbene Rechte nach Maßgabe des Lizenzgebers auf diesen oder den WWF zu übertragen, spätestens mit Beendigung dieses Vertrages.

8.2. Bearbeitungsurheberrechte, welche durch die Verwendung der Lizenzrechte z. B. infolge der Gestaltung der Vertragswaren oder der Werbematerialien entstehen, fallen mit ihrer Entstehung zur ausschließlichen, räumlich und zeitlich unbegrenzten und kostenlosen Nutzung einschließlich des Rechtes der Bearbeitung und Veränderung und der Erteilung von Nutzungsrechten an Dritte an den Lizenzgeber.

8.3. Der Lizenznehmer ist nicht berechtigt, Geschmacksmuster oder Designregisterrechte aufgrund der Ausübung der mit diesem Vertrag eingeräumten Nutzungsrechte oder im Zusammenhang mit diesen für sich registrieren zu lassen. Demzuwider auf den Namen des Lizenznehmers angemeldete und/oder erteilte Geschmacksmuster- oder Designregisterrechte sind unverzüglich nach Weisung des Lizenzgebers auf diesen oder von ihm benannte Dritte zu übertragen. Die gleiche Verpflichtung gilt für den Fall, daß der Lizenzgeber der Eintragung solcher Rechte auf den Namen des Lizenznehmers zugestimmt hat. Das gleiche gilt in bezug auf Entwürfe und Modelle, die der Lizenzgeber anläßlich dieses Vertrages dem Lizenznehmer zur Kenntnis gebracht hat, ohne daß diese später Gegenstand der Lizenzrechte wurden.

9. Qualität der Lizenzprodukte und Werbematerialien und deren Kontrolle.

9.1. Der Lizenznehmer wird die Lizenzrechte nur für Erzeugnisse und/oder Dienstleistungen benutzen, deren Qualität, Aufmachung, Verpackung und Art der Darbietung (Werbung, Vertriebssystem) dem Ansehen und den Zielen des Lizenzgebers bzw. des WWF Int. entsprechen.

Im übrigen gelten die Vereinbarungen nach Art. 4.

9.2. Der Lizenznehmer verpflichtet sich, seine Werbekonzeption für die Lizenzrechte und Vertragswaren im Entwurf dem Lizenzgeber vorzulegen. Die Werbekonzeption bedarf der Genehmigung des Lizenzgebers. Der Lizenznehmer verpflichtet sich im übrigen, vor Beginn der Serienproduktion bzw. vor Beginn des Vertriebes dem Lizenzgeber Muster der Vertragswaren und deren Verpackung sowie sämtlicher Werbematerialien und Verkaufsunterlagen vorzulegen. Mit dem Vertrieb und der Benutzung dieser Materialien darf der Lizenznehmer erst nach Freigabe durch den Lizenzgeber beginnen. Das gleiche gilt im Falle der Abänderung der Waren, Verpackungen und Unterlagen.

Dies gilt während der Dauer dieses Vertrages auch für solche Waren und Werbematerialien, die ohne Verwendung der Lizenzrechte hergestellt und/oder gestaltet sind, wenn diese Gegenstände Darstellungen oder Informationen über Tätigkeiten, Aufgaben oder Objekte enthalten, die den Zielen und Aufgaben des WWF im Rahmen der Arterhaltung, der Förderung, des Schutzes und der Gestaltung der natürlichen Umwelt unterfallen.

9.3. Der Lizenznehmer verpflichtet sich, von allen Vertragswaren und Werbematerialien (einschließlich etwaiger Werbefilmen, Werbespots und Videos) dem Lizenzgeber Belegexemplare in der vom Lizenzgeber gebilligten Form zum Zeitpunkt der ersten Inbenutzungnahme sowie danach alle sechs Monate kostenlos zur Verfügung zu stellen.

Abweichend hiervon kann der Lizenzgeber jederzeit die Überlassung weiterer Exemplare der vorstehend genannten Gegenstände zwecks Überprüfung vom Lizenznehmer anfordern, wenn er vermutet, daß der Lizenznehmer von den genehmigten Mustern abweicht. Der Lizenznehmer gestattet dem Lizenzgeber, nach angemessener Anmeldung durch den Lizenzgeber, die Produktionsstätten zu inspizieren.

9.4. Der Lizenznehmer stellt alle Beanstandungen durch den Lizenzgeber im Hinblick auf den Gebrauch der Lizenzrechte umgehend ab.

9.5. Der Lizenznehmer überläßt im übrigen dem Lizenzgeber die Vertragswaren zu den günstigsten Abgabepreisen des Lizenznehmers zum internen Ver-/Gebrauch innerhalb der Organisation des Lizenzgebers und des WWF.

9.6. Der Lizenznehmer verpflichtet sich, alle an ihn gerichteten Anfragen nach der Tätigkeit des und nach Information über den WWF an den Lizenzgeber unverzüglich weiterzuleiten.

10. Haftung

10.1. Der Lizenzgeber haftet nicht dafür, daß die Lizenzrechte bestandskräftig sind und daß die Lizenzrechte im Vertragsgebiet nicht in Rechte Dritter, insbesondere in gewerbliche oder geistige Schutzrechte Dritter, eingreifen.

10.2. Die Freigabe nach Ziff. 9.2.–9.4. enthält insbesondere keine Überprüfung daraufhin, ob die Vertragsprodukte und die Werbung hierfür mit den im Vertragsgebiet gültigen Gesetzen und Rechten in Einklang stehen. Insoweit stellt der Lizenznehmer den Lizenzgeber, WWF Int. und/oder WWF-D hinsichtlich aller Ansprüche Dritter, Verwaltungsakte und/oder verhängter Bußgelder im Zusammenhang mit der Benutzung der Lizenzrechte und der hierfür betriebenen Werbung frei.

10.3. Es obliegt dem Lizenznehmer, alle Vorschriften hinsichtlich der technischen Beschaffenheit der Vertragswaren zu beachten. Der Lizenznehmer stellt den Lizenzgeber, den WWF Int. und/oder die WWF-D von jeglicher Haftung im Rahmen der Produkthaftung oder der Gefährdungshaftung im Zusammenhang mit der Produkthaftung frei.

11. Rechtsverletzungen

11.1. Der Lizenznehmer informiert den Lizenzgeber unverzüglich, sofern er im Vertragsgebiet Verletzung der Lizenzrechte durch dritte Personen, ggf. auch durch Akte unlauteren Wettbewerbs, feststellt.

11.2. Der Lizenzgeber entscheidet nach eigenem Ermessen, welche Verletzung der Lizenzrechte gerichtlich verfolgt werden. Im Falle der Verfolgung etwaiger Verletzungen der Lizenzrechte ist der Lizenznehmer verpflichtet, den Lizenzgeber, WWF Int. und/oder WWF-D angemessen zu unterstützen.

11.3. Sollte der Lizenznehmer im Zusammenhang mit der Benutzung der Lizenzrechte von dritter Seite angegriffen werden, insbesondere wegen Verletzung gewerblicher oder geistiger Schutzrechte Dritter, ist der Lizenznehmer verpflichtet, den Lizenzgeber unverzüglich und umfassend zu unterrichten. Der Lizenzgeber wird den Lizenznehmer durch Informationserteilung angemessen unterstützen.

12. Lizenzgebühren

12.1. An den Lizenzgeber zu zahlende Lizenzgebühren und Entgelte sind zuzüglich der jeweils gültigen Mehrwertsteuer zu zahlen.

12.2. Die Garantielizenz ist jeweils mit Vertragsbeginn fällig, sonstige Entgelte jeweils vier Wochen nach Rechnungstellung durch den Lizenzgeber.

12.3. Im Falle einer Vertragsverlängerung entsteht der Anspruch auf die Garantielizenz in der nach Art. 4.12. vereinbarten Höhe im Verhältnis der Dauer der Vertragsverlängerung zur nach Art. 4.13. vereinbarten Vertragsdauer.

12.4. Die Umsatzlizenzen sind nach dem Verkaufspreis des Lizenznehmers vor Mehrwertsteuer und Versandkosten aber ohne Berücksichtigung von Abschlägen, Skonto oder Rabatten zu berechnen.

12.5. Die Abrechnung der Lizenzgebühren erfolgt halbjährlich.

Der Lizenznehmer legt über die getätigten Verkäufe Rechnung.

Der Lizenzgeber kann verlangen, daß ein vereidigter Buchprüfer oder Sachverständiger Einsicht in die Bücher des Lizenznehmers und/oder gegebenenfalls in die der Unterlizenznehmer nehmen kann. Die dabei entstehenden Kosten werden vom Lizenznehmer getragen, wenn die Überprüfung eine Abweichung von den Abrechnungen des Lizenznehmers in Höhe von mindestens 2 % zu Lasten des Lizenzgebers ergeben.

12.6. Die Lizenzgebühren sind spätestens 6 Wochen nach dem Abrechnungszeitraum fällig. Der Lizenznehmer kommt im Falle mangelnder oder nicht vollständiger Zahlung der Lizenzgebühren und/oder der sonstigen Entgelte zum Fälligkeitszeitpunkt – maßgebend ist der Eingang der Zahlung beim Lizenzgeber – ohne weitere Mahnung in Verzug und ist zur Zahlung von Verzugszinsen in Höhe von 2 % über dem Diskontsatz der Deutschen Bundesbank, mindestens aber in Höhe von 5 % auf die ausstehenden Beträge verpflichtet.

13. Vertragsverlängerung

Wird der Vertrag von den Vertragsparteien verlängert, so verlängert er sich um 12 Monate.

14. Nichtausübung der Lizenzrechte

14.1. Der Lizenzvertrag erlischt, wenn der Lizenznehmer die Vertragswaren nicht spätestens 7 Monate nach dem in diesem Vertrag vereinbarten Vertragsbeginn auf den Markt gebracht hat, ohne daß dadurch der Anspruch des Lizenzgebers auf Zahlung der Garantielizenz oder etwaiger von der Ausübung der Lizenz unabhängiger Entgelte entfällt.

14.2. Im Falle der Vertragsverlängerung erlischt der Lizenzvertrag automatisch, wenn der Lizenznehmer die Lizenzrechte während einer Dauer von 7 Monaten ausübt.

15. Kündigungsrecht

15.1. Verletzt der Lizenznehmer die ihm aus diesem Vertrag obliegenden Pflichten, kann der Lizenzgeber dem Lizenznehmer eine Frist von 30 Tagen setzen, binnen welcher der Lizenznehmer die Pflichtverletzungen abzustellen hat, andernfalls der Lizenzgeber den Vertrag mit sofortiger Wirkung kündigen kann. Für den Fall, daß der Lizenznehmer falsche Angaben über die Ziele und Tätigkeiten des WWF verbreitet, kann der Lizenzgeber eine kürzere, dem Einzelfall angemessene Frist setzen. Das gleiche gilt für den Fall, daß der Lizenzgeber, WWF-D und/oder WWF Int., wegen unlauterer Werbung des Lizenznehmers in Anspruch genommen wird.

15.2. Der Lizenzgeber ist zur sofortigen Kündigung berechtigt, wenn der Lizenznehmer zahlungsunfähig wird, das Vergleichs- oder Konkursverfahren gegen ihn eröffnet oder mangels Masse die Eröffnung des Konkursverfahrens abgelehnt wird oder der Lizenznehmer sonstwie liquidiert wird.

16. Abverkauf

16.1. Für den Fall, daß der Lizenznehmer zum Vertragsende noch nicht alle Vertragswaren verkauft und/oder ausgeliefert hat und noch auf Lager hält, werden die Vertragsparteien ggf. Vereinbarungen über den Zeitraum des Abverkaufs nach Vertragsende treffen, sofern unter Art. 4.16. keine andere Regelung vereinbart wurde.

16.2. Der Lizenznehmer verpflichtet sich, mit Vertragsende alle Muster, Modelle, Formen, Werkzeuge und Werbevorlagen, die Darstellungen oder Nachbildungen der Lizenzrechte enthalten, zu vernichten oder nach Wunsch des Lizenzgebers an diesen auszuhändigen und vorbehaltlich etwaiger Regelungen zu Art. 16.1. die durch diesen Vertrag eingeräumten Lizenzrechte nicht mehr zu nutzen.

17. Sonstiges

17.1. Die Kündigung des Vertrages hat durch eingeschriebenen Brief mit Rückschein zu erfolgen. Maßgebend ist das Datum des Einganges des Kündigungsschreibens beim Empfänger.

17.2. Vertragsänderung und Nebenabreden bedürfen zu ihrer Rechtswirksamkeit der Schriftform.

17.3. Erfüllungsort ist Frankfurt.

17.4. Auf diesen Vertrag ist deutsches Recht anwendbar.

17.5. Gerichtsstand für alle Streitigkeiten aus diesem Vertrag und seiner Beendigung sind nach Wahl des Lizenzgebers die Gerichte in Frankfurt oder die für den Sitz des Inlandsvertreters des WWF Int. nach § 35 WzG zuständigen Gerichte.

Frankfurt/Main,
Panda Fördergesellschaft für Umwelt mbH

Anlage A

Gewerbliche Schutzrechte und Urheberrechte des WWF Int.

Lizenzrechte sind:

I. Warenzeichen

    1. Darstellung Pandabär

    2. auch mit dem Zusatz „WWF" benutzbar:

Warenzeichen-Nr. IR 511 630

II. Copyright

1. Copyright 1986 World Wide Fund for Nature / World Wildlife Fund

III. Übrige Rechte, Namen, Titel und Geschäftsabzeichen

„World Wildlife Fund", „WWF", „Umweltstiftung WWF-Deutschland", „World Wide Fund for Nature"

Abgesehen von der in Ziffer I.1. genannten Form ist die Benutzung beschränkt auf die Wiedergabe im Zusammenhang mit Hinweisen auf die Tätigkeit der Umweltstiftung WWF-Deutschland und/oder des WWF-Int.

Adressen von Umweltverbänden und Unternehmen

Umweltverbände

Oro Verde –
Stiftung zur Rettung des tropischen Regenwaldes
Bodenstedtstraße 4
6000 Frankfurt/Main 70

Umweltstiftung WWF Deutschland
Hedderichstraße 110
6000 Frankfurt/Main 70

Naturschutzbund Deutschland e.V. (ehemals Deutscher Bund für Vogelschutz)
Naturschutzbund Deutschland Landesverband NRW e.V.
Am Lippeglacis 10
4230 Wesel

Deutsche Umwelthilfe e.V.
LV Niedersachsen
Goebenstraße 3A
3000 Hannover 1

Bund für Umwelt und Naturschutz Deutschland e.V.
– BUND –
Im Rheingarten 7
5300 Bonn 3

Greenpeace e.V.
Vorsetzen 53
Hafen-Hof
2000 Hamburg 11

Robin Wood e.V.
Nernstweg 32
2000 Hamburg 50

Aktionsgemeinschaft Umwelt, Gesundheit, Ernährung e.V.
Christian-Förster-Straße 19
2000 Hamburg 20

Bundesdeutscher Arbeitskreis für umweltbewußtes Management e.V. – B.A.U.M.
Tinsdaler Kirchenweg 211
2000 Hamburg 56

Unternehmen

Commerzbank AG
Neue Mainzer Straße 32-36
6000 Frankfurt/Main 1

Deutsche Lufthansa AG
Lufthansa – Basis
6000 Frankfurt/Main 75

Hertie Waren- und Kaufhaus
GmbH
Zentralverwaltung
Herriotstaße 4
6000 Frankfurt/Main 71

Adam Opel AG
Postfach 17 10
Bahnhofsplatz 1
6090 Rüsselsheim

AEG Hausgeräte AG
Muggenhofer Straße 135
8500 Nürnberg 80

Privatbrauerei Diebels
GmbH & CO.KG
Postfach 11 61 & 11 62
Brauerei-Diebels-Straße 1
4174 Issum

Licher Privatbrauerei
Ihring-Melchior KG
In den Hardtberggärten
6302 Lich

Alpirsbacher Klosterbräu
Glauner GmbH & Co.
Marktplatz 1
Postfach 12 20
7297 Alpirsbach

Otto Versand Hamburg
Wandsbeker Straße 3–7
2000 Hamburg 71

Lotus Development GmbH
Baierbrunner Straße 35
8000 München 70

Environment Consulting
Schmiedhofsweg 1
5000 Köln 71

Verzeichnis der Abbildungen

Abbildung 1:	Das Signet von Oro Verde	39
Abbildung 2:	Panda-Emblem des WWF	71
Abbildung 3:	Anknüpfungspunkte für ein Umweltsponsoring mit dem WWF	73
Abbildung 4:	Verbandslogo des Naturschutzbundes Deutschland	82
Abbildung 5:	Das Signet der Deutschen Umwelthilfe e.V.	90
Abbildung 6:	Emblem des Bundes für Umwelt und Naturschutz Deutschland e.V. (BUND)	96
Abbildung 7:	Das Emblem von Greenpeace	101
Abbildung 8:	Schriftzug von Robin Wood	105
Abbildung 9:	B.A.U.M.-Schriftzug	110
Abbildung 10:	Das Signet von A.U.G.E.	112
Abbildung 11:	Das Firmensignet der Commerzbank	129
Abbildung 12:	Das Kranich-Emblem der Deutschen Lufthansa AG	139
Abbildung 13:	Das Firmenlogo von Hertie	153
Abbildung 14:	Signet der Adam Opel AG	160
Abbildung 15:	Firmenschriftzug der AEG	166
Abbildung 16:	Emblem der Privatbrauerei Diebels GmbH	172
Abbildung 17:	Firmensignet der Licher Privatbrauerei KG	179
Abbildung 18:	Firmenlogo der Alpirsbacher Klosterbräu GmbH	185
Abbildung 19:	Emblem der Alpirsbacher Naturhilfe	186
Abbildung 20:	Firmensignet des Otto Versand Hamburg	193
Abbildung 21:	Firmenlogo von Lotus Development	207
Abbildung 22:	Ökosensibles Unternehmensumfeld	214
Abbildung 23:	Stärkere Umweltorientierung der Stellenbewerber	215
Abbildung 24:	Umweltverträgliches Produktdesign	222
Abbildung 25:	Kriterien der Umweltethik	232

Literatur zum Thema Umweltsponsoring

Apitz, K./Gege, M.: Was Manager von der Blattlaus lernen können – Erfolgsrezepte der Natur im Unternehmen anwenden; Wiesbaden 1991.

Auer, A.: Umweltethik; Düsseldorf 1984.

Beauchamp, T.L./Bowie, N.E. (Eds.): Ethical Theory and Business; Englewood Cliffs, N. J. 1988.

Birnbacher, D. (Hrsg.): Ökologie und Ethik; Stuttgart 1980.

Brandt, A./Hansen, U./Schoenheit, I./Werner, K. (Hrsg.): Ökologisches Marketing; Frankfurt a.M. 1988.

Bruhn, M.: Marketing für nichtkommerzielle Aufgaben und Institutionen in Europa, in: Kölner Schriften zum Marketing, Hrsg: *Kölnische Rundschau*; Köln 1975, S. 33–65.

Bruhn, M.: Sponsoring; Unternehmen als Mäzene und Sponsoren; 2. Aufl., Frankfurt a.M./Wiesbaden 1991.

Bruhn, M.: Immer glaubwürdig bleiben; Ratschläge für das Umweltsponsoring, in: *Manager Magazin*, 6/1989, S. 174.

Bruhn, M.: Sozio- und Umweltsponsoring; Engagements von Unternehmen für soziale und ökologische Aufgaben; München 1990.

Bruhn, M.: Sozio- und Umweltsponsoring in der Bundesrepublik; Ergebnisse einer Unternehmensbefragung, in: Arbeitspapiere des Instituts für Marketing an der European Business School, Nr. 11, Hrsg.: Bruhn, M., Schloß Reichartshausen (Rheingau) 1990.

Bruhn, M.: Sponsoring im sozialen und ökologischen Bereich – Ziele, Einsatzbereiche, Konzeptionen, Ergebnisse, in: Sponsoring für Umwelt und Gesellschaft; Neue Instrumente der Unternehmenskommunikation, Hrsg.: Bruhn, M./Dahlhoff, H.D., Schloß Reichartshausen und Bonn 1990.

Bruhn, M./Dahlhoff, H.D. (Hrsg.): Sponsoring für Umwelt und Gesellschaft; Neue Instrumente der Unternehmenskommunika-tion. Beiträge zum Sponsoring im sozialen und ökologischen Bereich; Schloß Reichartshausen und Bonn 1990.

Bruhn, M./Wieland, Th.: Sponsoring in der Bundesrepublik; Ergebnisse einer Unternehmensbefragung, Arbeitspapier Nr. 10 des Instituts für Marketing an der European Business School, Hrsg.: Bruhn, M., Schloß Reichartshausen (Rheingau) 1988.

Clüver, H. u.a.: Sponsoring: Auf die sanfte Tour, in: *Manager Magazin*, Nr. 3/1989.

Cremer, S.M.: Sozio- und Umweltsponsoring aus Sicht des Beraters – Hilfestellung für nichtkommerzielle Organisationen, in: Sponsoring für Umwelt und Gesellschaft; Neue Instrumente der Unternehmenskommunikation, Hrsg.: Bruhn, M./Dahlhoff, H.D., Schloß Reichartshausen und Bonn 1990.

Dahlhoff, H.D.: Zur Standortbestimmung des Sozio- und Umweltsponsoring – Zehn Thesen, in: Sponsoring für Umwelt und Gesellschaft; Neue Instrumente der Unternehmenskommunikation, Hrsg.: Bruhn, M./Dahlhoff, H.D., Schloß Reichartshausen und Bonn 1990.

Demmer, C.: Der grüne Schein, in: *Manager Magazin*, Nr. 6/1989.

Enderle, G.: Ethik als unternehmerische Herausforderung, in: Die Unternehmung 6/1987.

Frank, H./Plaschka, G./Rößl, D.: Umweltschutzeinstellungen und Wertewandel von Führungskräften, in: Frank, H./Plaschka, G./Rößl, D. (Hrsg.): Umweltdynamik. Wien/New York 1988.

Gellerman, S.W.: Warum gute Manager ethisch fragwürdige Entscheidungen treffen, in: *HARVARD manager* 1/1987.

Gödde, M.: Kooperationsmodelle zwischen Wirtschaft und Naturschutz, in: *Zeitschrift für angewandte Umweltforschung*, 2. Jg., Nr. 4/1989.

Haag, D.W.: Sponsoringaktivitäten des World Wide Fund for Nature (WWF) – Formen, Konzepte, Erfahrungen, in: Sponsoring für Umwelt und Gesellschaft; Neue Instrumente der Unternehmenskommunikation, Hrsg.: Bruhn, M./Dahlhoff, H.D., Schloß Reichartshausen und Bonn 1990.

Händel, W.: Das Sozial- und Umweltengagement der Matuschka

Gruppe, in: Sponsoring für Umwelt und Gesellschaft; Neue Instrumente der Unternehmenskommunikation, Hrsg.: Bruhn, M./ Dahlhoff, H.D., Schloß Reichartshausen und Bonn 1990.

Heyder, H.: Umwelt-Bewußtsein zur Chance machen, in: *Marketing-Journal*, 2/1989.

Holzmüller, H.H./Pichler, C: Ansätze zur Operationalisierung des Konstruktes „Umweltbewußtsein" von Konsumenten; Ein Forschungsüberblick; Wien 1988.

Hungermann, K.: Natürliche Imagepflege; Immer mehr Firmen finanzieren Umweltprojekte, in: *Die Zeit*, Nr. 33 vom 11. August 1989.

Jonas, H.: Das Prinzip Verantwortung; Versuch einer Ethik für die technologische Zivilisation; Frankfurt/M. 1979.

Kampits, P.: Zu einem Frieden mit der Natur; Philosophische Überlegungen zu einer neuen Verantwortung, in: Bauer, D.M./ Virt, G. (Hrsg.): Für ein Lebensrecht der Schöpfung; Analysen, Visionen und Strategien zur Bewältigung der Umweltkrise; Salzburg 1988.

Knopf, D.: Sponsoring aus Sicht der nichtkommerziellen Organisationen, in: Sponsoring für Umwelt und Gesellschaft; Neue Instrumente der Unternehmenskommunikation, Hrsg.: Bruhn, M./Dahlhoff, H.D., Schloß Reichartshausen und Bonn 1990.

Kögel, A.: Sponsoring im Umweltschutz; Ein innovatives Kommunikationsinstrument für Unternehmen als Reaktion auf ökologische, gesellschaftliche und kommunikative Veränderungen, (unveröffentlichte) Diplomarbeit an der Hochschule für Künste, Berlin 1988.

Kommission der Europäischen Gemeinschaft (Hrsg.): Die Europäer und ihre Umwelt, Brüssel 1986.

Kotler, Ph.: Marketing for Nonprofit-Organisationen; Stuttgart 1978.

Kreikebaum, H.: Strategische Führung, in: Kieser, A. et al. (Hrsg.): HWB der Führung; Stuttgart 1987.

Lattmann, C. (Hrsg.): Ethik und Unternehmensführung; Heidelberg 1988.

Limbach, D.P.: Die steuerliche Förderung des Umweltschutzes; Heidelberg 1991.

Matthews, J./Goodpaster, K./Nash, L.: Policies and Persons; New York 1985.
Meffert, H./Bruhn, M./Schubert, F./Walther, Th.: Marketing und Ökologie; Chancen und Risiken umweltorientierter Absatzstrategien der Unternehmungen, in: *Die Betriebswirtschaft*, 46. Jg., Nr. 2/1986.
Meyer-Abich, K.M.: Wege zum Frieden mit der Natur; München/ Wien 1984.
Michahelles, R./Sietz, M. (Hrsg.): Umwelt-Checklisteen für Manager – Schneller Überblick und Rat für Unternehmen und Führungskräfte in Fragen des Umweltschutzes; Taunusstein 1989.
Mussler, D.: Sozio- und Umweltsponsoring aus Sicht des Beraters – Hilfestellungen für Unternehmen, in: Sponsoring für Umwelt und Gesellschaft. Neue Instrumente der Unternehmenskommunikation, Hrsg.: Bruhn, M./Dahlhoff, H.D., Schloß Reichartshausen und Bonn 1990.
Nothelfer, C.: Global Marketing für den Naturschutz; (unveröffentlichte) Diplomarbeit an der European Business School, Schloß Reichartshausen, Februar 1988.
Oberholz, A.: Umweltsponsoring: Einsicht oder Image?, in: *Blick durch die Wirtschaft* vom 17. September 1989.
Pick, H.-J.: Sponsoringaktivitäten der Aktionsgemeinschaft Umwelt, Gesundheit, Ernährung e.V.(A.U.G.E.), in: Sponsoring für Umwelt und Gesellschaft; Neue Instrumente der Unternehmenskommunikation, Hrsg.: Bruhn, M./Dahlhoff, H.D., Schloß Reichartshausen und Bonn 1990.
Pschorr, J.: Wie aktiv sind Sozio-Programme? Natur, Kultur und Bildung als Basis von Imagepositionen, in: *Absatzwirtschaft*, Nr. 10/1989.
Sietz, M./Michahelles (Hrsg.): Umwelt-Checklisten für Manager. Schneller Überblick und Rat für Unternehmer und Führungskräfte in Fragen des Umweltschutzes; Taunusstein 1989.
Schreiber, R./Seidel, W.: Mehr als ökologisches Feigenblatt. Natur-Sponsoring – nicht Imagepflege, sondern Umkehr zu einem neuen Denken, in: *Horizont* Nr. 34 vom 25. August 1989.
Schierenbeck, H./Seidel, E. (Hrsg.): Ökologisierung der Wirtschaft; Die Rolle der Banken; Wiebaden 1991.

Schreiner, M.: Umweltmanagement in 22 Lektionen; Ein ökonomischer Weg in eine ökologische Wirtschaft; Wiesbaden 1988.

Steinmann, H./Oppenrieder, B.: Brauchen wir eine Unternehmensethik?, in: *Die Betriebswirtschaft*, 45/1985, 2.

Steger, U.: Umweltmanagement; Erfahrungen und Instrumente einer umweltorientierten Unternehmensstrategie; Frankfurt a. M. und Wiesbaden 1988.

Strunz, H.: Umweltmanagement, in: *Die Betriebswirtschaft*, 49/1989, 5.

Strunz, H.: Ökologieorientierte Unternehmensführung, in: *io Management Zeitschrift* 7/8/1990.

Teutsch G.M.: Lexikon der Umweltethik; Göttingen/Düsseldorf 1985.

Virt, G.: Umwelt – eine Gewissensfrage? Analyse – Vision – Folgerungen, in: Bauer, D. M./Virt, G. (Hrsg.): Für ein Lebensrecht der Schöpfung; Analysen, Visionen und Strategien zur Bewältigung der Umweltkrise; Salzburg 1988.

Würtenberger, G.: Keine Tricks! Ökomarketing: Werbung und Umweltschutz, in: *Absatzwirtschaft*, Nr. 3/1989.

Zorn, W.: Sozio- und Umweltsponsoring bei IBM – Integration in die Unternehmens- und Kommunikationsstrategie, in: Sponsoring für Umwelt und Gesellschaft; Neue Instrumente der Unternehmenskommunikation, Hrsg.: Bruhn, M./Dahlhoff, H.D., Schloß Reichartshausen und Bonn 1990.

Weitere Titel der F.A.Z./Gabler-Edition zum Thema Sponsoring

Manfred Bruhn
Sponsoring

501 Seiten, 2. Auflage 1991

Sponsoring ist eines der faszinierendsten Phänome unserer Zeit. Doch für viele beschränkt sich seine Bedeutung auf die Werbung am Rande des Fußballfeldes oder das Firmenlogo auf dem Trikot des Sportlers. Die Möglichkeiten des Sponsorings und seine Vielschichtigkeit werden nur selten wirklich erkannt und genutzt.

Der Autor Manfred Bruhn liefert mit seinem Werk SPONSORING die erste kompakte Darstellung dessen, was unter Sponsoring zu verstehen ist und wie es als Instrument der Unternehmenskommunikation eingesetzt werden kann.

Die unternehmerische Entscheidung über ein Sponsoringengagement sollte nicht dem Zufall überlassen werden. Sponsoring ist ein eigenständiges Instrument der Unternehmenskommunikation und muß deshalb aus Unternehmenssicht systematisch geplant und eingesetzt werden.

Sponsoring bietet für alle Unternehmen neue Vorteile und Möglichkeiten. Es ist mehr als nur eine Modethema – es ist *das* Kommunikationsinstrument der neunziger Jahre.

Die erste Auflage hat sich bereits zu einem Standardwerk entwickelt. Die jetzt vorliegende zweite Auflage wurde völlig neu bearbeitet und erweitert, um damit der dynamischen Entwicklung im Sponsoring der letzten Jahre gerecht zu werden.

Weitere Titel der F.A.Z./Gabler-Edition zum Thema Sponsoring

Manfred Bruhn
H. Dieter Dahlhoff
Kulturförderung – Kultursponsoring

387 Seiten, 1989

Heute noch in den Kinderschuhen, morgen ein erfolgreiches Instrument der Unternehmenskommunikation: das Kultursponsoring. Noch ist die Bundesrepublik Deutschland noch weit hinter anderen Ländern zurück, doch wird auch hierzulande mehr und mehr erkannt, welche Bedeutung professionelles Kultursponsoring für ein Unternehmen haben kann.

Der Bereich ist neu, die Diskussion über Für und Wider lebhaft – Kulturförderung liegt im „Trend". Die beiden Herausgeber Manfred Bruhn und H. Dieter Dahlhoff haben sich dieser Diskussion angenommen. Durch Beiträge namhafter und auf ihrem Gebiet kompetenter Autoren zeigen sie die verschiedenen Perspektiven des Kultursponsorings auf: die Perspektive der Wissenschaft, der Kulturorganisationen, der Agenturen, der Medien und vor allem der Wirtschaft.

Kultursponsoring bietet für Unternehmen die Möglichkeit, ihre Unternehmenskultur und -kommunikation neu zu beleben. Vorteile und Möglichkeiten liegen nicht nur bei den Sponsoren, sondern auch bei den Künstlern und Kulturverantwortlichen. Es eröffnet neue Zukunftsperspektiven für die Unternehmenskommunikation der neunziger Jahre.

Weitere Titel der F.A.Z./Gabler-Edition

Rudolf Beger
Hans-Dieter Gärtner
Rainer Mathes
Unternehmenskommunikation

416 Seiten, 1989

Unternehmenskommunikation, dieser zentrale Erfolgsfaktor für die Geschäfte der neunziger Jahre, ist mehr als Öffentlichkeitsarbeit, Public Relations, Marketing und Werbung. Sie dient vielmehr dem Ziel, bei Mitarbeitern, in der Öffentlichkeit, in den Zielgruppen, bei den Kooperationspartnern eine optimale Positionierung zu erreichen und damit den wirtschaftlichen Erfolg langfristig abzusichern.

Das Buch UNTERNEHMENSKOMMUNIKATION bietet dazu die Grundlagen, die Strategien, die Instrumente. Die Autoren vertreten unterschiedliche Disziplinen – Öffentlichkeitsarbeit, empirische Kommunikationsforschung, Journalismus und Rechtswissenschaft. Nur so konnte ein Standardwerk entstehen, das die unterschiedlichen Formen der Unternehmenskommunikation zu einem wirkungsvollen Gesamtkonzept verdichtet.

Unternehmenskommunikation ist ein brandheißes Thema für alle, die in und mit ihrem Unternehmen vorn sein wollen. Denn nicht nur die Märkte von morgen sind schwieriger, schon heute mobilisiert die öffentliche Meinung vielfach alle möglichen Vorurteile gegen Unternehmen – gegen das, was sie tun und wie sie es tun. Kommunikationsfehler rächen sich dann besonders bitter.

Weitere Titel der F.A.Z./Gabler-Edition

Ulrich Steger
Umweltmanagement

352 Seiten, 1988

Die Zeiten, wo die Unternehmen Initiativen zum Umweltschutz als existenzbedrohend empfanden, sind längst vorbei. Im Gegenteil: Ökologieorientiertes Management gilt manchen Unternehmen bereits als Erfolgsfaktor, denn die Nachfrage nach Umweltschutz nimmt rapide zu.

Andererseits gibt es natürlich eine Diskrepanz zwischen Ökologie und Ökonomie, denn umweltfreundliche Produkte und Verfahren kosten zunächst einmal Geld. Zwischen dem Zwang zur Profitmaximierung und dem Wunsch nach ökologischem Handeln bildet sich so eine Kluft, die vielfach unüberbrückbar scheint. Mit dieser Kluft beschäftigt sich Stegers Buch.

Im Mittelpunkt steht das betriebliche Umweltmanagement. Wer es ernstnimmt, muß Umweltschutz in die Unternehmenszielsetzung einbeziehen und eine umweltorientierte Unternehmensstrategie entwickeln. Eine offensive Strategie ist der defensiven vorzuziehen; noch besser wäre eine Innovationsstrategie, weil diese mit dem natürlichen Expansionsstreben von Unternehmen am besten harmoniert.

Also nicht warten, bis staatlich Auflagen zum Handeln zwingen, lautet Stegers Empfehlung an die Unternehmen, sondern so früh wie möglich, aus eigenem Antrieb und zu möglichst geringen Kosten Umweltmanagement betreiben!

MIX
Papier aus verantwortungsvollen Quellen
Paper from responsible sources
FSC® C105338

If you have any concerns about our products,
you can contact us on
ProductSafety@springernature.com

In case Publisher is established outside the EU,
the EU authorized representative is:
**Springer Nature Customer Service Center GmbH
Europaplatz 3, 69115 Heidelberg, Germany**

Printed by Libri Plureos GmbH
in Hamburg, Germany